# 『吾妻鏡』でたどる北条義時の生涯

樋口州男
田辺　旬
錦　昭江
野口華世／編著

小径選書 6

# はしがき

二〇二〇年一月、二年後放映のNHK大河ドラマの発表があった。北条義時を主人公とする三谷幸喜脚本の『鎌倉殿の13人』だという。

大河ドラマとして六一作目にあたるこの作品は、戦国期・幕末期などの話が多く選ばれている中にあって、久しぶりに鎌倉期が対象となっている。

具体的にいえば、一七作目（一九七九年）の『草燃える』、四〇作目（二〇〇一年）の『北条時宗』に続いて、ようやく三作目の登場となる—鎌倉期と重複するところもある四作目の『源義経』、一〇作目の『新・平家物語』、二九作目の『太平記』、四四作目の『義経』、五一作目の『平清盛』は除く—。とすれば、日本史を愛好する人たち、学校教育や市民カルチャーなどの生涯教育において日本史を学んでいる人たちが、鎌倉期への興味・関心を高め、その魅力や重要さを見出すのには絶好のチャンス到来といえよう。

ところで武士の都・鎌倉を舞台として生きた北条義時とその時代を知る上で、もっとも基本的な史料の一つとしてあげられるのは、鎌倉幕府の記録『吾妻鏡《あずまかがみ》』（鎌倉幕府関係者によって編纂された歴史書。詳しくは本書［解説］参照）である。しかし同書はまた、見方をかえると、幕府・北条氏サイドの視点から編纂されているという厄介《やっかい》な代物《しろもの》であることも確かである。

本書はまさにこの虚実ないまぜの『吾妻鏡』を手がかり（窓口）に、「義時の世界」へと入っていく道案内人としての役割を果たしたいとの思いから生まれた企画にほかならない。

話題になるであろうさまざまな場面が、同じ鎌倉期に編纂された『吾妻鏡』をはじめ、当時の公家の日記や歴史書などにどのように描かれているか、またこれまでのどのような研究の成果に基づいているかなどを確かめながら読んでいく楽しみを、読者の皆さんが味わっていただければ望外の喜びである。

本書刊行の話は、放映発表とほぼ同じ時期にもちあがっていたが、同年三月以降の新型コロナウイルス感染症拡大のため、ようやく企画が動き始めたのは、一一月になってからのことであった。

しかしそれからは早かった。通常行われるはずの打ち合わせ会こそ持つことはできなかったが、委員相互および出版社との頻繁なメールや電話のやりとりによって、翌二〇二一年二月には正式な執筆依頼にこぎつけることができたのである。

さらに驚異的だったのは、半年後の締め切りまでには、編集委員会の意図を十分にくんでいただいた魅力的な原稿がほぼ出そろったことである。感染拡大が日を追って深刻化していく中での、執筆者各位の真摯《しんし》にして熱いお気持ちには心より敬意を表したいと思う。

それにしても、この間、小径社稲葉義之氏には、多大なご迷惑をおかけした。にもかかわらず、たえず励ましの言葉をかけていただいた同氏、ならびに編集協力者として緻密な校正作業にあたっていただいた中村俊之氏には、感謝の気持ちで一杯である。

二〇二一年一一月

編集委員を代表して　樋口 州男

〔付　記〕

本書第Ⅰ部は北条義時の生涯を年代順に、章を分けて追っている。このため、とくに年代の近接する章の間では、同じ歴史的出来事が重複して取り上げられるという場合も生じている。

しかしテーマへのアプローチの方法なり、構想の立て方にはそれぞれ独自なものがあり、その違いもまた興味深いことから、編集委員会としては、あえて調整することはしなかった。この点、読者の皆さんにも御了解いただけると幸甚である。

また、たとえば源実朝を暗殺したことで有名な「公暁」のルビなどのように、「こう（く）ぎょう」と併記している場合もある。これまでの「くぎょう」という読みに対し、最近、公暁の師で園城寺の高僧公胤を「こういん」と発音することから、公暁もまた「こうぎょう」とする説が有力になっているからである。あわせての御了解をお願いする次第である。

# 目次

# 第Ⅰ部　北条義時の生涯

# 序章　誕生から初陣まで

## ●義時の誕生

北条義時《ほうじょうよしとき》は、長寛《ちょうかん》元年（一一六三）に伊豆《いず》国の北条時政《ときまさ》の二男として生まれた。義時の生地は田《た》方《がた》郡の北条（静岡県伊豆の国市、旧韮山《にらやま》町）である。北条は小さな平野に位置しており、伊豆国の国《こく》衙《が》や一宮《いちのみや》である三島社《みしましゃ》が所在する三島からも近い。天城山《あまぎさん》から駿河湾《するがわん》へと流れる狩野川《かのがわ》や三島と下田《しもだ》を南北に結ぶ下田街道が通っており水陸交通の要衝《ようしょう》であった。

北条氏の館は狩野川沿いの守山《もりやま》の麓に位置していた。守山周辺では発掘調査がおこなわれており、北条氏の館の遺構が見つかっている。一九九六年には「史跡北条氏邸跡」として国史跡に指定された。一二世紀半ばの遺構も見つかっていることから、鎌倉幕府成立以前から北条氏の拠点があったことは確かである。

北条氏の館跡からは、中国大陸から輸入された陶磁器と儀式や宴会で使用された「かわらけ」（素焼きの土器）が出土している。出土遺物のピークは一二〇〇年頃であり、幕府成立後も北条氏の拠点として機能していたことや、京都や鎌倉との交流がさかんであったことがうかがえる〔池谷初恵・二〇一〇〕。

義時には兄宗時《むねとき》と姉政子《まさこ》がいた。宗時の生年は不詳であるが、政子は保元《ほうげん》二年（一一五七）生まれであり義時より六歳年長であった。時政の嫡子《ちゃくし》は兄宗時であった。義時の幼少時についての史料は残されていないが、兄や姉とともに北条の館で成長したと考えられよう。

　義時の母については、北条氏の系図では伊東祐親《いとうすけちか》の娘とするものがある（前田本「平氏系図」）。伊東祐親は伊豆国の有力武士であり、富士の巻狩《まきがり》における敵討《かたきうち》で有名な曾我《そが》兄弟の祖父にあたる。真名本《まなぼん》『曾我物語』巻第五においても北条時政の先妻で政子の母は祐親の娘であり曾我兄弟には伯母にあたるとされているが、この記事は後に増補された可能性が高いことが指摘されている（坂井孝一・二〇一四）。延慶本《えんぎょうぼん》『平家物語』や真名本『曾我物語』巻第二では、伊東祐親には四人の娘がおり、長女が三浦義澄《みうらよしずみ》の妻、二女は土肥遠平《どひとおひら》の妻であったとしたうえで、未婚であった三女のもとに流人《るにん》の源頼朝《みなもとのよりとも》が通ったとされており、時政の妻となった祐親娘については言及されていない。また、『吾妻鏡《あずまかがみ》』にも時政の妻が祐親の娘であったとする記事はみられない。祐親は頼朝挙兵《きょへい》時には平氏方として行動しており石橋山合戦《いしばしやまかっせん》では頼朝軍に敵対したために、のちに生捕《いけどり》となり女婿《じょせい》の三浦義澄に預けられた。養和《ようわ》二年（一一八二）二月に、義澄は政子の懐妊を受けて祐親の赦免《しゃめん》を働きかけたために頼朝は祐親を召し出して赦そうとしたが、祐親はそれを恥

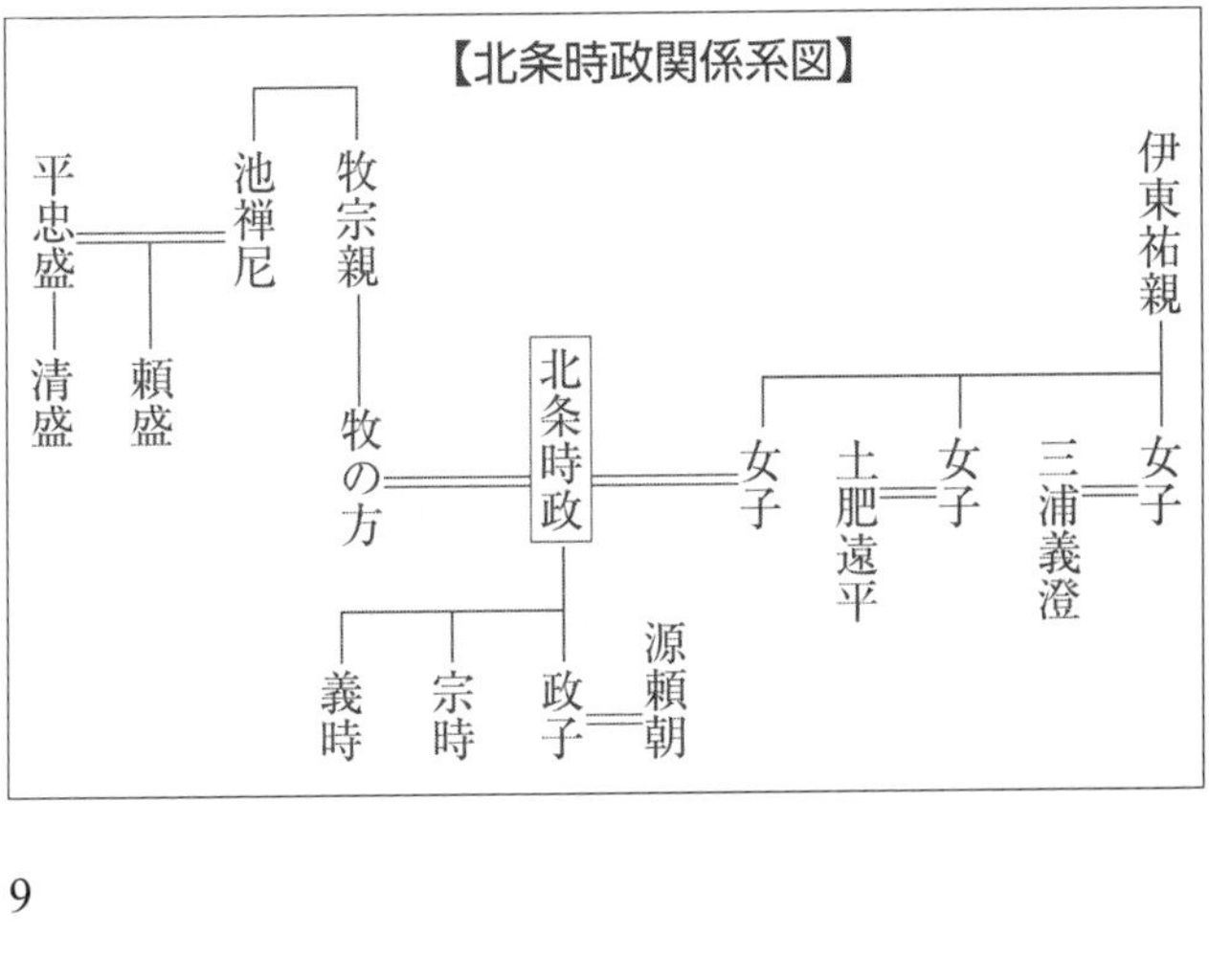

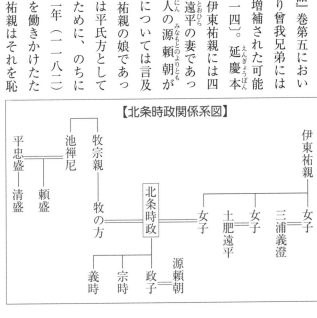

じて自害した。こうした祐親の行動からも、政子・義時の外祖父であったとは考えにくいのではないだろうか。義時の母を祐親の娘と考えるには慎重になる必要があるといえよう。

## ●北条氏の系譜

『吾妻鏡』では義時の父時政を「上総介《かずさのすけ》平《たいらの》直方《なおかた》朝臣《あそん》五代孫」としており、北条氏の系図でも桓武《かんむ》平氏の平直方を先祖に位置付けている。直方は平忠常《ただつね》の乱では追討使《ついとうし》に任命されたが、直方による忠常追討は難航したために、忠常の乱は新たに追討使となった源頼信《よりのぶ》によって鎮圧《ちんあつ》された。直方は頼信の子頼義《よりよし》を女婿に迎えて相模《さがみ》国鎌倉の屋敷を譲ったとされており、頼義と直方娘の間には義家《よしいえ》が生まれている。北条氏の系図では直方から時政までの歴代の人名が諸本によって異なっており、時政以前に分かれた一族もみられない。そのために北条氏は直方流を称したが、その家系については不明の点が多いとされてきたのである。

北条氏の系譜《けいふ》について新たな視点から分析したのが、佐々木紀一氏の研究である。佐々木氏は、読み本系『平家物語』のひとつである『源平闘諍録《げんぺいとうじょうろく》』では時政の祖父時家《ときいえ》が伊勢《いせ》平氏の出身であり伊豆国の武士である北条介《ほうじょうのすけ》（介は国衙《こくが》の役人である在庁官人をさす）の婿となったとされていること、北条氏の系図では時家に「伊豆国住人」と注記するものがあることに注目して、伊勢平氏の時家が北条介の婿となって伊豆国の住人になったことを指摘した〔佐々木紀一・一九九九〕。北条氏は桓武平氏のなかでも直方とは異なる家系だったのであり、伊豆国においては新興勢力だったのである。近年の研究では、北条氏は平直方の家系ではなかったが源頼義を婿とした直方の家系であるとする政治的宣伝をおこなったと考えられるようになっている〔川合康・二〇二一〕。

北条氏の先祖意識を検討するうえで注目されるのが、四代執権《しっけん》・北条経時《つねとき》の子息で鶴岡八幡宮《つるがおかはちまんぐう》の別当《べっとう》をつとめた頼助《らいじょ》の諷誦文《ふじゅもん》（追善《ついぜん》の法会《ほうえ》で読まれた文）である。諷誦文では頼助について「桓武の聖代《せいだい》には一九世の苗裔《びょうえい》、平将軍《へいしょうぐん》よりは一三代の後胤、文治《ぶんじ》の軍吏《ぐんり》には玄孫、元久副将《げんきゅうふくしょう》には彦子なり」と述べられている。頼助は「桓武の聖代」（＝桓武天皇）、「平将軍」（＝平貞盛《さだもり》）、「文治の軍吏」（＝時政）、「元久副将」（＝義時）の子孫であると記されており、桓武平氏の流れをくむ北条氏の先祖として平貞盛が意識されているのである。延慶本『平家物語』に「御先祖《ごせんぞ》平将軍貞盛が将門《まさかど》を追討なさって関東八か国を鎮《しず》められて以降」とあるように、貞盛は平将門の乱を鎮圧したことで知られており、伊勢平氏の先祖として意識された人物である。頼助の諷誦文からは鎌倉期の北条氏も貞盛を先祖として意識していたことを確認できる。

元弘《げんこう》三年（一三三三）に、護良《もりよし》親王（後醍醐《ごだいご》天皇の皇子）は鎌倉幕府打倒のために諸国の武士に令旨《りょうじ》を発給《はっきゅう》したが、その令旨では北条高時《たかとき》を「伊豆国在庁《ざいちょう》北条遠江前司《とおとうみぜんじ》時政の子孫東夷《あずまえびす》」と蔑称していることはよく知られている。こうしたイメージに基づいて北条氏の家格は低いものであったと評価されがちであるが、北条氏は平貞盛を先祖とする伊勢平氏の家系であり東国の武士社会においては決して低い家格ではなかったといえよう。

義時の父である北条時政は、伊豆国の在庁官人《ざいちょうかんじん》であった。在庁官人とは国衙で行政事務を担当した役人である。鎌倉末期に吉田隆長《よしだたかなが》が編纂した『吉口伝《きつくでん》』によれば、時政は在庁官人として伊豆守《いずのかみ》であった吉田経房《つねふさ》（隆長の先祖）と関わりがあり、のちに時政が源頼朝に経房を推挙《すいきょ》したとされている。平安末期には東国武士は京都と強い結びつきをもって活動しており、時政も京都との関係が深かったのである。

『吾妻鏡』では時政を「当国豪傑《とうこくごうけつ》」と表現しており、伊豆国の大豪族であったかのように記している。しかし、治承《じしょう》四年（一一八〇）の頼朝挙兵時における時政の動員兵力は多くはなく、時政以前に分かれた一族も確認できないために、北条氏の領主としての規模は小さいものであったと考えられてきた。近年の研究では、交通の要衝である北条を拠点としたことや京都との結びつきから時政の再評価がおこなわれている〔野口実・二〇一七〕。交通の要衝である北条を本拠地としたことは重要であるが、頼朝挙兵時の動員兵力が少なかったことは時政の実力を示している。北条氏は伊豆国における有力武士団のひとつではあったが、伊東祐親に比べれば武士団としての規模は大きくはなかったと評価すべきであろう〔細川重男・二〇一一〕。

## ●流人源頼朝

北条時政は流人の源頼朝を監視下においていた。頼朝は義時より一六歳年長であり、義時誕生の三年前に伊豆国に流されていた。頼朝は河内源氏《かわちげんじ》の源義朝《よしとも》の三男であり、母は熱田大宮司《あつただいぐうじ》・藤原季範《ふじわらのすえのり》の娘である。熱田大宮司家は上西門院統子《じょうさいもんいんむねこ》（後白河院《ごしらかわいん》の同母姉）との関係が深く、頼朝も上西門院の蔵人《くろうど》をつとめている。頼朝は義朝の嫡子として京都の貴族社会で成長したのである。

平治《へいじ》元年（一一五九）一二月、平治の乱が勃発《ぼっぱつ》した。藤原信頼《のぶより》（後白河院の近臣《きんしん》）と源義朝が後白河院政下で政治を主導していた信西《しんぜい》（藤原通憲《みちのり》）を打倒するために挙兵したのである。信頼と義朝は信西を自害に追い込んだが、急ぎ帰京した平清盛《きよもり》が後白河院と二条《にじょう》天皇の身柄《みがら》を確保したために形勢は不利になった。信頼と義朝は清盛との戦闘に敗北し、義朝は敗走中に尾張《おわり》国野間《のま》（愛知県美浜町）で殺害された。頼朝も父に従って参戦したが、敗走中に父たちとはぐれてしまい、平頼盛《よりもり》の家人《けにん》である平宗清《むねきよ》に捕らえられた。

平頼盛は清盛の異母弟であり、父忠盛《ただもり》の正室であった池禅尼《いけのぜんに》を母に持つことから平氏一門においても自立性が強かった。頼朝は池禅尼の尽力により助命され、翌年伊豆国北条に流されたのである。頼朝の母方の熱田大宮司家と関係があった上西門院の周辺で頼朝助命の動きがあったとされており、池禅尼も上西門院との関係が深い人物であった。

杉橋隆夫氏は、頼朝を監視することとなった北条時政の後妻である牧《まき》の方《かた》が池禅尼の姪にあたることに注目して、頼朝の身柄が一貫して頼盛の池家のもとに置かれていたことを明らかにした〔杉橋隆夫・一九九四〕。頼朝は池家の人脈のなかで伊豆国に配流されたのである。

牧氏は院の近臣を輩出した家であり、頼盛が領有していた駿河国大岡牧《おおおかのまき》（静岡県沼津市・裾野市）の代官《だいかん》をつとめていた。時政と牧の方はかなりの年齢差があるために二人の結婚は頼朝挙兵以後と考えられるが（細川氏前掲著書）、牧氏が代官となった大岡牧は伊豆国衙に近いために、時政は結婚以前から牧氏とつながりをもっていたと考えられている。時政は牧氏との関係により流人頼朝を監視下におくことになったのである。北条氏にとって京都と東国にまたがる池家のネットワークは大きな意味をもったといえよう。

安元年間《あんげん》（一一七五〜一一七七）頃に、義時の姉政子は流人の頼朝と結婚した。『吾妻鏡』では政子は父時政の反対を押し切って結婚したとされている。真名本『曾我物語』でも時政が大番役《おおばんやく》（天皇の里内裏《さとだいり》を守護する役）を勤めるために上洛していた時に頼朝が政子のもとに通うようになったとしており、時政は政子を山木兼隆《やまきかねたか》と結婚させようとしたが、政子は頼朝のもとへ走ったとされている。中世社会では京都からの流人は保護されるのが一般的であり、時政が頼朝を保護して女婿としたことは自然なことであった。そのため、頼朝と政子の結婚についての逸話は史実とは考え難いとされている（川合氏前掲著書）。

真名本『曾我物語』巻第三では、時政が大番のために上洛《じょうらく》する際に義時を残留させて頼朝を守護させたとしており、義時は父の留守中に頼朝が姉政子のもとに通っていることを知ったが、それを「家の面目《めんぼく》」と考えたとされている。義時の思慮深さが語られているが、この逸話も史実とは考え難いといえよう。

なお、真名本『曾我物語』では、頼朝と政子の関係を知った時政は「つらつら往時《おうじ》を思えば、時政の先祖直方は伊予守《いよのかみ》頼義が奥州《おうしゅう》へ下向するときに北条の屋形《やかた》に入った際に頼義を婿に取りなさった。直方の娘は奥州へお伴をしたが、頼義は心を移すことなく浅からずお思いになったので、直方の娘は大御台《おおみだい》と仰がれなさった」と回顧《かいこ》したとされている。時政が源頼義を女婿とした平直方を北条氏の家の歴史として想起したと語られているのである。真名本『曾我物語』では、北条政子は「賢女の名誉を施《ほどこ》して、末代《まつだい》の女人のためには有難《ありがた》い手本である」と称賛されている。直方の娘が「北条の屋形」で頼義と結婚して「大御台」と仰がれたとする言説には政子が投影されているといえよう。時政が直方を家の歴史として想起したという逸話は、政子が頼朝の御台所となったという北条氏の歴史を踏まえたうえで生成されたものと考えられる。

平治の乱後の京都では、平清盛が武家としては初めて公卿《くぎょう》になって朝廷政治に関与した。清盛は軍事貴族として卓越した地位を築いたが、摂津《せっつ》源氏の源頼政《よりまさ》や伊勢平氏の平信兼《のぶかね》といった軍事貴族も独自に活動を続けた。頼政は承安《じょうあん》二年（一一七二）から伊豆国の知行国主《ちぎょうこくしゅ》（国守《こくしゅ》の任命権を得た公卿）となり子息の仲綱《なかつな》が伊豆守になっている。清盛は武士社会全体を支配したわけではなく、流人の頼朝も平氏の厳しい監視下に置かれていたわけではなかったのである。

頼朝は流人ではあったが、さまざまな人々と交流をもっていた。伊豆国の工藤茂光《くどうしげみつ》や相模国（神奈川県）の土肥実平《さねひら》は挙兵以前から頼朝と関係をもっており、頼朝の乳母《めのと》である比企尼《ひきのあま》の女婿である安達盛長《あだちもりなが》も頼朝に出仕《しゅっし》していた。また、朝廷の下級官人《かんじん》である三善康信《みよしやすのぶ》は定期的に頼朝に使者を送っており京都の情報を提供していた。さらに、近江国《おうみ》（滋賀県）の佐々木秀義《ささきひでよし》や伊勢国（三重県）の加《か》藤景員《とうかげかず》は本拠地を維持できずに東国に下向していたが、子息の佐々木定綱《さだつな》や加藤景廉《かげかど》を頼朝に出仕させていた。頼朝の義弟となった義時もこうした人々と顔を合わせることもあったであろう。

頼朝挙兵以前の義時についての史料は伝わっていない。治承四年（一一八〇）八月の頼朝挙兵時には小四郎《こしろう》義時と称していることから、それ以前に元服していたと考えられる。

（田辺旬）

# 第1章　義時初陣

## ●頼朝挙兵の実態

治承《じしょう》四年（一一八〇）八月、北条義時《ほうじょうよしとき》は一八歳で初陣《ういじん》を迎えることになった。伊豆《いず》国（静岡県南部）の流人《るにん》であった源頼朝《みなもとのよりとも》が挙兵《きょへい》をおこなって目代《もくだい》（国司《こくし》の代官）の山木兼隆《やまきかねたか》を討ったのである。『吾妻鏡《あずまかがみ》』では頼朝は平氏追討を命じる以仁王《もちひとおう》の令旨《りょうじ》を受け取ったことにより「義兵」を挙げることを決意したとされている。しかし、近年の研究では、頼朝挙兵の理由は以仁王の令旨を受け取ったことではなく以仁王挙兵による伊豆国への政治的影響にあったと考えられている〔川合康・二〇二一〕。

治承三年（一一七九）一一月、平清盛《たいらのきよもり》のクーデタにより後白河《ごしらかわ》院が幽閉《ゆうへい》された。翌年二月には高倉《たかくら》天皇（後白河皇子）が安徳《あんとく》天皇（母は清盛娘の平徳子《のりこ》）に譲位した。以仁王（後白河皇子）は安徳践祚《せんそ》によって皇位継承の望みがなくなり清盛に対する不満を募らせていった。同年四月、以仁王は源頼政《よりまさ》（摂津源氏《せっつげんじ》の軍事貴族）とともに反平氏の挙兵をおこなったが、すぐに鎮圧《ちんあつ》されて以仁王と頼政は敗死した。

源頼政は伊豆国の知行国主《ちぎょうこくしゅ》（国守《こくしゅ》の任命権を得た公卿《くぎょう》）であり、子の仲綱《なかつな》が伊豆守（国守）となっていた。仲綱は父とともに討死したが、孫の有綱《ありつな》は目代として伊豆国に居住していた。同年八月に、平清盛は有綱を追討《ついとう》するために相模《さがみ》国（神奈川県）の有力武士で平氏家人《けにん》であった大庭景親《おおばかげちか》を東国に下《げ》向《こう》させた。有綱自身は奥州《おうしゅう》に逃亡したが、平氏家人の動きにより伊豆国でも緊張が高まっていった。京都の三善康信《みよしやすのぶ》は頼朝に対して奥州逃亡を勧める使者を送っており、頼朝は身に危険を感じる状況に追い詰められていたといえよう。

また、頼政の討死により平時忠《ときただ》（清盛妻時子《ときこ》の弟）が伊豆国の知行国主となり、山木兼隆が目代になった。『吾妻鏡』では平氏一門の兼隆は清盛の権勢をかりて力を誇ったとされているが、兼隆の父平信兼《のぶかね》は伊勢《いせ》平氏の軍事貴族であり兼隆は清盛一門ではなかった（川合氏前掲著書）。兼隆は京都で活動していたが父の訴えによって伊豆国山木郷に流されており、流人として堤信遠《つつみのぶとお》の保護を受けていたのである。兼隆が流人から在庁官人《ざいちょうかんじん》を指揮する目代となったことにより、後見していた堤信遠の立場も強まったと考えられる。伊豆国内の政治情勢は大きく変化したのであり、在庁官人である北条時政《ときまさ》や工藤茂光《くどうしげみつ》は厳しい事態に直面した。

このように、以仁王の挙兵が伊豆国の政治情勢に与えた影響は大きかった。それゆえに、頼朝は時政や茂光とともに挙兵に踏み切ったのである。兼隆が攻撃目標となった理由も地域社会における武士の競合関係にあったと考えられている。頼朝挙兵の実態は平氏追討のための「義兵」のイメージとは異なっていたのである。

## ●山木合戦の勝利

治承四年六月一九日、京都の三善康信からの使者が伊豆国北条に到着した。頼朝は身に危険が迫っていることを察知して挙兵を決意した。『吾妻鏡』によれば、頼朝は安達盛長《あだちもりなが》を使者にして「累代御《るいだいご》家人《けにん》」を召集しようとしたが、相模国の山内経俊《やまのうちつねとし》は応じないばかりか悪口を述べたという。経俊の父俊通《としみち》は平治《へいじ》の乱で源義朝《よしとも》（頼朝父）に従って討死しており、母の山内尼《やまのうちのあま》は頼朝の乳母《めのと》であった。経俊は頼朝との関係が深かったが、頼朝の召集に応じなかったのである。頼朝が流人となって二〇年の歳月が過ぎており、源氏家人であった東国武士であっても頼朝のもとに馳せ参じたわけではなかった。八月六日に頼朝は工藤茂光・土肥実平《どひさねひら》・岡崎義実《おかざきよしざね》・加藤景廉《かとうかげかど》らの勇士を一人ずつ招いて丁寧に言葉をかけたとされており、頼朝挙兵に当初から参加した武士は少数だったのである。

『吾妻鏡』から山木合戦の経過について見ていきたい。八月一七日の夜、頼朝は北条の館に出入りしていた兼隆の雑色《ぞうしき》男を捕えさせた。翌日に予定していた挙兵の準備を察知されると考えたからであった。頼朝は「今度の合戦で生涯の吉凶《きっきょう》を量《はか》るべきである」と言って、武士たちを出撃させた。頼朝は山木の館に火を放つように命じたという。北条時政は佐々木定綱《ささきさだつな》に対して兼隆を保護していた堤信遠を攻撃するように言ったために、定綱・経高《つねたか》らの佐々木四兄弟は信遠の館を攻めた。佐々木兄弟は勇士である信遠を討ち取り、時政以下は兼隆の館を攻撃した。頼朝は合戦の行方を案じたが放火の煙を確認できなかったので、加藤景廉に長刀《なぎなた》を与えて出撃させた。景廉は館に攻め込んで兼隆の首を取り、山木の館に火を放った。山木合戦では頼朝軍は辛くも勝利を得たといえよう。『吾妻鏡』の山木合戦の記事には義時は登場しない。

一方で、延慶本《えんぎょうぼん》『平家物語《へいけものがたり》』では、一七日に「北条四郎時政、子息三郎宗時《むねとき》、同小四郎義時、佐々木太郎高綱《たかつな》」らの三、四〇人ほどの武士が兼隆の館を攻めたとされており、義時の名が挙げられている。また、北条の家子郎等《いえのころうとう》が負傷して苦戦していたところに、加藤景廉が参戦したとされている。延慶本『平家物語』によれば、義時も父や兄とともに山木合戦に参加していたことになる。

山木合戦は小規模な戦闘ではあったが、鎌倉幕府成立後には頼朝挙兵の初戦として意識されたようである。建仁《けんにん》元年（一二〇一）五月に、佐々木経高は「関東草創《そうそう》最初、兼隆を誅殺《ちゅうさつ》なさった時」以降の勲功《くんこう》を主張しており、建永《けんえい》二年（一二〇七）六月には、天野遠景《あまのとおかげ》も「治承四年八月山木合戦以降」の勲功をまとめて提出して恩賞を所望している。義時の戦功は伝わっていないが、義時の初陣は「関東草創最初」の合戦だったのである。

治承四年八月以降、甲斐《かい》国（山梨県）の武田信義《たけだのぶよし》や信濃《しなの》国（長野県）の木曾義仲《きそよしなか》も相次いで挙兵したために内乱は全国に拡大していった。頼朝は義朝の嫡子《ちゃくし》ではあったが、流人となって二〇年が経過していたうえに、父義朝は祖父為義《ためよし》から廃嫡《はいちゃく》されており本来は河内源氏《かわちげんじ》の嫡流《ちゃくりゅう》ではなかった。そのために頼朝は河内源氏の嫡流として認識されていたわけではなく、武田信義や木曾義仲も独自に軍事行動を展開した。挙兵時の頼朝は反乱勢力のひとつにすぎなかったのである〔入間田宣夫・一九九八〕。初陣をとげた義時もまたそうした反乱軍に加わった武士のひとりにすぎなかった。

### ●石橋山合戦の敗北

頼朝の反乱軍は、八月二〇日には伊豆国から相模国土肥《どひ》郷（神奈川県湯河原町）へと進軍した。相模国の有力武士である三浦《みうら》氏との合流を目指したのである。『吾妻鏡』では伊豆国の北条時政、工藤茂光、天野遠景、相模国の土肥実平、岡崎義実らが従ったとする。義時も父や兄とともに従軍した。頼朝軍は、八月二三日に石橋山《いしばしやま》（神奈川県小田原市）に三百騎で着陣した。

相模国の武士で平氏家人である大庭景親は三千騎で着陣して、同日夜に頼朝軍に攻めかかった。頼朝軍は佐奈田義忠《さなたよしただ》（岡崎義実の嫡子）が討死するなど大敗を喫して、明け方には山中に敗走していった。石橋山のある早河荘《はやかわのしょう》は土肥実平の所領《しょりょう》であり、頼朝は実平の手引きにより山中を逃走したのちに、二八日には真鶴《まなづる》より出船して安房国《あわ》（千葉県南部）へと渡海した。

一方で、『吾妻鏡』は北条父子の敗走について次のように述べている。


北条殿父子三人は景親らと攻め戦ったために疲労してしまい、峯に登ることができなかったので、頼朝に従うことができなかった。加藤景員《かげかず》、光員《みつかず》、景廉、宇佐美祐茂《うさみすけしげ》、堀親家《ほりちかいえ》、宇佐美実政《さねまさ》らは時政に供《とも》することを申し出たが、時政は「そうすべきではない。早く頼朝を尋ねるべきである」とお命じになられた。（中略）北条時政・義時は箱根湯坂《はこねゆさか》を経由して甲斐国に赴こうとした。北条宗時は土肥山より桑原《くわばら》に降りて平井郷を経た早川で伊東祐親《いとうすけちか》の軍兵に囲まれて紀六久重《きろくひさしげ》によって射とめられた。


北条父子は敗走中に頼朝とはぐれてしまったが、時政は加藤景廉らに頼朝のもとに向かうように指示したという。時政・義時は甲斐国を目指したが、宗時は敗走する途中で伊東祐親の軍勢に囲まれて討死してしまった。『吾妻鏡』では、その後の時政について、甲斐国へは向かわずに、二七日に安房に向けて出船して二九日には安房国の猟嶋《りょうじま》で頼朝を出迎えたとしている。

頼朝は安房国で三浦義澄《よしずみ》と合流しており、上総広常《かずさひろつね》や千葉常胤《ちばつねたね》といった有力武士が参陣したことにより房総《ぼうそう》半島で勢力を盛り返した。さらに、挙兵当初は敵対した江戸《えど》重長《しげなが》や畠山重忠《はたけやましげただ》らの秩父平氏《ちちぶへいし》の帰参によって隅田川を渡って武蔵国《むさし》（東京都・神奈川県東部・埼玉県）へと進軍した。そして、一〇月七日に相模国鎌倉に入ったのである。

『吾妻鏡』によれば、時政は下総国《しもうさ》（千葉県北部）から甲斐源氏への使者として派遣され、その後は甲斐源氏の武田信義や一条忠頼《いちじょうただより》と行動をともにしたとされる。一〇月一八日には、頼朝は駿河国《するが》（静岡県中部）に進軍して黄瀬川《きせがわ》（静岡県沼津市）に駐留したが、そこで時政が合流したという。二〇日には富士川合戦がおこり、甲斐源氏の軍勢と対陣していた平氏の追討軍が撤退した。二三日に頼朝は相模国府《こくふ》で論功行賞をおこなったのちに鎌倉に戻っている。

『吾妻鏡』では、石橋山合戦後の時政は安房に渡海したのちに頼朝の命により下総国から甲斐国へと派遣されたとしており、その後は甲斐源氏とともに駿河国へと進軍したとする。『吾妻鏡』は甲斐源氏が頼朝の意思に沿って動いたかのように記しているが、実際には甲斐源氏は頼朝から自立しており独自に軍事行動を展開していた〔秋山敬・二〇一三〕。『吾妻鏡』の頼朝と甲斐源氏の関係についての記述は慎重に扱う必要があるといえる。一方で、延慶本『平家物語』では「北条四郎時政、同子息義時、父子二人は山伝いに甲斐国へ赴いた」とされている。さらに、頼朝は時政が甲斐へ向かったことを知らなかったので、土屋宗遠《つちやむねとお》（土肥実平の弟）を甲斐源氏への使者として派遣したという。石橋山合戦後の時政の動向については、『吾妻鏡』が安房へ渡海したとするのに対して、延慶本『平家物語』では甲斐へ逃走したとしており、記述が異なっているのである。地理的条件を考慮すれば、前者よりも後者の方が史実を伝える可能性が高いと判断されよう。時政は石橋山合戦直後に甲斐へと敗走したのであり、頼朝の安房渡海には同行しなかったと考えられる。義時も父時政と行動をともにして甲斐へ敗走したのであろう。

頼朝の安房渡海は土肥実平によって支えられており、衣笠《きぬがさ》城合戦で敗北した三浦義澄と安房で合流しているように、土肥氏や三浦氏といった相模の武士によって主導されたものであった。一方で、伊豆の田代信綱《たしろのぶつな》は三島《みしま》へと敗走しており、伊勢出身であり伊豆で活動していた加藤光員・景廉兄弟も甲斐へと逃走した。相模の武士が海上交通を利用して安房へ敗走したのに対して、伊豆の武士は伊豆や甲斐へ敗走しているのである。石橋山合戦後の武士たちの敗走は勢力圏やネットワークに規定されていたといえよう。北条時政・義時父子が頼朝の安房渡海に同行せずに甲斐へと敗走したことは自然なことであった。時政・義時父子は、前述したように、その後は甲斐源氏の軍勢に加わって駿河へと進軍して黄瀬川で頼朝に合流した。一〇月二三日に頼朝は鎌倉に戻ったが、義時も従ったとみられる。義時はこの時初めて鎌倉に入ったのである。

## ●江間小四郎義時

治承四年一二月、源頼朝は鎌倉の大倉《おおくら》郷に建設された新邸へと移動した。和田義盛《わだよしもり》・千葉常胤《ちばつねたね》といった武士たちが供奉《ぐぶ》しており義時も加わっている。『吾妻鏡』では頼朝が「鎌倉の主《あるじ》」に推戴《すいたい》されたとする。鎌倉を本拠地とする軍事権力が樹立されたのである。頼朝の軍事権力は反乱軍としてスタートしたが、治承・寿永《じゅえい》の内乱のなかで鎌倉幕府権力へと成長していくことになる〔川合康・二〇〇九〕。

義時も「鎌倉殿」となった頼朝に仕える御家人となった。

御家人も鎌倉に館を構えており、義時も鎌倉に館をもったと考えられる。『吾妻鏡』には義時が伊豆国の北条に下向したとする記事が散見される。義時は鎌倉と本拠地である北条を往復していたのである。なお、承元《じょうげん》三年（一二〇九）一一月に、義時は将軍実朝《さねとも》に自らの郎従《ろうじゅう》で功績のある者を「侍《さむらい》」（御家人）に准じて待遇することを求めたが、実朝は後で問題になるとして許可しなかった。『吾妻鏡』では義時の郎従を「皆伊豆国の住民である」としている。義時を支えた郎従が「伊豆国の住民」で構成されていたことは、義時にとって幕府成立後も伊豆国が本拠地であったことを示していよう。

義時は北条から狩《か》野《の》川を越えた対岸の江《え》間《ま》を領有したために江間小四郎と称した。真《ま》名《な》本《ぼん》『曾《そ》我《が》物語』では江間次郎（伊東祐親の女婿《じょせい》）が頼朝挙兵時に討たれたとする。頼朝挙兵時には江間次郎が活動していたとすれば、義時は頼朝挙兵後に江間を領有するようになったと考えられよう。

石橋山合戦では時政の嫡子《ちゃくし》であった兄宗時が討死した。北条氏は頼朝挙兵を支えたことにより歴史の表舞台に登場したが、宗時討死という犠牲を払ったことになる。建仁二年（一二〇二）六月に、時政は夢想《むそう》を受けて宗時の菩提《ぼだい》を弔うために伊豆国の北条に下向している。『吾妻鏡』では宗時の墳墓は伊豆国桑原郷にあったとされており、現在もＪＲ東海道線の函南《かんなみ》駅近くに宗時の墓が伝わっている。時政は討死した宗時のことを忘れられなかったのであろう。

義時は江間を称したために宗時討死後も庶子《しょし》であり、時政の嫡子ではなかったとする見解もある〔細川重男・二〇一一〕。しかし、岡崎義実の嫡子義忠が佐奈田を称したように、当時の武士社会では嫡子が父とは異なる名字を称することはありえた。当時四三歳の時政には義時以外に成人した男子がいなかったことを踏まえれば、宗時討死後には義時が時政の嫡子となったと考えるべきであろう。その後、文治《ぶんじ》五年（一一八九）に時政と後妻・牧《まき》の方《かた》の間に政範《まさのり》が生まれた。「母太郎」（正室の長男）である政範は成長にともなって時政の嫡子として待遇されるようになり、北条氏内部に対立や矛盾が生じていくのである。（田辺旬）

# 第2章　側近としての北条義時

## ●「寝所祗候衆」への選抜

治承《じしょう》五年（一一八一）四月、源頼朝《みなもとのよりとも》は御家人の中から「弓箭《きゅうせん》に達する者」で「御隔心《ごかくしん》無き者」（とくに弓矢が得意で頼朝と心が通じ合っている人々）一一人を選んで、毎夜御寝所近辺に祗候《しこう》するよう命じた。いわば頼朝親衛隊の創設である。江間義時《えまよしとき》を筆頭に、下河辺庄司行平《しもこうべしょうじゆきひら》・結城七郎朝光《ゆうきしちろうともみつ》・和田《わだ》次郎義茂《じろうよしもち》・梶原源太景季《かじわらげんたかげすえ》・宇佐見平次実政《うさみへいじさねまさ》・榛谷四郎重朝《はんがいしろうしげとも》・葛西三郎清重《かさいさぶろうきよしげ》・三浦十郎義連《みうらじゅうろうよしつら》・千葉太郎《ちばたろう》胤正《たねまさ》・八田太郎知重《はったたろうともしげ》の名前が挙がっている。この時、江間義時は一八歳の若武者であった。

では選ばれた顔ぶれは、どのような者であったのであろうか。下河辺行平は、下総《しもうさ》国下河辺荘（茨城県）の武士で、治承四年（一一八〇）五月源頼政《よりまさ》の挙兵準備を頼朝に知らせ、石橋山《いしばしやま》敗戦後に頼朝に属した。後に源頼家《よりいえ》の弓術師範となる程の弓の名手であった。宇佐見実政は伊豆国宇佐見荘の武士で、頼朝が治承四年八月伊豆から相模《さがみ》に進軍した際に従軍している。和田義茂は和田義盛《わだよしもり》の弟、三浦義連は三浦義明《みうらよしあき》の子、ともに三浦一族の一員として早くから頼朝挙兵に従った。葛西清重は豊島家元《としまいえもと》の子で下総国葛西御厨《かさいみくりや》（東京都）を本拠とし応保《おうほ》二年（一一六二）の生まれ、千葉胤正は千葉常胤《つねたね》長男で保延《ほうえん》七年（一一四一）の生まれ、ともに房総半島上陸後の頼朝に従った。結城朝光は、下野《しもつけ》の豪族小山政光《おやままさみつ》三男で仁安《にんあん》二年（一一六七）の生まれ、治承四年一〇月母の寒河尼《さむかわあま》（源頼朝の乳母《うば》）に連れられ頼朝と対面し烏帽子《えぼし》を授けられた。梶原景季・榛谷重朝・八田知重は、この時が『吾妻鏡』の初出である。八田知（朝）重は、常陸《ひたち》国新治《にいはり》郡（茨城県）の豪族八田知家《はったともいえ》の長男で、寒川尼は叔母、結城朝光は従兄弟に当たる。梶原景季は応保二年（一一六二）生まれで梶原景時《かじわらかげとき》の長子、榛谷重朝は武蔵《むさし》国小山田《おやまだ》荘（東京都）を本拠とする小山田有重《ありしげ》の子で、ともに弓の名手で知られている。なおともに当初は平家方であったが、梶原景時は石橋山敗戦後の頼朝の命を救い頼朝の寵臣《ちょうしん》となり、小山田有重も大番役《おおばんやく》で在京したため心ならずも平家に味方したとされている。

以上一一人は、関東各地の有力武士の家出身で、頼朝のもとに進んで従ったり、頼朝と個人的な縁を持つ者が多い。さらに一〇～二〇歳代の次世代を担う人々も多く、彼らが成長した暁には頼朝にとって強力な家人《けにん》集団が生まれることになる。流人《るにん》時代の頼朝には、安達盛長《あだちもりなが》・佐々木秀義一族・加藤景員《かとうかげかず》一族など少数の武士が祗候していたに過ぎなかった。その後、妻政子《まさこ》の実家北条《ほうじょう》一族や、平氏や平氏家人に反発する伊豆・相模などの武士が従い、東国の武士達も味方し、所領を媒介に主従関係で結ばれた御家人が成立する。しかし平氏のような譜代の確固たる家人集団は存在しないため、頼朝直属の親衛隊ともいえる家人集団の創設が必要であった。

後に頼朝時代の御家人には、「門葉《もんよう》」・「家子《いえのこ》」・「侍《さむらい》」という序列が生まれている。「門葉」とは源氏一門とそれに準じる家格の武士たちであり、「侍」とは一般の武士団でいえば郎従《ろうじゅう》に当たり、一般の御家人を指している。「家子」とは、「侍」と区別され、「門葉」に準じた御家人を指している。具体的には先の寝所祗候衆が「家子」の原型になった可能性が高い。建久《けんきゅう》六年（一一九五）一一月頼朝が御書を遣わし下河辺行平の子孫を永く門葉に準じるべき旨を伝えていることも（『吾妻鏡』）、それを裏付けている。

「家子」が一般の御家人とは別格であったことは、宝治《ほうじ》二年（一二四八）閏《うるう》一二月、足利義氏《あしかがよしうじ》と結城朝光が書状の宛所《あてしょ》の書き方を巡って争った事件からもうかがえる。足利義氏が朝光に対し薄礼《はくれい》の書状を送ったところ、朝光も義氏に薄礼な書状を送り返したため、幕府に持ち込まれ争論となった。この時義氏は、足利家は「右大将家《うだいしょうけ》（頼朝）の御氏族《おんしぞく》」であるので、頼朝の従者に過ぎない結城家に格下の書状を送ったのだと主張している。これに対し、朝光は頼朝の花押《かおう》が添えられた「宗《むね》たる家子・侍を注した交名《こうみょう》（名簿）」を提出し、義氏の父足利義兼《あしかがよしかね》と結城朝光が「同等の礼《れい》を為《な》すべき由《よし》」は「分明（明白）」であると反論した。ここで注目されるのは、その交名に義時が「家子の専一《せんいつ》」と記されていたことである。すなわち家子という家人集団の筆頭的存在が江間義時であったのである。これをみた連署《れんしょ》の北条重時《しげとき》（義時の三男）は感激し、朝光からこの交名を譲り受け、代わりに案文と事情を記した消息《しょうそく》を与えたという。

## ●御家人「江間義時」

寝所祗候衆への選抜に際し、これまで『吾妻鏡』で「同（北条）四郎」「北条殿父子」「四郎主《しろうぬし》」と呼ばれていた義時が、初めて「江間」と呼ばれたことも注目される。意外にも『吾妻鏡』における義時は、江間の苗字で呼ばれたのが五九例に及ぶのに対し、北条の苗字で呼ばれたのはわずか二三例に過ぎない〔細川重男・二〇一一〕。さらに義時の子泰時に至っては『吾妻鏡』では一度も北条で呼ばれず、苗字が記されるのは江間（馬）であったという。このことは義時が北条よりも、江間で呼ばれた時期の方が長かったことを示している。

　ではなぜ義時は江間と呼ばれたのか。江間とは伊豆国の地名で、古代には「依馬郷」、中世には「江間荘」とよばれていた。北条氏の居館《きょかん》があった伊豆国韮山《にらやま》（静岡県伊豆の国市）の北西に当たり、狩野川《かのがわ》の対岸に位置する。内乱以前の江間には「江間（馬）次郎」という武士がいた。系譜は明らかでないが、流人時代の源頼朝が最初の妻とした伊東祐親《いとうすけちか》娘が再婚した相手であった。頼朝の挙兵時は、伊東氏とともに敵対し、寿永《じゅえい》二年（一一八三）加賀《かが》国篠原（石川県）で伊東祐清《すけきよ》（妻の兄弟）とともに平家方として戦死している。以上から江間の地は、頼朝に敵対した江間氏から没収された後、北条氏、おそらく義時に与えられたと考えられている〔岡田清一・二〇一九〕。

　近年の研究では、北条時政《ときまさ》は義時の兄、三郎

【北条義時関係系図】

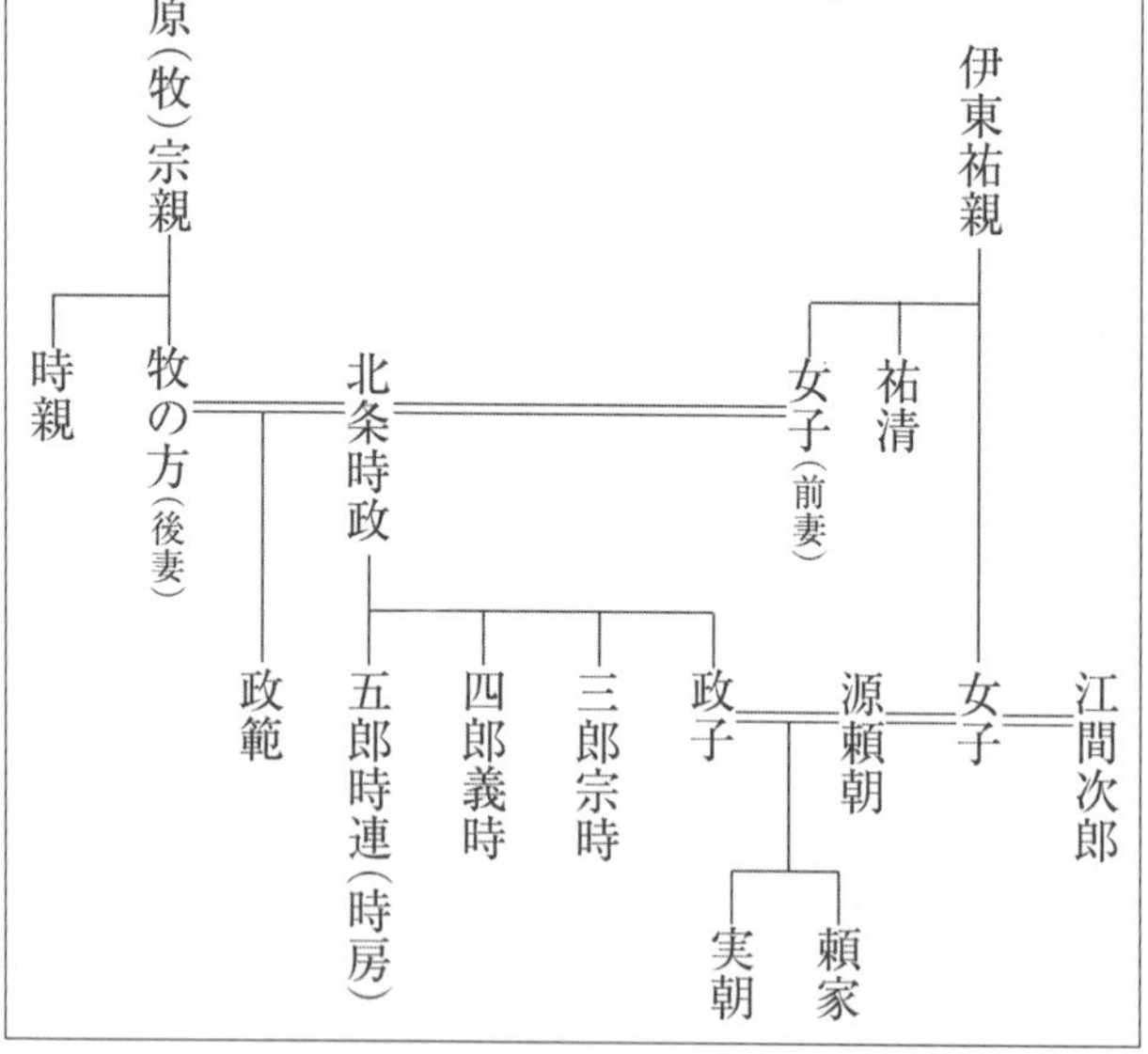

宗時《むねとき》を嫡子《ちゃくし》としていたが、宗時戦死後は義時の弟時房《ときふさ》（初め時連《ときつら》）、後に牧の方《まきのかた》の生んだ政範《まさのり》を嫡子とし、北条本家を継承させようとしていた可能性が明らかにされている（岡田前掲書）。北条本家を継ぐ可能性が当初なかった義時は、江間を与えられたのを機に、北条本家から独立し、「江間」という御家人の家を新たに創設したと考えられている。「寝所祗候衆」の抜擢は、御家人「江間」義時誕生を世に示す記念すべき出来事でもあったのではなかろうか。

## ●亀の前事件と義時

江間義時の源頼朝への忠節が試されたのが、寿永元年（一一八二）一一月の亀の前事件である。頼朝は寵愛《ちょうあい》する妾《しょう》亀の前を同年六月小中太光家《こちゅうたみついえ》の小窪の宅に招き入れていたが、妻北条政子の頼家出産の隙を狙ってか、近頃は伏見冠者広綱《ふしみかじゃひろつな》の「飯島の家」（鎌倉市）に密かに住まわせていた。このことを知った北条政子が憤激し、牧三郎宗親《まきさぶろうむねちか》に命じ広綱宅を破却し恥辱《ちじょく》を加えている。いわゆる「後妻《うわなり》打ち」という平安時代の貴族の慣行である。一方、広綱は亀の前を伴い希有《けう》の脱出をし、大多和義久《おおたわよしひさ》の「鐙摺《あぶずり》の家」（神奈川県葉山町）に何とか逃げ延びた。これに対し頼朝は、二日後遊興にこと寄せ義久宅に渡御《とぎょ》し、牧宗親を召しだし、広綱と対決させた。そして広綱宅破却の次第を知った頼朝は、鬱憤《うっぷん》のあまり自ら宗親の髻《もとどり》を切り、宗親は泣いて逃亡した。

ここまでなら男女の色恋のもつれにすぎないが、この後御家人達を揺るがす大事件に発展する。頼朝の舅《しゅうと》北条時政がにわかに伊豆へ進発したのである。頼朝への謀反《むほん》とも取られかねない大胆な行動を時政が取った理由は、頼朝による牧宗親への勘発《かんはつ》（けん責）に対する鬱憤からであった。実は牧宗親は時政の後妻牧の方の父であり、牧氏も平治《へいじ》の乱後に頼朝の助命をしたとされる池禅尼《いけのぜんに》（平清盛《たいらのきよもり》の継母・平頼盛《よりもり》の実母）の実家で、駿河国大岡牧（静岡県）の代官を務めた中級貴族の家柄であった。時政は牧宗親への恥辱は、妻の一族への恥辱、さらには自分と北条一族への恥辱ととらえ、態度を硬化させたと考えられる。

時政の下国を聞き不快に思った頼朝は、梶原景季を召して「義時は思慮分別の深い人物である。たとえ父時政が不義の恨みを差し挟み、暇乞《いとまご》いもせず下国するとしても、義時は父に従わないだろう。まだ鎌倉にいるだろうか」と義時のもとへ遣わした。しばらくして景季が戻ってきて「義時は下国していません」と述べると、頼朝は再び景季を遣わし義時を召したので、義時が頼朝のもとに参上した。そして頼朝は、藤原邦通《ふじわらくにみち》を通じて次のように義時に言っている。

「宗親が不埒《ふらち》な行動を現したことでけん責を受けたところ、そなたの父が鬱憤をいだき下国したのは、私のまことの心を違えたものである。それに対し、そなたが我が命を察して父の下国に従わなかったことに、大変感じ入っている。きっと我が子孫の護りとなるであろう。」

この言葉から、頼朝がすでに義時を深く信頼し、頼りとしている様子を見て取ることができる。また、義時が、父時政や姉政子の私的な不満に同調せず、進退を誤ることなく、冷静に行動することができる人物であることもうかがわせる。この一連の出来事は、「家子の専一」と称されたように、義時が一族の結びつきよりも頼朝への忠節を重んずる人物であることを明らかにしている。

なおこの事件の結末は、次のように頼朝が折れることとなる。政子の嫉妬《しっと》を恐れた頼朝は亀の前を小仲太光家の小坪の家（神奈川県逗子市《ずし》）に移し、政子の憤りにより伏見広綱を遠江国《とおとうみのくに》（静岡県西部）に流罪とした。

## ●平家追討に向かう江間義時

元暦《げんりゃく》元年（一一八四）八月八日、頼朝弟の源範頼《のりより》が平家追討使として西海《さいかい》に進発した（『吾妻鏡』）。範頼は源義朝《よしとも》と遠江国池田宿の遊女《ゆうじょ》との子で、遠江国蒲御厨《かばのみくりや》（静岡県）で育ったことから蒲冠者《かばのかじゃ》と呼ばれたという。この時一千余騎が範頼に従い、その筆頭に名前が見えるのが、江間義時であった。他に足利義兼・武田有義《たけだありよし》・千葉常胤らの有力御家人、寝所祗候衆の八田知重・葛西清重の名前が連なっており、平家追討の主力部隊であった。

範頼軍は、早くも八月二七日に入京し、九月二日には西国《さいごく》へ下向した。一〇月には安芸国《あき》（広島県）や周防国《すおう》（山口県）で勲功者に賞を与えるなどしていることから、順調に中国地方の平定を進めたようである。しかし一一月になると、範頼軍は遠征の長期化で兵粮《ひょうろう》不足に陥り、武士の戦意も低下したことから、範頼は支援を請う飛脚《ひきゃく》を鎌倉に送っている。範頼の飛脚は、元暦《げんりゃく》二年（一一八五）正月六日鎌倉に着き、報告を受けた頼朝は直ちに雑色《ぞうしき》に書状をもたせ鎮西《ちんぜい》に派遣した。その書状には、東国御家人を大将にして九州武士を動員し四国の平家を討つこと、二月一〇日には関東から兵船を遣わすこと、安徳《あんとく》天皇・平時子《ときこ》・女房らに危害を加えぬこと、などが書かれていた。すなわち範頼軍で九州を平定し、平家を孤立させようとする戦略であった。

正月一二日範頼軍は、平家が拠る彦島《ひこしま》を目前とする赤間関《あかまがせき》（山口県）に到るものの、兵粮や船がないため、足止めを食ってしまう。ようやく同月二六日に兵船が整い、範頼軍は豊後国《ぶんご》（大分県）に渡海した。二月一日江間義時・下河辺行平・渋谷重国《しぶやしげくに》・品川清実《しながわきよざね》らを先頭とする範頼軍は、葦屋浦《あしやうら》（筑前国《ちくぜん》＝福岡県葦屋か）で平家方の大宰府在庁官人《だざいふ》原田種直《はらだたねなお》らと戦い、これを退けている（『吾妻鏡』）。北九州の平定を進めた範頼は、彦島の平家を孤立させることに成功するが、攻める水軍力はなかったようである。

一方、源義経《よしつね》は、正月一〇日京を出京し、二月一八日四国へ渡海し讃岐《さぬき》国屋島（香川県）の平家を急襲し海上に追い、三月二四日には壇ノ浦合戦で平家を滅亡させている。驚くべきスピードである。結局、先行した主力の範頼軍は、『吾妻鏡』では壇ノ浦《だんのうら》合戦に参戦した様子は書かれていない。門司関《もじせき》や田野浦《たのうら》に展開し平家を討伐したという見方もあるが、義経軍のような華々しい活躍はなかったようである。

範頼軍における義時の数少ない動向を示すのが、二月頼朝が戦意を鼓舞《こぶ》しようと、義時・中原親能《なかはらちかよし》・比企朝宗《ひきともむね》・同能員《よしかず》に書状を送ったという記事である。三月にも頼朝が義時・小山朝政・葛西清重・比企能員ら一二人に対し書状を送っているが、いずれも西海にあって大功が抜きんでており、範頼に同心し豊後国に渡海したことを賞している。まだ二三歳の若武者義時が他の有力御家人と同格の扱いを受けるまでになっていることが注目されるが、とくに際立つ程ではなかったようである。

### ●頼朝側近としての義時

文治《ぶんじ》元年（一一八五）一〇月二四日、勝長寿院供養《しょうちょうじゅいんくよう》に向かう頼朝の先陣の随兵《ずいへい》一四名の中に義時の姿もあった（『吾妻鏡』）。平家滅亡前後の義時の動向は明らかでないが、いつのまにか鎌倉に戻ったようである。

鎌倉帰還後の義時は、頼朝の側近としての活動が散見される。文治二年七月一九日に頼朝が駿河《するが》国富士領上政（所か）下福地社への神田を寄進した際には、義時が沙汰している。文治四年七月一〇日頼朝の若《わか》公《ぎみ》万寿《まんじゅ》（後の頼家）が初めて鎧を着す儀式が行われた際には、参列した義時が進んで頼朝の御簾を上げている。文治五年七月五日頼朝が駿河国富士領帝釈院《たいしゃくいん》へ田地を寄進した際には、義時が沙汰している。これは奥州《おうしゅう》藤原氏征討の祈願のためであった。そして同年七月一九日頼朝が奥州合戦に進発するが、義時も父時政・弟時連とともに鎌倉から進発する軍勢の中に名前が見える。ただし奥州合戦における義時の活動は『吾妻鏡』には記録されていない。

義時周辺でも大きな出来事があった。文治五年四月、北条時政の一五歳の三男が頼朝の御所において元服した。兄義時はもちろん、平賀義信《よしのぶ》・源範頼・新田義兼《にったよしかね》ら源氏一門、千葉常胤・三浦義澄・畠山重忠をはじめとする有力御家人が多数参列する盛大なものであった。加冠役《かかんやく》は三浦義連が頼朝の命で担当し、五郎時連と名乗った（のちの時房）。このような盛大な元服式には、時連（時房）を北条時政の後継者として披露《ひろう》する意味があった可能性が指摘されている（岡田前掲書）。時政と牧の方との間の実子政範が生まれていない段階でも、北条本家の家督から義時は外されていたのである。そこに義時が江間を当時名乗っていた秘密が隠されていたと見られる。

（須藤聡）

## 解説　『吾妻鏡』を読む（1）

『吾妻鏡』は治承《じしょう》四年（一一八〇）四月九日、平氏追討を呼びかける以仁王《もちひとおう》の令旨《りょうじ》を携えた源　行家《みなもとのゆきいえ》が、京都から伊豆《いず》国の源頼朝《よりとも》のもとに向かった記事から始まり、文永《ぶんえい》三年（一二六六）七月二〇日、六代将軍宗尊《むねたか》親王が京都に戻った記事によって終わる、編年体の歴史書である。ただし建久《けんきゅう》七年（一一九六）正月から同一〇年正月までの四年間など、途中一二年ほどの記事は存在しない。記事の内容は主に鎌倉幕府に関連するものであり、編纂者が幕府に近い存在であったことなどは間違いないであろう。ただし具体的な編纂者や成立時期については諸説あり、諸本研究なども重厚で、与えられた紙幅では十分触れることができない。長年にわたって蓄積されてきた様々な視角による検討の詳細は、佐藤和彦・谷口榮編『吾妻鏡事典』（東京堂出版、二〇〇七年）や関幸彦・野口実編『吾妻鏡必携』（吉川弘文館、二〇〇八年）などの整理に譲る。そこでここでは、『吾妻鏡』の特徴について、本書の主題である北条義時《ほうじょうよしとき》が活躍した時期の具体的な記事を中心に、確認していきたい。

『平家物語』によれば、以仁王の令旨を頼朝に届けた行家は、常陸《ひたち》国信太《しだ》郡を拠点として、「志田三郎」と称していた兄義広《よしひろ》（義憲《よしのり》）のもとに向かったという。令旨を受け取った各地の源氏が挙兵するなか、頼朝も八月になって挙兵したが、義広の動静は伝えられていない。挙兵した頼朝は、石橋山での合戦に敗れて房総半島に逃れたものの、上総《かずさ》氏や千葉《ちば》氏の支援を獲得して勢力を回復、一一月には常陸国の佐竹《さたけ》氏を攻略した。義広はこのとき、常陸国府で頼朝と対面したという。しかしその後二人は協調せず、かえって義広は頼朝に対して兵を挙げ、木曾義仲《きそよしなか》と合流することになる。この義広挙兵を『吾妻鏡』が、養和《ようわ》元年（一一八一）閏二月のこととするのは編纂上の誤りで、実は寿永《じゅえい》二年（一一八三）二月のこととすべきであること〔石井進・一九八七〕は、現在大方の賛同を得ている。こうした誤りはほかにもいくつか指摘されているが、これは『吾妻鏡』が編纂物である以上、避けがたい特徴といえるだろう。編纂者は各地に残された文書や古記録などを収集し、それらに基づいて『吾妻鏡』をなしたと考えられている。

また寿永元年（一一八二）の、頼朝と亀の前《かめのまえ》との一件に関する記事は興味深い。頼朝は流人として伊豆国在国中から、良橋太郎入道という人物の娘亀の前を寵愛していたが、妻政子が頼家《よりいえ》を出産する頃、鎌倉近くに呼び寄せて足繁く通うようになったという。このことを父時政《ときまさ》の後妻牧の方《まきのかた》から出産後知らされた政子は激怒、亀の前が身を寄せていた屋敷を牧の方の親族牧宗親《まきむねちか》に破却させてしまう。これに対して頼朝は宗親を叱責して彼の髻《もとどり》を切り取り、妻の一族を辱《はずかし》められた時政は伊豆国に下ってしまったのであった。

この一件に登場する頼朝をはじめとした人物たちの人間味あふれた行動は、幕府の歴史を後世に残すために編纂された書物の記事としてふさわしいのか、とも思わせる。しかしこのとき父時政と行動を共にせず、鎌倉にとどまった義時だけは、頼朝から一層の信任を得たとされている。亀の前をめぐる一件では義時だけが株を上げたように見えるが、同じように源氏将軍家に対して批判的な記述は散見し、一方で北条氏には好意的な記述がしばしば見られる。

たとえば二代将軍頼家の行状を伝える記事にも、そうした傾向が見えるといえるだろう。正治《しょうじ》元年（一一九九）九月二〇日条によれば、政子は安達景盛《あだちかげもり》に対して、将軍頼家に野心無きことを誓約する起請文《きしょうもん》を書かせている。景盛の父盛長《もりなが》は頼朝挙兵以前からの側近で、頼朝の信頼は厚く、『吾妻鏡』にもしばしば二人の私的な交流が書き残されている。本来であれば景盛も頼家を支える存在であったはずだが、二人の関係は良好とはいえなかったらしい。そのように考えられているひとつの原因がこの一件にあるわけだが、果たして政子はなぜ景盛に起請文を書かせたのか。『吾妻鏡』によれば、景盛は京都から女性を迎えて寵愛《ちょうあい》していたが、頼家は彼女を横取りしてしまう。そして景盛はこの件を怨《うら》みに思っていると讒言された頼家が、景盛を誅伐しようとしたのだという。正治元年といえば正月に頼朝が亡くなったばかりだったこともあり、政子は「罪科があるならば成敗すべきだが、事情も聞かずに誅伐《ちゅうばつ》したのでは後悔するであろう、それでもなお追討するというならば、私を射ってからにしなさい」と頼家を諭したとされる。頼家は渋々兵を収めたが、後々のためを思った政子は景盛に起請文を書かせたのであった。

この事件だけを切り取れば、頼家は武士政権を率いていくだけの器《うつわ》の持ち主とは思えず、一方政子はきわめて思慮深く、頼家と景盛の立場を守ったといえるだろう。頼朝の嫡男《ちゃくなん》頼家よりも、頼朝の妻（北条）政子を肯定的に描いており、このあと頼家が失脚することを踏まえれば、『吾妻鏡』が「北条氏得宗《とくそう》家の幕政での実権掌握を正当化するための弁解状だった」との評価〔奥富敬之・二〇〇九〕にも説得力がある。

また三代将軍実朝《さねとも》は、京都文化へのあこがれが強かったことで知られている。和歌を通じて後鳥羽《ごとば》院との関係を構築し、官位の昇進を望む姿勢などに対して、有力御家人からしばしば苦言が呈されていたことは『吾妻鏡』にも記されている。実朝の関心は京都文化だけにとどまらず大陸にも向けられており、建保《けんぽ(けんぽう)》四年（一二一六）一一月二四日には義時たちの反対を押し切って造船に着手している。そして翌年四月一七日に完成し、由比ヶ浜《ゆいがはま》に浮かべようとしたが失敗、船は砂浜で朽ち果てたと伝えている。

しかし、『沙石集《しゃ(さ)せきしゅう》』の著者で臨済宗の僧侶である無住一円《むじゅういちえん》が、嘉元《かげん》三年（一三〇五）に仏教説話をまとめた『雑談集《ぞうたんしゅう》』には、このときの船は無事に出航し、使者の葛山景倫《かずらやまかげとも》は筑紫《ちくし》国に至ったと記されている。ところがそこに実朝暗殺の連絡が入り、渡海計画は中断されたという。景倫が実朝の命を受けて大陸に渡るため九州まで下向し、渡海の機会を待ったという記録はほかにも存在し、実は実朝の造らせた船は航海可能だったのではないかと思わせる。この点については、禅宗興隆は北条得宗家によって実現したことを明確にするため、実朝の渡海計画そのものを無謀な計画と印象づけようとする意図があった、との指摘がある〔源健一郎・二〇一九〕。もし実朝造船の件が『雑談集』の記述通りであったとすれば、『吾妻鏡』編纂の背後に存在する北条氏の影は、ますます色濃いものと考えなければならないだろう。

ただし『吾妻鏡』が編纂された意図については、成立時期なども視野に入れて考える必要がある。たとえば、徳政令関連の史料が多数含まれている点に注目して、永仁《えいにん》五年（一二九七）以降に成立したものとも指摘されている。この頃の御家人たちは対外的には蒙古《もうこ》襲来を経験し、また一世紀にわたる幕府政治のなかで生じ始めた諸矛盾に直面して、彼らの動揺は次第に深刻化していっていた。そうした状況のなかで『吾妻鏡』が編纂されたとすれば、その内容から御家人《ごけにん》の家形成の歴史と由緒を再確認し、拠《よ》り所である家を立て直そうとする意図を見い出すこともできる〔五味文彦・二〇〇〇〕。

以上のように『吾妻鏡』は、当時収集し得る重要な一次史料に基づきながら編纂されたが、編纂作業の誤りが散見され、またその記述には編纂者の意志も色濃く反映されている、といった特徴を持っているといえるだろう。しかしこれらの特徴は、その史料的価値を下げるものではない。そもそも古文書や古記録といった一次史料と呼ばれる史料であっても、発給者や筆者の状況や立場・意志というフィルターがかからない史料は存在し得ない。そうしたフィルターがかかっていることを認識したうえで、記述された内容を精査して読み解いていくという作業が必要であることは、一次史料であっても『吾妻鏡』であっても相違はない。むしろ意図せず残された、編纂作業上の誤りには十分な注意が必要だろう。『吾妻鏡』だけが伝える出来事も多く、フィルターのかかり具合などをも史料解釈の面白みとしてとらえれば、ますます興味深い史料といえるであろう。いずれにしろ、一二世紀末から一三世紀半ばまでの社会を知り得る、最重要な史料のひとつという位置付けは揺るがない。

以上『吾妻鏡』の具体的な記事から、その特徴について考え、適宜参照すべき主な先行研究を紹介してみた。最後に、『吾妻鏡』を実際に講読するうえでのテキストなどについて、現在の状況を概観しておきたい。

きわめて興味深い特徴を持つ史料である『吾妻鏡』は、前近代社会でも広く読み込まれて研究されており、徳川家康も愛読していたことはよく知られている。そして明治時代にはすでに、高桑駒吉らによる『校訂増補吾妻鏡』のほか、日本史研究の基礎史料に校訂を加えた叢書『国史大系』の続編の一書目として刊行されている。その後、北条本《ほうじょうぼん》を底本として諸本と対校した『新訂増補国史大系』本が昭和七年（一九三二）に刊行されると、読者層はより広がって、現在まで大学教育や生涯教育の場において、中世社会を知る貴重なテキストとして講読されてきた。その結果御家人制研究会編『吾妻鏡人名索引』（吉川弘文館、一九七一年）のような索引類も充実し、講読するうえでの利便性は飛躍的に高まっている。さらに近年では、諸本研究の進化に伴って、最善本とされる吉川本《きっかわぼん》を底本として諸本と対校し、様々な工夫を凝らして読者の便宜を図った高橋秀樹編『新訂吾妻鏡』（和泉書院、二〇一五～）の刊行が始まっている。また『新訂増補国史大系』本の本文を現代語訳した五味文彦他編『現代語訳 吾妻鏡』（吉川弘文館、二〇〇七～二〇一五）の刊行によって、読者層はさらに広まりを見せるものと思われる。なお五味文彦他編『現代語訳 吾妻鏡』別巻（吉川弘文館、二〇一六）は、『吾妻鏡』研究の最新成果として参考にすべきであろう。

（櫻井彦）

# 第3章　側近から重臣へ

## ●江間殿義時

文治《ぶんじ》四年（一一八八）七月一〇日、七歳になる源頼朝嫡男万寿《みなもとのよりともちゃくなんまんじゅ》（のちの頼家《よりいえ》）の甲着初《よろいぎぞめ》が、御所の南面で挙行された。

頼朝が臨席すると、「江間殿《えまどの》参進し、御簾《みす》を上げたまふ。次に若公《わかぎみ》（万寿）出御」し、万寿の乳母夫である平賀義信《ひらがよしのぶ》（妻は比企尼《ひきのあま》三女）と乳母兄比企能員《よしかず》（頼朝乳母比企尼の養子）が、万寿を助け申し上げたと『吾妻鏡《あずまかがみ》』には記されている。

甲着初は、武士にとっての成人儀礼にあたるものである。節目のこの日、小山朝政《おやまともまさ》、千葉常胤《ちばつねたね》・梶原景季《かじわらかげすえ》、三浦義澄《みうらよしずみ》、畠山重忠《はたけやましげただ》、和田義盛《わだよしもり》ら、錚錚《そうそう》たる重臣らが参列するなか、儀式は挙行された。

頼朝の後継、万寿の成人儀礼にもあたるこの甲着初にあたり、「御簾をあげる」すなわち頼家が「表舞台に立つ」儀式の幕開け役をつとめたのが北条義時《ほうじょうよしとき》であった。義時が、幕政の次世代を担《にな》う人物であることを暗示する場面であるともいえよう。

『吾妻鏡』の記事に関連して、もうひとつ着目されるのは、この記事で、義時が「江間殿」と呼称されていることである。

義時が「江間姓」で呼称されるのは、『吾妻鏡』では、文治二年（一一八六）七月一九日、「江間四郎」が「駿河《するが》国富士領の上政所《かみまんどころ》にある福地《ふくち》社（現静岡県富士宮市富知神社）へ神田寄進を執行した」とある記事が初見である。なお、この年の春、京都にあって、しばらく朝幕交渉にあたっていた父時政《ときまさ》が、四月に鎌倉に帰還していた。時政の鎌倉復帰とともに、義時が分家をしたと、とらえるべきであろうか。なお、細川重男氏は、義時が江間姓で呼称される点に関して、時政が義時を北条氏の嫡流として認めず、義時を分家し、北条氏庶流江間氏始祖としたととらえる。

いずれにしても、以後、『吾妻鏡』では「江間姓」で呼称されることが多い義時であるが、「江間殿」と尊称をもって表記されるのは、この万寿（頼家）甲着始の記録が初見である。

「江間」とは、北条氏本貫の地、伊豆の「北条」から狩野《かの》川を隔てた隣地である。真名本《まなぼん》『曾我物語《そがものがたり》』巻三には、かつて、源頼朝と伊東祐親《いとうすけちか》女が親しくなり一男をもうけた際に、父祐親が怒り、産まれた幼子を殺害した上、娘を頼朝から離別させ、「江間次郎」に嫁がせたとある。その後、同物語では、この「江間次郎」は討たれ、残された「子息の少き者をば、北条小四郎義時申し預て免《ゆる》されぬ。則《やが》て義時が元服の子となして、後に江馬の小次郎と云ふは、即《すなわ》ちこれなり」と語られる。この物語によれば、江間氏が領有していた「北条」の隣地「江間」は、この段階で実質的に北条領に包摂されたといえよう。その後、「江間」の呼称は義時の嫡子泰時《やすとき》に継承されることになる。

さて、万寿（頼家）の甲着初の儀式があった翌年四月一八日、義時の弟、すなわち北条時政の三男時連《ときつら》（のちの時房《ときふさ》）が元服している。時連一五歳という。この元服にあたっては、平賀義信ら重臣たち一九名が参列した。義時も五番目に座し、頼朝が出座した後、三献の際に杓《しゃく》を取る役目をはたした。

加冠役《かかん》は姉政子《まさこ》の願いにより三浦義連《よしつら》がつとめたという。

これらこの期の『吾妻鏡』の記録から、時政・政子《まさこ》の縁に連なる義時・時連《ときつら》（時房《ときふさ》）ら次世代の北条一族が、次第に頼朝政権にあって、他の御家人から頭角をあらわしつつあることが、まず確認されよう。

## ●義時の成長

『吾妻鏡』には、文治五年（一一八九）五月二二日、「去る閏《うるう》四月三〇日、藤原泰衡《ふじわらのやすひら》の軍勢に囲繞《いにょう》された源義経《よしつね》が自害した」という情報が奥州から鎌倉にもたらされたと記す。

同年六月九日に鶴岡八幡宮の五重塔落慶供養《らっけいくよう》をすませた頼朝は、翌七月一九日、朝廷の許可を得ないまま、大手軍・東海道軍・北陸道軍と軍勢に分け、藤原氏を討つため、奥州に向かって出兵する。

同年八月一〇日の阿津賀志《あつかし》山の戦いで、和田義盛・畠山重忠らが藤原国衡《くにひら》を討ち、その首が頼朝に献じられた。その後、頼朝軍は、多賀国府《たがこくふ》にて東海道軍の千葉常胤と合流し、逃亡する藤原泰衡《やすひら》を追って平泉に向かった。最終的には、九月三日、泰衡は「数代の郎従」河田次郎《かわだのじろう》よって討たれる。同月六日には、泰衡の首が頼朝に献上されて、奥州合戦は終了した。

この奥州合戦では、頼朝に従う大手軍として、平賀義信・安田義定《やすだよしさだ》らとともに「北条四郎（時政）・北条小四郎（義時）・北条五郎（時房）」と北条一族の名が見えるが、戦闘では、さしたる活躍が『吾妻鏡』に記録されてはいない。

着目されるのは、奥州合戦に先だって、義時の父時政が、戦勝祈願のために北条氏ゆかりの地である伊豆国北条に願成就院《がんじょうじゅいん》を建立することを発願《はつがん》し、出兵直前には、時政自ら伊豆北条に下向して立柱《りっちゅう》上棟《じょうとう》の供養式に出席、さらに、奥州から帰還した翌月には、本格的に願成就院建立にのぞみ、一二月、寺院北畔に、頼朝の宿館を建設するための土地造成にも着手していることである。

また、義時についても、七月に奥州合戦の戦勝祈願として、駿河国富士御厨帝尺院《みくりやたいしゃくいん》に田地寄進を差配している記録がみえる。

安田元久氏は、「少壮気鋭の義時の武勇、あるいは戦場における彼の武勲を示す記事が見当たらないという事実は、むしろ義時がはじめから戦略家、あるいは政略家としての資質を具え、一般の東国武士の如く武威の顕現のみをこととするものとは、性格を異にしたことを物語る」と述べている。「北条氏そのものが、その武士的性格において一般の御家人とは若干異なったものと思わざるを得ない」という安田氏の評価〔安田元久・一九六一〕は、この点からも首肯できるものであろう。

頼朝は、この奥州合戦の翌年、上洛をはたすが、頼朝入京の行列では、先陣武将最後に「北条小四郎」（義時）の名も見える。建久元年（一一九〇）一一月一一日の石清水八幡宮参詣《いわしみずはちまんぐうさんけい》行列にも、頼朝の御車の後騎として浄衣《じょうい》を着用した一二名の武将らの中に義時の名があり、これらの記録から、上洛メンバーに義時が加わっていたことが確認される。

ただし、上洛直後に頼朝が院や内裏に参上した際や、一一月二九日夜に頼朝が院へ参上した際には布衣《ほい》の侍衆が御供をしているが、義時の名はみられない。この時期、義時は、常に頼朝に近侍する側近衆から、頼朝及び次世代の頼家政権の有力家臣へのステップを歩んでいると考えるべきであろうか。

なお、この頼朝上洛中、『吾妻鏡』の義時関連記事として、とくに着目されるのが、建久《けんきゅう》元年（一一九〇）一二月一日頼朝右大将《うだいしょう》拝賀の際のエピソードである。拝賀の随兵《ずいひょう》七騎は、前月二八日に、北条義時・小山朝政・和田義盛・梶原景時《かげとき》・土肥実平《どひさねひら》・比企能員《ひきよしかず》・畠山重忠らがすでに決定していた。

拝賀当日に先立ち、『吾妻鏡』では、義時が密かに小山朝政に連絡をとり、「同色の甲《よろい》と直垂《ひたたれ》を着ている者が、自分と同じ番《つがい》になるように、すでに頼朝に申し上げている。私は、赤革威《あかがわおどし》の甲に、青筋懸丁の直垂を用意しているので、あなたもこの色を着用し、自分と同じ番になってほしい」と伝え、朝政もこの連絡を喜び、当日は、互いに申し合わせた直垂と甲冑を用意したという。

この時、義時とともに随兵をつとめる六名は、治承《じしょう》五年（一一八一）に義時が頼朝側近衆として選任された「寝所伺候衆」と比較すると、頼朝政権の中枢を担う重臣が多いことが確認される。選出された重臣たちと肩を並べるなかで、義時は、メンバーのなかで比較的年齢が近い小山朝政と対《つい》となる意匠の甲《かぶと》と直垂《ひたたれ》を纏《まと》うことによって、その存在感をアピールしようとしたのであろうか。

頼朝の奥州合戦から頼朝の初度の上洛までのこの時期は、義時二〇代後半にあたる。この期の『吾妻鏡』を通覧しても、頼朝近臣として、寝所に控えたり、夜間や私的な外出に同行するというメンバーのなかに義時の名があがることが少なくなってきていることに気づく。義時の政治的立場が、頼朝の側近衆から、段階的に、頼朝政権の中枢を担える立場へと変化してきている状況を読みとることができよう。

## ●義時の妻子

『吾妻鏡』建久二年（一一九一）三月四日の条には、小町大路《こまちおおじ》辺の大火が記録される。すなわち、火の手は、江間殿・大内惟義《おおうちこれよし》・村上高国《むらかみたかくに》・比企能員・比企朝宗《ともむね》・佐々木盛綱《ささきもりつな》・昌寛法橋《しょうかんほっきょう》・新田忠常《にったただつね》・工藤行光《くどうゆきみつ》・佐貫広綱《さぬきひろつな》以下の家屋数十が焼失したとあり、余炎は鶴岡八幡宮の馬場本の塔婆《とば》に燃え移り、境内の若宮神殿、廻廊、経所、幕府御所も同じく被災したと記録される。鶴岡八幡宮境内全域ならびに幕府御所をはじめとして、若宮大路東側の鎌倉中枢部ほとんどが焼き尽くされた大火であった。

この大火の翌々日、「頼朝は、八幡宮のわずかに焼け残った礎石を見て、涙した」と『吾妻鏡』は記録する。

この火事の翌年、『吾妻鏡』によれば、九月二五日夜に「幕府の官女であった姫《ひめ》の前《まえ》が、初めて義時の邸宅に渡った」と記されている。姫の前という女性は、比企朝宗《ともむね》の娘であり、「当時権威無双の女房」と称され、頼朝の「御意《ぎょい》に叶《かな》い」、「容貌はなはだ美麗」な女性であったと『吾妻鏡』では紹介される。この姫の前に、義時は、数年間、頻繁に恋文を書いたが、まったく受け容れてはもらえなかったのである。そこで、義時の想いを聞いた頼朝が、義時から「離別はしない」という起請文《きしょうもん》をとった上で、姫の前に義時へ嫁ぐように命じたという。姫の前は、起請文を受け取り、結婚の儀に臨んだのであった。

なお、この婚儀の段階で、すでに義時には、一〇歳になる嫡子金剛《こんごう》（のちの泰時《やすとき》）がいた。この金剛の母については、ほとんど記録がない。「官女阿波局《あわのつぼね》」という説もあるが、確証に乏しい。金剛が幼い頃から義時の嫡子と厚遇されていることから、母は、ある程度の地位ある人物の子女であった可能性は否定できないであろう。

さらに、この義時の嫡子にあたる金剛については、『吾妻鏡』建久三年五月二六日条に、具体的なエピソードが登場する。すなわち、ある日、金剛が遊んでいたところ、多賀重行《たがしげゆき》が下馬《げば》の礼をとらず金剛の前を通り過ぎたのである。このことを聞き、頼朝は、「礼儀とは老少にかかわるものではない。金剛のような者を、汝等と同等にしてはならない」と重行を諫めた。重行は「そうではありません。若公《わかぎみ》と従者にお尋ねください」と陳謝し、金剛も「そのようなことはありませんでした」と執り成したが、頼朝は、さらに怒り、「後に糾明《きゅうめい》すれば明らかであるのに、虚言で処罰から免れようとする心がけが、けしからん」と何度もおっしゃったという。この件について、金剛には、「仁恵《じんけい》の心があり、優れてうるわしい」と頼朝が褒め、剣を授けたと記されている。この時、授けられた剣は、長年頼朝が所持していた物で、後に、承久《じょうきゅう》の兵乱の際、泰時は宇治合戦でこの剣を帯している。

そして、このエピソードの二年後、建久五年（一一九四）二月、金剛は、頼朝自ら烏帽子親《えぼしおや》となり、一三歳で元服した。元服の儀式では、重臣等が居並ぶなか、北条時政が金剛とともに参上し、頼朝によって加冠の儀が行われた。この時、金剛は、頼朝の名を一字とって頼時《よりとき》と名乗り、さらに、頼朝は、三浦義澄に「将来、（義澄の）孫娘を泰時の妻にするように」と命じた。この儀式は、頼朝の嫡子頼家の元服にも劣らないものであったという。

また、この頼時（のちの泰時）元服に先立つ建久三年（一一九二）八月九日には、政子は、のちに三代将軍となる実朝《さねとも》を出産する。誕生の際には、江間四郎殿（義時）が筆頭となって、三浦義澄・佐原《さはら》義連《よしつら》・小野成綱《おののなりつな》・安達盛長《あだちもりなが》・下妻弘幹《しもつまひろもと》ら六人が御護刀を献上している。さらに、一一月二九日の若君（実朝）五〇日、百日の儀式にあたっても、北条時政が差配し、義時が陪膳《ばいぜん》を行い、時政が御剣・砂金・鷲《わし》の羽の御贈物を進上している。

これら建久期の北条氏に関する『吾妻鏡』の記録を見ると、北条時政・義時父子は、御台所《みだいどころ》政子の実家として、頼朝の厚い信頼を獲得している状況が読み取れよう。

なお、義時が、起請文を認めてまで妻として懇望した姫の前であったが、父親が比企氏の出身であったことから、建仁《けんにん》三年（一二〇三）比企一族が滅亡すると、その婚姻関係は解消されたと推察される。姫の前は、義時との間に、二人の男子をもうけるが、後に、義時二男朝時《ともとき》は名越《なごえ》氏の祖となり、三男重時《しげとき》は六波羅探題《ろくはらたんだい》や連署《れんしょ》を歴任し、極楽寺《ごくらくじ》殿と称される。

さらに、この間、正治《しょうじ》二年（一二〇〇）五月二四日には、「江間殿（義時）の妾が男子を安産した」という記録が『吾妻鏡』に見られ、義時の妾が一男をもうけたことがわかる。出産にあたっては、夜間から鶴岡若宮別当円暁《えんぎょう》が安産のために祈祷《きとう》を行い、頼家が馬を遣わし、政子からは産衣を賜ったと記録されている。この時、誕生した男子のその後についての記録は、夭折《ようせつ》したためか、『吾妻鏡』には見られない。

## ●富士の巻狩―曾我兄弟の仇討ち

建久四年（一一九三）、後白河《ごしらかわ》法皇の喪があけると、頼朝は、大規模な狩猟を再開した。

三月二一日、まず、頼朝は、「狩猟に馴るるの輩《ともがら》」を召し、そのなかでも「弓馬《きゅうば》に達し」、また、頼朝に「御隔心《かくしん》なき族《やから》」二二人を選抜して、下野《しもつけ》国那須野《なすの》及び信濃《しなの》国三原（群馬県嬬恋《つまごい》村付近）等の狩猟場視察に臨んだ。この二二人の筆頭にあがるのが、江間四郎、すなわち義時であった。

四月二八日に、頼朝は、一日、鎌倉に帰還するが、再度、五月八日、富士野《ふじの》・藍沢《あいざわ》（富士山東麓）の夏狩を視察するために駿河国に出発した。今回も、江間殿すなわち北条義時を筆頭に、多数の武将が御供に伺候し、その他射手を勤める数え切れない人々が同行したという。

一五日、藍沢で狩りが行われ、終了後、頼朝は富士野の旅館にはいった。この旅館等の手配は北条時政がおこなっている。

事件が起こったのは、五月二八日のことである。『吾妻鏡』によれば、深夜、伊東祐親の孫曾我十郎祐成《すけなり》とその弟五郎時致《ときむね》が、富士野の神野《かみの》（静岡県富士宮市）の旅館に押しかけ、工藤祐経《すけつね》を殺害したという。祐経と同宿していた備前《びぜん》国吉備津宮《きびつのみや》の王藤内《おうとうない》も、ともに殺害された。曾我兄弟が、「父の敵《かたき》を討った」と大声で叫んだので、周囲の人々は大騒動になった。雷鳴が轟き、闇夜の中で、多数の武士が負傷する混乱のなかで、兄曾我祐成は新田忠常によって討たれた。弟曾我時致は、（頼朝の）御前をめがけて奔参し、頼朝は御剣を取り立ち向かおうとしたが捕縛され、ようやく事態が収まったという。

翌日、捕縛された曾我時致が、頼朝の御前で尋問をうけた。そこには「しかるべき人々十余輩」が同席したが、その筆頭には、北条時政・山名義範《やまなよしのり》・足利義兼《あしかがよしかね》・北条義時らの名がみえる。義時は、父時政とともに、有力御家人すなわち重臣のうちに加えられるようになっていたのである。

尋問に臨み、曾我時致は、「工藤祐経を討ったのは、実父河津祐泰《かわづすけやす》の恥を雪《すす》ぎ、身の鬱憤の志をあらわすためである。兄祐成は九歳から、自分は七歳から、常に復讐の思いを抱き、片時も忘れたことはなかった。ついに仇討ちを果たしました」と答えた。さらに、頼朝に対しては、「（父の敵）工藤祐経が（頼朝の）寵愛を受けていた者だからというだけでなく、かつて、祖父伊東祐親が、（頼朝の）勘気をうけた恨みがあったので、（頼朝に）拝謁した上で、自殺を遂げるつもりだった」と言った。

この事件の原因は、さる安元《あんげん》二年（一一七六）に、曾我祐成・時致兄弟の実父河津祐泰が、伊豆の奥の狩場で工藤祐経の矢にあたって命を落としたことが発端である。この時、兄祐成は五歳、弟時致は三歳であった。そもそもの発端は、工藤祐経が相続した伊東荘《いとうのしょう》を、伊東祐親が奪ったことにあった。工藤祐経が、それを恨みに、伊東祐親を狙って放った矢が誤って（河津）祐泰を射たのである。

この時、工藤祐経に狙われた伊東祐親は、その後、平家方に属し、石橋山の戦いでは勝利するが、富士川の戦いで捕らえられ、養和《ようわ》二年（一一八二）二月一五日にすでに自害していた。

曾我兄弟の実父河津祐泰を殺害した工藤祐経は、伊東祐親の死後、伊東荘を領有し、京都滞在中に平重盛《たいらのしげもり》に仕えていた経験を

【富士の巻狩関係系図】

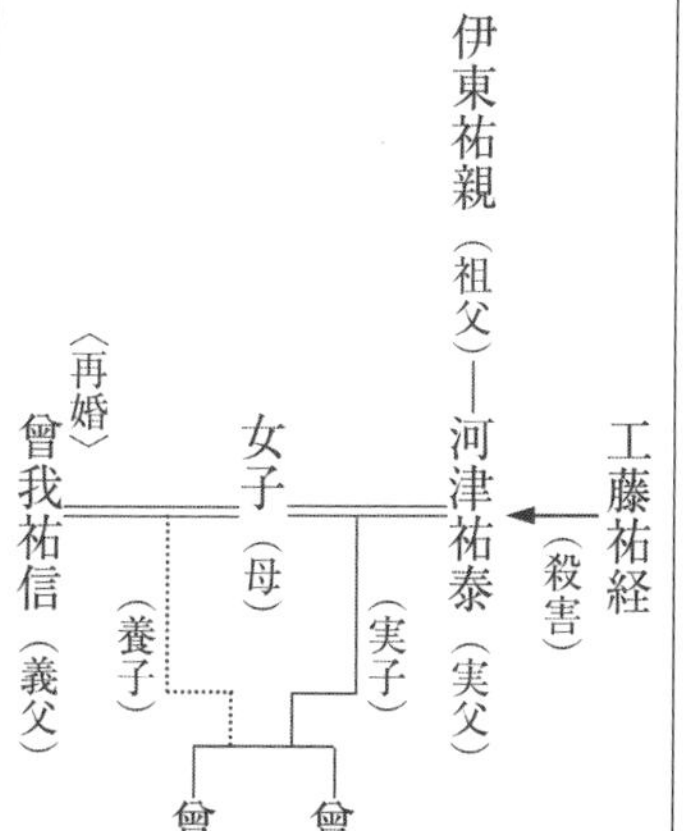

活かして、頼朝の家臣として重用されるようになっていた。とくに、工藤祐経は鼓《つづみ》の才に卓越しており、平重衡《しげひら》が鎌倉に下向した折や、静御前が鶴岡八幡宮で舞を演じた折には鼓を披露している。

一方、曾我兄弟の方は、実父河津祐泰が工藤祐経に殺害された後は、継父曾我祐信《すけのぶ》（助信）のもとで成長していた。真名本『曾我物語』には、幼少から育んだ曾我兄弟の復讐心について、次のように語っている。

河津が討たれし時、五つや三つになりし幼稚の子共は、一万《いちまん》・筥王《はこおう》とて、母に副《そ》ひつつ継父《ままちち》の曾我太郎助信がもとにあり。やうやく成人する程に、父の敵助経（工藤祐経）が一日片時《へんじ》なれどもこれを忘れず。人の語れば兄も知り、兄が語れば弟も知る。心の付《つ》ける任《まま》に、幾安からず思ひける。

兄弟は、実父の敵工藤祐経への復讐心を抱きながら成長したのである。

なお、このような曾我兄弟に、義時の父北条時政が接近したことを物語る記事が、『吾妻鏡』建久元年（一一九〇）九月七日の条にある。

建久元年夜、故伊東祐親法師の孫祐成（曾我十郎）が弟の筥王をともなって、北条時政のもとに参上した。弟は、時政の前で元服して、曾我五郎時致と号した。この時、鹿毛《かげ》の馬一頭を、時政から賜ったという。これは、頼朝が、かつて祖父伊東祐親を討ったとはいえ、その子孫は問題にせず、兄祐成は継父（曾我）祐信《すけのぶ》に従って曾我庄（神奈川県小田原市・足利上郡付近）にいる。不肖のため、まだ鎌倉殿に仕えてはいないが、常に北条時政のもとに参上しているので、今夜の儀は、辞退することもなかったという。

この『吾妻鏡』の記事から、北条時政が、曾我兄弟が工藤祐経を刺殺した黒幕であったとする説もある〔三浦周行・一九九〇、初出は一九一六〕。また、この北条時政黒幕説に対して、相模の御家人たちと曾我兄弟が結んで、頼朝及び時政を討ち、範頼《のりより》政権をたてようとしたという説〔永井路子・一九七八〕もあるが、真相はわからない。

なお、『吾妻鏡』を見る限り、この事件に関して、命を狙われながらも、頼朝の曾我兄弟に対する眼差しは温かい。弟曾我時致は「殊《こと》なる勇士」であるから赦免にするべきかと、頼朝はいっときは躊躇《ためら》う。最終的には、工藤祐経の子息犬房丸が泣いて訴えたので、時致の身柄は犬房丸預けとなり、結局、犬房丸の命令で時致は梟首《きょうしゅ》となったという。また、襲撃前に曾我兄弟は、母へ最後の書状等を送っていたが、頼朝はその書状を見て涙を拭い、永く文庫に納めたという。さらに、七月二日、越後《えちご》国にいた曾我祐成の弟が鎌倉に召喚されたが、尋問前に自害してしまった。頼朝はこのことを聞き、「ただ兄に同意したか否《いな》か尋問するためであったのに」と、その死を悔いたとも記されている。

頼朝は、曾我兄弟の遺族に対しても厚遇した。曾我兄弟の義父曾我祐信に対しては、「兄弟の菩提を弔うため」という理由で曾我庄の年貢を免除しているが、これも、頼朝が、「ひとえに曾我兄弟の勇敢を怠らなかったこと」に感動したからと『吾妻鏡』には記される。

なお、兄曾我祐成の妾「虎《とら》」という大磯《おおいそ》の遊女は、罪は無いと放免になったが、その後、箱根山《はこねさん》別当行実坊で二一日忌日の仏事を修した後、出家し、信濃国の善光寺《ぜんこうじ》に参詣した後、曾我兄弟ゆかりの人々を訪ねて旅に出立する。真名本『曾我物語』は、この大磯の虎が、一九歳の秋に出家してから、廻国修行を経て、六四歳の大往生を遂げたことで、幕を閉じる。

以上、多くの人々の運命を左右した建久四年の富士の巻狩であったが、こうした騒ぎのなかにあって、義時がどのような動きをみせたのか、義時に関して『吾妻鏡』が語るものはない。父の時政黒幕説も出されているだけに残念ではある。

この富士の巻狩以降、義時関連の『吾妻鏡』の記事で特筆されるのは、前述の建久五年（一一九四）二月二日に行われた義時の嫡男童名金剛（のちの泰時）の元服記事である。

さらにその翌年二月～七月、頼朝は、政子と大姫らとともに、東大寺開眼供養《とうだいじがいげんくよう》出席を名目に、再度、京都に向かった。滞在中、随兵として、「北条義時」の名が何度か散見されている。

そして、翌々年建久七年（一一九六）から建久一〇年（一一九九）二月六日まで、『吾妻鏡』の記録が欠落している。

この記録の空白期間に、頼朝が死去し、二代将軍頼家の時代を迎えるのである。北条義時にとっても、また、次のステージが待ち受けているのであった。

（錦昭江）

# 第4章　頼朝亡きあとの義時―比企一族滅亡―

## ●源頼朝の死去

源　頼朝《みなもとのよりとも》は、建久《けんきゅう》一〇年（一一九九）正月一三日、五三歳で死去した。『吾妻鏡《あずまかがみ》』は頼朝死去の前後、建久七・八・九年の三年分が欠けている。欠巻の理由はよくわからないが、一三年後の建暦《けんりゃく》二年（一二一二）二月二八日条に、頼朝の死去に関する記述がある。内容は、以下の通りである。

相模《さがみ》国の相模川の橋が数間《すうけん》にわたり傷んでいるので、修理してほしいと三浦義村《みうらよしむら》から申請があった。このため、北条義時《ほうじょうよしとき》・大江広元《おおえのひろもと》・三善康信《みよしやすのぶ》の三人で衆議したところ、建久九年に稲毛重成《いなげしげなり》がこの橋を新造して完成供養をおこなった際、故将軍家（頼朝）が参加し、帰途落馬して間もなく落命された。また、重成も直後に殺害されたので縁起が悪い。よって、今すぐに再興する必要はないと結論し、御前《ごぜん》（実朝《さねとも》）に報告したところ、実朝は、故将軍家や重成の件は橋の修理とは関係ない。この橋があるので二所詣《にしょもうで》（将軍が正月行事として伊豆山《いずさん》・箱根の両神社および三島大社に参詣すること）に便利で、庶民の往来にも利便がある。速やかに修理を加えるように命じた。

頼朝が相模川の橋供養からの帰途に落馬したことが原因で落命したことが記されているが、いつ死去したかは記されていない。当時の公家日記の多くは、正月一八日条に頼朝死去の記事を載せ、頼朝は一一日に出家、一三日に死去と書かれている。死亡理由はほとんどが所労《しょろう》と記しているが、保元《ほうげん》元年（一一五六）～暦応《りゃくおう》二年（一三三九）までを描いた歴史書である『保暦間記《ほうりゃくかんき》』は、相模川の橋供養の帰路に稲村ケ崎《いなむらがさき》の海上に現れた安徳《あんとく》天皇の怨霊《おんりょう》が頼朝死去の原因とする〔元木泰雄・二〇一九〕。頼朝の遺骨は、大倉《おおくら》幕府後方の持仏堂に納められたという。

北条義時は、頼朝の側近・親衛隊である「家の子」のなかでも「専一」と呼ばれるほど頼朝の信頼を得ていたが、この時点で三七歳であるが、いまだ無位無官であった。北条義時にとって頼朝の死は、人生の大きな転換となる。

## ●新鎌倉殿源頼家の誕生

源頼家《よりいえ》は、寿永《じゅえい》元年（一一八二）八月一二日に、鎌倉の比企能員《ひきよしかず》の屋敷で誕生する。幼名は万寿《まんじゅ》、通称は金吾《きんご》将軍。父は源頼朝、母は北条政子《まさこ》。能員の妻・河越重頼《かわごえしげより》の妻・梶原景時《かじわらかげとき》の妻らが乳母《めのと》となった。若宮大路《わかみやおおじ》にある段葛《だんかずら》は、政子の安産を願って頼朝が御家人に築造させた。

文治《ぶんじ》四年（一一八八）七月、七歳で御着甲始《おんちゃくこうはじめ》、建久《けんきゅう》元年（一一九〇）四月に下河辺行平《しもこうべゆきひら》が弓馬《きゅうば》の師となる。同四年五月、富士の巻狩《まきがり》において源家一門《げんけいちもん》の棟梁《とうりょう》にふさわしい弓馬の芸を披露した。同六年六月、源頼朝の再上洛に供奉《ぐぶ》して参内《さんだい》、同八年一二月に従五位上《じゅごいのじょう》・右近衛少将《うこのえしょうしょう》に任官する。

同一〇年正月に父頼朝が没すると、朝廷から頼朝の遺跡・諸国守護権の継承を認める宣旨が与えられ、左近衛中将《さこのえちゅうじょう》に転任、その後も頼家の官職・位階は順調に昇進し、翌正治《しょうじ》二年（一二〇〇）には従三位《じゅさんみ》・左衛門督《さえもんのかみ》、建仁《けんにん》二年（一二〇二）正月に正三位《しょうさんみ》、同年七月には従二位《じゅにい》・征夷大将軍に任じられた。新鎌倉殿源頼家の誕生である。

新鎌倉殿源頼家は、建久一〇年（一一九九）二月六日に幕府政所《まんどころ》において政務開始の儀式である吉書始《きっしょはじめ》を行う。吉書とは、年始・改元・代始《だいはじめ》など、新規のはじまりに吉日《きちじつ》を選んで発される儀礼文書である。武家政権では将軍が吉書を総覧して花押《かおう》を据《す》える儀式が行われ、これが慣例化する。

『吾妻鏡』同日条によると、吉書始には北条時政《ときまさ》・大江広元・三浦義澄《みうらよしずみ》・源光行《みつゆき》・三善康信・八田《はった》知家《ともいえ》・和田義盛・比企能員・梶原景時《かじわらかげとき》・二階堂行光《にかいどうゆきみつ》・平盛時《たいらのもりとき》・中原仲業《なかはらなかなり》・三善宣衡《のぶひら》ら一三人が政所に着座し、三善康信が吉書の草案を作成したと記されている。政所は三位以上の公卿《くぎょう》が開設する家政機関なので、当時正五位下《しょうごいのげ》の頼家に開設資格はないが、同年六月一〇日付で鎌倉中将殿（頼家）の仰せにより政所職員による下文（『鎌倉遺文《かまくらいぶん》』一〇五五）が発給されているので、政所は幕府の機関として機能している〔岡田清一・二〇一九〕。

政所の吉書始に参加した一三人であるが、大江広元・源光行・二階堂行光は政所、和田義盛・梶原景時は侍所《さむらいどころ》、三善康信は問注所《もんちゅうじょ》、平盛時・中原仲業・三善宣衡は公事奉行人《くじぶぎょうにん》であるが、残りの四人、北条時政・三浦義澄・八田知家・比企能員は有力御家人、幕府宿老《しゅくろう》とでも呼ぶべき存在である。しかし、北条時政が一三人の先頭に記されているのは、『吾妻鏡』特有の北条氏を特別扱いした記述である。

### ●有力御家人一三人の合議制の成立

『吾妻鏡』建久一〇年四月一二日条によると、幕府裁判における頼家の直断《じきだん》が停止され、有力御家人一三人による合議制《ごうぎせい》が開始された。一三人とは、北条時政・同義時・大江広元・三善康信・中原親能《なかはらちかよし》（在京）・三浦義澄・八田知家・和田義盛・比企能員・安達盛長《あだちもりなが》・足立遠元《あだちとおもと》・梶原景時・二階堂行政である。今後、幕府の裁判はこの一三人の合議によって処理し、その他の者が理由なく訴訟を頼家に取り次いではならないと記されている。

源頼朝は、建久二年（一一九〇）正月一五日に前右大将家政所《さきのうだいしょうけまんどころ》の吉書始を行った。『吾妻鏡』同日条には、この儀式に参加した頼朝政権の中枢を占めた一四人の人物が記載されている。次の表はこの頼朝期の一四人（A）と、頼家政所の吉書始の一三人（B）、および一三人の合議制（C）に参加した各人物を比較したものである。

それでは、この表から何が読み取れるかを考えてみたい。最初に、表に記載された人物が、各時期の政権中枢を担ったことを確認しておきたい。A～Cすべてに登場する大江広元・三善康信・和田義盛・梶原景時の四人は、幕府の主要機関である政所・問注所・侍所の各長官であり、また梶原景時は頼朝側近で侍所の次官の所司《しょし》である。この四人が頼朝政権か

| 番号 | A 建久二年吉書始 | | B 建久十年吉書始 | C 同年合議制 |
|---|---|---|---|---|
| 1 | 大江広元 | 政所別当 | 北条時政 | 北条時政 |
| 2 | 二階堂行政 | 政所令 | 大江広元 | 北条義時 |
| 3 | 藤井俊長 | 政所案主 | 三浦義澄 | 大江広元 |
| 4 | 中原光家 | 政所知家事 | 源　光行 | 三善康信 |
| 5 | 三善康信 | 問注所執事 | 三善康信 | 中原親能（在京） |
| 6 | 和田義盛 | 侍所別当 | 八田知家 | 三浦義澄 |
| 7 | 梶原景時 | 侍所所司 | 和田義盛 | 八田知家 |
| 8 | 中原親能 | 公事奉行人 | 比企能員 | 和田義盛 |
| 9 | 藤原俊兼 | 公事奉行人 | 梶原景時 | 比企能員 |
| 10 | 三善康清 | 公事奉行人 | 二階堂行光 | 安達盛長 |
| 11 | 三善宣衡 | 公事奉行人 | 平　盛時 | 足立遠元 |
| 12 | 平　盛時 | 公事奉行人 | 中原仲業 | 梶原景時 |
| 13 | 中原仲業 | 公事奉行人 | 三善宣衡 | 二階堂行政 |
| 14 | 清原実俊 | 公事奉行人 | | |

【頼朝・頼家期の吉書始と一三人合議制の人名比較】

ら頼家政権への交替期に一貫して政務の中枢にいたことがわかる。

次に、AとBを比較する。前記四人以外には、平盛時・中原仲業・三善宣衡の三人は、頼朝期に継続して頼家期にも公事奉行人をつとめている。AからBへの最大の変化は、北条時政・三浦義澄・八田知家・比企能員ら四人の加入である。四人の共通点は幕府開創以来の宿老とでも呼ぶべき有力御家人であること。また、政所令が二階堂行政から長男の行光に交替していることである。この交替は行政が二か月後の一三人の合議制に参加しているので、『吾妻鏡』の誤記であるかもしれない。AからBへの変化は、若き新鎌倉殿頼家を支えるために、幕府宿老である有力御家人の四人が新政権に加わったと評価できる。

最後に、BからCへの変化を検討したい。一三人の合議制参加者は、二か月前の政所吉書始と人数は同じであるが、源光行・平盛時・中原仲業・三善宣衡の四人が消えて、二階堂行政が復帰、北条義時・中原親能（在京）・安達盛長・足立遠元の四人が新しく追加されている。北条義時以外の三人は、二月に加わった四人の宿老と同じく幕府の有力御家人である。また、義時が参加することで、北条氏は時政・義時の父子二名となり、他の御家人より一歩優位に立つことを意味した。

この年の正月一日、北条時政が初めて垸飯《おうばん》を献じた。垸飯とは、本来は「椀《わん》＝垸に盛った飯」の意味で、公家では諸行事の際に殿上人《てんじょうびと》以下に支給した食膳をさしたが、鎌倉幕府では重臣が将軍を饗応《きょうおう》する儀式として発展し、正月三が日に行われる最重要行事として定着する。垸飯は、本来は共同飲食により将軍と御家人との主従関係を確認する意味をもったが、やがて儀式を主宰する垸飯沙汰人《さたにん》が幕府内の地位に対応するようになる。すなわち、正月一日～三日の沙汰人が幕府内の地位一位～三位に相当するようになる。時政は翌年元旦にも垸飯を献じており、これは幕府内の地位が一位に相当すると考えられる。同年二月の頼家政権の発足以来、北条時政が頼朝の後家《ごけ》である尼御台所《あまみだいどころ》政子とともに鎌倉幕府の実権を握ったことを「頼朝・頼家期の吉書始と一三人合議制の人名比較」から読み取れるのではないだろうか。

源頼家の直断が停止された理由は、『吾妻鏡』に記される頼家の傍若無人《ぼうじゃくぶじん》のふるまいなどから、将軍としての器量に欠けた頼家の権力を有力御家人が制約したためと考えられてきた〔柏美恵子・一九七九〕。しかし、こうした頼家像は、近年は修正されつつある。有力御家人一三人による合議制は、頼家の親裁権《しんさいけん》を否定したものではなく、一三人以外から頼家に対し訴訟を取り次ぐ（聴断《ちょうだん》）ことを否定したとする理解である。

頼家の親裁の停止と有力御家人一三人による合議制が否定され、一三人による「訴訟上申制」が開始されたと解釈するならば、源頼家政権の再評価は喫緊《きっきん》の課題となる〔藤本頼人・二〇一四〕。しかし、頼家が父頼朝の独裁体制の継承をはかり、小笠原長経《おがさわらながつね》・比企時員《ときかず》・中野能成《よしなり》以下の側近五人を重用し、彼ら以外の頼家への取次ぎを禁じてこれに対抗したとする『吾妻鏡』同年四月二〇日条はどのように解釈できるだろうか。『吾妻鏡』の曲筆《きょくひつ》と理解するのだろうか。また、頼家政権がなぜわずか三年で崩壊し、しかも伊豆修禅寺《いずしゅぜんじ》で頼家が暗殺までされなければならなかったのか、説得力のある説明が必要である。

いずれの解釈をとるにしても、一三人による合議制の開始により、北条義時は、正式に幕府の意志決定をする有力御家人の一員となり、義時の幕府政治における権力掌握の第一歩となったことは間違いない。『吾妻鏡』正治二年（一二〇〇）四月一〇日条によると、若狭前司《わかさぜんし》藤原保季《やすすえ》殺害事件の犯人の処罰について、一三人の一人で実務官僚の重鎮である大江広元から義時の判断が求められている。義時の発言力が次第に大きくなっていくことをうかがわせる出来事である。

『吾妻鏡』によると、以後も一八歳の鎌倉殿頼家と頼朝以来の有力御家人・宿老との対立は続き、同年七月、頼家は安達景盛《かげもり》の愛妾を拉致《らち》し、景盛の誅殺を命じ、母政子に諫止《かんし》される事件を起こした。また、一〇月に梶原景時弾劾《だんがい》事件が起こると、頼家は将軍独裁を支えた景時を見捨て、梶原一族を族滅に追いやってしまう。

## ●梶原景時一族の滅亡―将軍独裁制の支えを失う

『吾妻鏡』正治《しょうじ》元年（一一九九）一〇月二八日条によると、この日午前一〇時頃、千葉常胤《つねたね》・三浦義澄・千葉胤正《たねまさ》・三浦義村・畠山重忠《はたけやましげただ》・小山朝政《おやまともまさ》・同朝光《ともみつ》・足立遠元・和田義盛、以下六六名の御家人が鶴岡八幡宮の廻廊《かいろう》に集結し、梶原景時を糾弾する訴状に署名した。その後、和田義盛・三浦義村が訴状を大江広元まで持参した。一一月一〇日条によると、梶原景時に対する弾劾状を受け取った大江広元は、頼朝の側近として幕府創設に功績のあった景時をこのまま滅ぼすことは忍びないと考え、和解の道を模索していた。しかし、この日、鎌倉殿頼家の意向を聞くため広元と対面した和田義盛は、訴状が頼家に披露されていないことを知り激怒した。このため、広元は一二日に頼家に連書状《れんしょじょう》を披露すると、これを御覧になった頼家は、直ちに梶原景時に訴状を下し、景時の考えを求めた。景時は訴状に対して弁明できず、一族を率いて本拠地である相模《さがみ》国一宮《いちのみや》（寒川《さむかわ》神社）に下向した。翌一三日、一二月九日、梶原景時は相模国一宮の所領から鎌倉に帰参した。幕府では景時に対する連署訴状に関して連日審議が続いていたが、一八日に結論が出て、梶原景時の鎌倉追放が決定した。和田義盛・三浦義村の両名が奉行した。この決定を聞いた景時は相模国一宮に下向し、家屋を破却し永福寺《ようふくじ》の僧坊に寄進したという。

翌正治二年正月二〇日、相模の御家人原宗房《はらむねふさ》より鎌倉に連絡があった。その内容は、このところ梶原景時が一宮に城郭を構え防戦の準備をしていたが、昨夜丑《うし》の刻（午前一時から三時）、子息らを伴い一宮から逃れた。謀反《むほん》のため上洛したという風聞があるという。このため、北条時政・大江広元・三善康信らが御所に集まり審議をおこない、景時追討のため、三浦義村・比企兵衛尉《ひきひょうえのじょう》・糟谷有季《かすやありすえ》・工藤行光《くどうゆきみつ》以下の軍兵が発遣された。

この日亥《い》の刻（午後九時から一一時）、梶原景時父子は駿河国清見関《きよみがせき》（静岡県静岡市清水区興津清見寺町《せいけんじちょう》）に至るが、近隣の武士と合戦となり、さらに駿河《するが》国の御家人が合戦に参加し、梶原景時・嫡子景季《かげすえ》以下の梶原氏一族は族滅する。この合戦の記録は『吾妻鏡』同年正月二三日条に詳しい。摂関家九条兼実《くじょうかねざね》の弟で天台座主《てんだいざす》をつとめた慈円《じえん》の著作である『愚管抄《ぐかんしょう》』という歴史書があり、景時に関して以下の記述がある（要約）。

正治の頃、頼朝の一の郎等と評された梶原景時は、同輩である御家人を見下したため、御家人らから訴えられ滅ぼされてしまった。梶原景時は「鎌倉の本体の武士」であり、景時を擁護しなかった鎌倉殿頼家は不覚の人物である。

鎌倉幕府創設以来の梶原景時の存在意義、景時が将軍独裁制を支えた存在であったことを慈円は評価している〔伊藤一美・二〇〇〇〕。

北条義時にとって梶原景時一族の滅亡は、どのような意味があるだろうか。頼朝の時代に国司《こくし》に任官できたのは源氏一門と京下《きょうくだり》官人に限られており、源氏一門以外の武士で国司（遠江守）に任官したのは正治二年四月の北条時政が最初である。同年一月に梶原景時が鎌倉から追放され駿河国で敗死した直後であった。時政の国司任官は北条氏が一般御家人の上に立ち、源氏一門に準ずる地位に昇ったことを意味した。元久《げんきゅう》元年（一二〇四）三月には義時が相模守《さがみのかみ》に、その翌年に弟の時房《ときふさ》が駿河守《するがのかみ》に任じられ、鎌倉幕府における北条氏の地位は確立したといえる。承元《じょうげん》三年（一二〇九）五月、和田義盛はこれまでの自身の功績により上総介《かずさのすけ》任官を希望するが、実朝は母政子と相談し、武士の国司任官は認めないという頼朝の方針によって許可しなかった。北条氏以外の武士の国司任官は、建保《けんぽ（けんぽう）》七年（一二一九）に実朝を暗殺した公暁《こう（く）ぎょう》を討ち取った功績によると思われるが、同年一一月一三日に駿河守に任官した三浦義村まで待たねばならない。

北条義時の弟である時房《ときふさ》は、新鎌倉殿頼家の近臣として『吾妻鏡』に登場する。頼家は蹴鞠《けまり》や狩猟を好み、これを度々開催していたが、時房は常連として頼家の蹴鞠の会に参加している。頼家と義時の関係も、おおむね良好であったと言える。『吾妻鏡』には、義時が鶴岡八幡宮や三島神社に、頼家の代参に奉幣御使《ほうべいのおんつかい》として神馬《しんめ》を奉納する記事がしばしば見える。

正治二年五月二五日条には、義時の妾《しょう》が大倉亭で男子（有時）を出産している記事がある。北条義時の大倉亭に関しては、近年その位置をめぐる研究が盛んである。

## ●比企能員・比企一族の台頭

比企能員は、鎌倉前期の武将。通称は比企藤四郎。父母は不詳。源頼朝の乳母である比企尼《ひきのあま》の甥で、尼の猶子《ゆうし》となり、その関係で治承《じしょう》四年（一一八〇）八月に源頼朝が伊豆で挙兵すると、これに仕えた。『吾妻鏡』では、翌五年閏《うるう》二月二七日に初登場する。寿永元年（一一八二）八月、頼朝の長子頼家は鎌倉の能員の屋敷で誕生し、能員の妻・河越重頼の妻・梶原景時の妻らが乳母となった。

元暦《げんりゃく》元年（一一八四）五月、故志水冠者義高《こしみずのかじゃよしたか》（義仲《よしなか》の子）の残党が甲斐《かい》・信濃《しなの》で蜂起すると、足利《あしかが》義兼《よしかね》以下の御家人を率いて追討するよう、侍所別当和田義盛とともに命じられている。また同年八月、平家追討使源範頼《のりより》に従い、義兄朝宗《ともむね》とともに西海に赴き、翌元暦二年（一一八五）正月に九州に渡った。同年三月、頼朝から大功により慇懃《いんぎん》の御書を送られている。同年六月、鎌倉で捕虜となった平宗盛《むねもり》に頼朝の言葉を取り次いでいる。

同五年の奥州出兵では、北陸道大将軍として宇佐美実政《うさみさねまさ》とともに出羽国を平定し、翌文治六年（一一九〇）正月に大河兼任《おおかわかねとお》が出羽《でわ》国で挙兵すると、東山道大将軍として上野・信濃の兵を率いて出陣するなど、軍事指揮官としても才能を発揮した。

同年一一月の頼朝の上洛に供奉《ぐぶ》し、一二月頼朝の推挙で右衛門尉《うえもんのじょう》に任じられた。能員は頼朝の信任が厚く、上野・信濃の守護に任じられ、同六年二月の頼朝の再上洛では、義経・行家の残党から頼朝を警護するため、千葉常秀《つねひで》とともに沿道警備のため上洛した。

同一〇年正月に頼朝が没すると、女婿《じょせい》の頼家が頼朝の遺跡を継承するが、正治元年四月頼家の直断が停止され、有力御家人一三人の合議制が開始された。能員は宿老として一三人の一人に加えられ、同年一〇月の梶原景時弾劾事件にも参加した。娘の若狭局が頼家の長男一幡《いちまん》を生むと、能員は子息らを頼家に近侍させ、北条氏にかわって将軍家の外戚《がいせき》の立場にたった。北条時政は危機感を強め、建仁三年（一二〇三）八月に頼家が急病に陥ると、これの廃位を企図した。

## ●比企能員の乱・鎌倉殿源頼家の廃位

北条時政は、頼家の死後その遺跡を分割し、関西三八か国地頭職を弟千幡《せんまん》（実朝）に、関東二八か国地頭と総守護職を長子一幡に継承させる案を提出する。能員はこの提案に不満を懐き、時政の排斥を謀るが、逆に同年九月、頼家の病気平癒《へいゆ》の祈願とだまされ、時政の名越邸《なごえてい》に赴いたところを天野遠景《あまのとおかげ》・新田忠常《にったただつね》に殺害された。時政はさらに比企一族の館を攻撃し族滅させた。この際、頼家の妻若狭局《わかさのつぼね》と一幡は焼死してしまう。この事件は、北条氏が幕府内で権力を掌握する出発点であり、比企能員の乱と呼ばれている。比企能員の乱の顛末《てんまつ》は、『吾妻鏡』建仁三年九月二日条に詳しい。この記事から事件の経緯をたどってみよう。

今朝、比企能員が娘の若狭局を通して頼家に訴えた。日本国地頭職を一幡と実朝に分割すれば国は乱れる。この案を画策した北条時政を討つべきというのである。頼家も時政を討つことに賛成したが、障子を隔てて話を聞いた尼御台所北条政子は、父時政に危機を知らせた。時政は大江広元に比企能員を誅殺《ちゅうさつ》することを相談し、一任を取り付けると、伊豆出身の御家人である天野遠景・新田忠常を呼び、能員殺害を命じた。能員殺害の方法について、時政は再び大江広元を自邸である名越邸に呼び、周到な計画を立てた。栄西《ようさい》を導師とする薬師如来の供養の儀式を名越邸で行い、能員を呼び寄せ暗殺する計画である。時政は完全武装で能員を迎え、名越邸の門を入ったところで能員を誅殺した。能員の一族・郎従らは能員殺害の知らせを聞き、小御所《こごしょ》と称する一幡の御館に立て籠るが、午後二時四五分頃、北条政子の命令により、北条義時・泰時以下の追討の軍勢が派遣され、比企一族は族滅した。

『吾妻鏡』の記述は、乱の原因は比企能員であり、北条氏の行動は正当防衛であり、一幡や若狭局を結果的に殺してしまったのも仕方がなかったという弁解に読める。『吾妻鏡』以外の史料は、比企能員の乱をいかに叙述しているか比較検討してみたい。最初に『愚管抄』である。天台座主慈円の歴史書であるが、独自の叙述も多く見られる。

関東将軍の地位を継承した頼家は、建仁三年九月に大病により危篤になったため、比企能員は娘の生んだ六歳の一万御前に将軍家を継承させて、能員が幕府の実権を握ろうとしたが、北条時政は頼家の弟実朝を擁して、九月二日、能員を（自邸に）呼び寄せて、天野遠景に背後から抱き付かせ、新田忠常に殺害させた。その後、武士を派遣して、頼家を大江広元邸に軟禁した。一万は母である若狭が抱いて逃げたが殺害された。

次に、摂関家の近衛家実《このえいえざね》の日記である『猪熊関白記《いのくまかんぱくき》』を見る。

九月七日壬申、頼家卿の子息〈歳六歳云々〉ならびに検非違使《けびいし》比企能員、今の大将軍実朝のために、去る二日撃たれる。後に聞く、頼家卿の子息は撃たれず。能員においては撃たれた。

次に、藤原定家の日記である『明月記《めいげつき》』を見る。九月七日条に記述がある。

左衛門督頼家卿が薨《こう》じた。遺跡は（頼家の）郎従が権を争う。その子〈六歳、或は四歳〉、外祖《がいそ》遠江国司時政によって討たれる。その所従《しょじゅう》らは京の家々において、追捕磨滅《ついぶまめつ》した。金吾の弟の童（実朝）が家を継ぐべき由、宣旨を申すと云々。

『吾妻鏡』以外の史料を含めて事件を検討すると、微妙に細部の叙述は異なるが、基本的には、比企能員が頼家の後継に一幡を擁立することを計画し、これに対抗して北条時政・政子が実朝を擁し、先手を打って比企能員・比企一族を滅ぼした事件といえる。『吾妻鏡』九月二日条前半に見える、北条時政が日本国地頭職を一幡と実朝に分割する計画を画策したため、比企能員が時政を討つべきと頼家に訴え、このため時政は仕方なく比企能員・比企一族を滅ぼしたという乱の筋書きは『吾妻鏡』以外には見えず、一幡や若狭局《わかさのつぼね》を殺してしまったことを正当化するための『吾妻鏡』の創作かもしれない。

比企能員の乱後、奇跡的に病が回復した頼家は、妻と子および義父能員が北条時政に殺害されたことを知り、侍所別当和田義盛と新田忠常に時政の誅殺を命じるが、義盛は時政にその命令を伝え、新田忠常は逆に時政に討たれてしまう。孤立した頼家は母政子に出家を強いられ、同月二九日伊豆修禅寺に幽閉され、翌元久元年（一二〇四）七月一八日、北条氏の刺客によって殺害された。二三歳であった。頼家の墓所は、修禅寺と桂川をはさんで対面する鹿山《しかやま》の麓に建立された指月殿《しづきでん》（伊豆最古の木造建築で、北条政子がその子頼家の菩提《ぼだい》を弔《とむら》うために建てたといわれる）の境内にある。正面の石柱は、元禄《げんろく》一六年（一七〇三）に頼家五百回忌に建てられた記念碑で、本当の墓は記念碑の裏にある小さな石塔で、三基の真ん中が頼家、両側は側室若狭局とその子一幡のものといわれている。

## ●三代鎌倉殿源実朝の時代

三代源実朝の時代の幕府文書は、建仁三年（一二〇三）九月七日に実朝が従五位下・征夷大将軍に任命されて以来、初代執権北条時政が元久二年（一二〇五）閏七月一九日に牧《まき》の方《かた》の事件により失脚するまでの約二年間、北条時政の単独署判で発給された。実朝の年齢は一二歳から一四歳であり、鎌倉殿として権力を発揮することはできず、母方の祖父北条時政が政所別当・執権として独裁的な政治を展開した。

北条時政が失脚し、幕府の政治的実権は源頼朝御台所の北条政子、およびその弟で二代執権となる北条義時が掌握した。しかし、北条義時は父時政のような単署の文書をほとんど発給せず、幕府行政は政所奉行人が奥下《おくした》・日下《にっか》に連署し、「鎌倉殿の仰《おおせ》に依《よ》り、下知件《げちくだん》の如《ごと》し、以《もっ》て下《きだ》す」の書止文言《かきどめもんごん》で結ばれる「将軍家略式政所下知／下文」が主要となる〔杉橋隆夫・一九八一〕。この時期の北条義時が将軍家政所勢力と協力しながら政治運営を行っていたことが発給文書《はっきゅうもんじょ》から読み取れるのである。実朝時代の幕府文書に北条時政と義時がどのように関与したかを検討すると、時政・義時父子の政治的姿勢の違いを読み取ることができる〔久保田和彦・二〇二〇〕。

（久保田和彦）

# 第5章　時政の失脚と義時の「執権就任」

## ●時政の伊豆下向と義時の執権就任

『吾妻鏡《あずまかがみ》』元久《げんきゅう》二年（一二〇五）閏七月二〇日条に、次のような記載がある。

　辰《たつ》の刻《こく》（午前八時頃）、遠州禅室《えんしゅうぜんしつ》（北条時政《ほうじょうときまさ》）は伊豆《いず》国北条郡《ほうじょうぐん》（現在の静岡県伊豆の国市）へ下向された。今日、相州《そうしゅう》（北条義時《よしとき》）は執権《しっけん》の事を承られたという。

この前日に出家していた時政は鎌倉を追われて本拠北条の地へと追放、対する息子・義時は「執権」に就任したというのである。頼朝の没後、父子一体となって、梶原景時《かじわらかげとき》の追放や比企《ひき》氏の乱といった激動の鎌倉政局を乗り切ってきた時政・義時の身に、一体何が起こったのであろうか。時間を比企氏の乱の直後、建仁《けんにん》三年（一二〇三）に巻き戻して、ここまでの経緯をたどってみよう。

## ●鎌倉殿実朝の誕生と時政

建仁三年九月一五日、京都から到来した文書は、頼朝《よりとも》の二男・千幡《せんまん》が従五位下《じゅごいのげ》・征夷大将軍《せいいたいしょうぐん》に任じられたことを知らせるものであった。比企一族が滅亡したのは同じ月のはじめであり、同月二九日に千幡の兄・頼家《よりいえ》は伊豆修禅寺《しゅぜんじ》へと追いやられている。失意の兄を後目《しりめ》に、新たな将軍となった千幡は一〇月八日に一二歳で元服、後鳥羽院《ごとばいん》が定めた「実朝《さねとも》」という名を名乗る。

翌九日に実施された政所始《まんどころはじめ》はさまざまな節目に実施される儀礼であるが、ここでは実朝を中心とした幕府新体制のスタートを告げるものであった。この儀礼を取り仕切る政所の別当《べっとう》(長官)として名前が見えるのは、大江広元《おおえのひろもと》と北条時政である。政所別当は、従来広元やその同僚であった京下りの実務官僚たちが担ってきた役割であったが、新たに時政がこの役職に食い込んできたのであった。時政の邸宅(名越亭《なごえ》)で実施された元服《げんぷく》の儀では、時政の子・義時と広元の子・親広《ちかひろ》が雑具の持参や陪膳《ばいぜん》(食事の給仕)の役割を担っている。また、翌元久元年(一二〇四)七月二六日に実朝が安芸国壬生荘《あきのくにみぶのしょう》の地頭職《じとうしき》をめぐる相論を裁断した際には、時政や広元たちがこれを補佐した。以上のように、実朝初政期においては、時政と広元が並んで執政を補佐している様子がうかがえる〔上杉和彦・二〇〇五〕。

この頃には、時政が単独で署判《しょはん》(文書発給者として名前と花押《かおう》を記すこと)する形で、「下知状《げちじょう》」(「下知件《くだん》の如し」で結ばれる文書様式のひとつ)という新たな形式の文書を発給しはじめている点も特徴的である〔近藤成一・二〇一六〕。鎌倉の有力者であった比企氏が滅亡し、将軍が頼家から実朝へと交代する中で、幕府における時政の存在感は一気に高まっていった。しかし、それと同時に、時政周辺には不穏な空気も流れはじめるのである。

## ●鎌倉の不協和音—時政と牧の方—

建仁三年九月一〇日、将軍宣下《せんげ》を待つ千幡(実朝)は、母・政子《まさこ》の邸宅から時政の邸宅へと移される。時政主導による実朝執政の開始を象徴するような動きであるが、実際のところ事は順調に進まなかった。『吾妻鏡』の同月一五日条には、千幡の輿《こし》に同乗していた女房・阿波局《あわのつぼね》(政子の妹)が政子に訴えた内容として以下のように記されている。「若君(千幡)が遠州(時政)の邸宅にいらっしゃるのはもっともですが、牧《まき》の方《かた》の様子をよくよく見ておりますと、なにかとその笑顔の中に害心が含まれており、守り役として信頼し難いのです」。これに対して政子は「このことは兼ねてから憂慮していたことです。早く若君を迎え取りましょう」と返答し、ついに義時と三浦義村《みうらよしむら》・結城朝光《ゆうきともみつ》を遣わして、千幡を政子邸へと連れ戻してしまっている。

この『吾妻鏡』の記述には、政子や阿波局、そして義時といった時政の子どもたちが、「牧の方」という人物に不信感を抱いている様子があらわされている。牧の方は、平清盛《たいらのきよもり》の父・忠盛《ただもり》と親戚関係にあった下級貴族・牧宗親《まきむねちか》の娘である。時政の妻であるが、政子や義時の母親ではなく、時政との間に政範《まさのり》という男子をもうけていた。政範は元久元年（一二〇四）の時点で従五位下・左馬権助《さまごんのすけ》という官位・官職を帯びている。同時期の義時も従五位下・相模守《さがみのかみ》に任じられているが、義時がすでに数えで四一歳であったのに対し、政範はわずか一六歳である。同じ時政の子どもとはいっても、政範の方が優遇されていることは明らかであろう。実はこの頃、伊豆国「北条」を苗字とした時政の家の跡継ぎは政範であり、義時は北条の北西にある「江間《えま》」を拠点として別の家を成り立たせていたと考えられているのである〔細川重男・二〇一一〕。

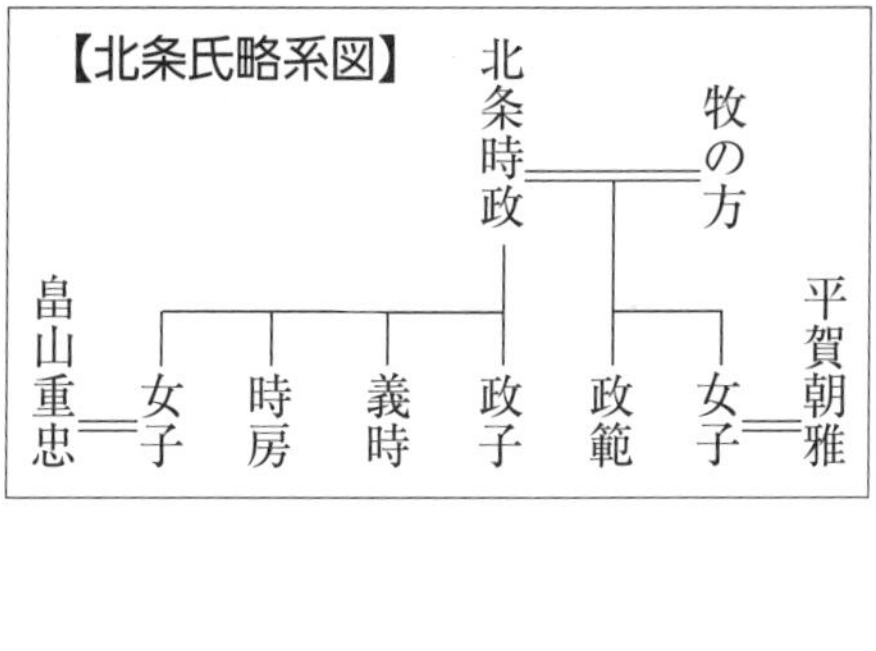


時政がとくに重視していたのは牧の方や政範であり、同じ親子とはいっても政子や義時とは微妙な距離があった。これまで協力関係にあった北条一族も、時政が幕政の中心に立ち、牧の方周辺の存在

感が増すようになると、徐々にゆがみをあらわにしていくのである。

## ●実朝婚儀の裏側で―畠山重忠と時政の確執

元久元年（一二〇四）七月一八日、前将軍・頼家は伊豆修禅寺で死去する。ほんの一年前まで幕府のトップにいたとは思えない無念の最期を遂げる兄とは対照的に、弟・実朝は順調に歩を進め、この年の三月には右近衛少将《うこのえのしょうしょう》に任官している。

さらに八月に入ると、実朝の婚儀の準備が着々と進められる。当初、実朝の妻室には足利義兼《あしかがよしかね》の娘が候補にあがっていたが、実朝がこれを許容せず、改めて京都に話が持ち掛けられた。実朝の京都志向を示すものとして理解されることも多い出来事であるが、将軍家の外戚となった比企一族が滅亡するという大事件の直後であるから、政治的な配慮が働いた可能性もある。具体的な事情は不明であるが、東国の御家人から結婚相手が選ばれることはなく、最終的には前大納言坊門信清《さきのだいなごんぼうもんのぶきよ》の娘に決定した。彼女は後鳥羽《ごとば》上皇のいとこであり、姉妹には上皇に嫁いだ坊門局《ぼうもんのつぼね》がいる。朝廷と幕府をより強く結びつける婚姻として意識されたであろう。

八月四日、婚儀について内々の話し合いがあり、京都から信清の娘を迎え入れるための供奉人《ぐぶにん》（お供として仕える人）の選定があった。実朝はこれを直に差配し、容貌のすぐれた武士を選定したという。一〇月一四日、将軍選りすぐりの武士たちは、新たな将軍御台所を迎えるべく、上洛の途についた。その中には、時政と牧の方の息子・政範も含まれていた。

華々しく上洛する鎌倉武士たちを京都で出迎えたのは、平賀朝雅《ひらがともまさ》という御家人である。彼は、新羅三郎義光《しんらさぶろうよしみつ》（頼朝の先祖である義家《よしいえ》の弟）の子孫で、父・平賀義信《よしのぶ》は頼朝の父・義朝にも仕えた武士、母は頼朝の乳母・比企尼《ひきのあま》の娘という、将軍家と所縁《ゆかり》の深い出自であった。また、当時の朝雅の立場を考える上で、彼が時政と牧の方の間に生まれた娘を妻に迎えていた点はきわめて重要であり、この後の展開にも深く関わってくる。

この頃朝雅は、「京都守護《きょうとしゅご》」として都の治安維持を担《にな》う任務を帯びており、この年の前半には伊賀《いが》・伊勢《いせ》国で起こった平氏の反乱も鎮圧している。後鳥羽上皇にも重用されるなど、京都でも地位を確立しつつあった朝雅は、一一月四日、六角東洞院《ろっかくひがしのとういん》にある邸宅で上洛した鎌倉武士たちを招き酒宴を開くのであったが、ここで思わぬ事件が起こった。朝雅が、酒宴の参加者であった御家人・畠山重保《はたけやましげやす》と口論になり、同席した者たちが二人をなだめたというのである。

朝雅の口論の相手となった畠山重保とは、どういった人物であろうか。畠山氏は、武蔵《むさし》国に勢力をはった秩父《ちちぶ》平氏と呼ばれる武士団の一流であり、重保の父は畠山重忠《しげただ》という人物である。重忠は、義時誕生の翌年である長寛二年（一一六四）の生まれで、治承《じしょう》・寿永《じゅえい》の内乱で鎌倉方として活躍し、幕府内でも有数の有力武士として厚遇を受ける存在であった。重忠は、時政の娘を妻に迎えており、北条氏とも近しい関係を築いている。とくに比企氏の乱にあたっては、武蔵国北部の権益をめぐって比企氏と競合していたという事情もあり、時政方に加担して活躍していた〔高橋一樹・二〇一三〕。

しかし、比企氏の乱が終結した後から、時政と畠山氏の関係に変化が生じる。『吾妻鏡』建仁三年（一二〇三）一〇月二七日条によると、「武蔵国の諸家の者たちは時政に対して二心《ふたごころ》を抱かぬように」

と命じられたという。この頃、武蔵守《むさしのかみ》として国務（国の政庁である国衙《こくが》の政務）のトップにいたのはさきほど登場した平賀朝雅であったが（翌年一一月には右衛門権佐に転任）、実際の国務には幕府の政所が関与していた。先述した通り、時政は新たに政所の別当に就任しており、武蔵国務にも関与しはじめていたのである。しかし、時政がわざわざ武蔵国の御家人たちに「二心をいだかぬように」と言い含めているところからは、むしろ両者の関係が不安定であったことがうかがい知れる。

武蔵国の御家人たちのなかで、武蔵国務に携わる中心的な位置にあったのが、畠山重忠である。『吾妻鏡』を二〇年以上先までめくってみると、かつて重忠が担った職務として「武蔵国留守所惣検校職《るすどころそうけんぎょうしき》」なる言葉が登場する。留守所というのは、国衙行政のトップである国守が在京するようになるなかで、代わりに現地で国務を執るためにできた役所であり、職務内容に応じた様々な「所」を設置していた（税所《さいしょ》・検非違所《けびいしょ》など）。「惣検校職《そうけんぎょうしき》」というのは、この様々な「所」を総括する立場である。この惣検校職については、重忠の先祖である秩父重綱《しげつな》の後、畠山氏とは別系統の秩父平氏の一流・河越重頼《かわごえしげより》に伝えられたようだが、重頼が源義経《みなもとのよしつね》の舅《しゅうと》であったために誅殺《ちゅうさつ》され、重忠が継承することになったらしい。ちなみにこの留守所惣検校職については、岡田清一氏が整理されている通り、重忠の時代に存在したことを疑問視する見解や、重忠の時代は惣追捕使《そうついぶし》が実態だったのではないかといった見解など、研究者の間でもその評価をめぐって議論があるところではあるが〔岡田清一・二〇一九〕、重忠が当時武蔵国務において重要な位置を占めたことは確かであろう。

時政が「二心をいだかぬように」とけん制した武蔵国の御家人たちの中心にいたのが重忠であった

ことを考慮すれば、武蔵国支配をめぐって時政と畠山氏の関係に暗雲が立ち込めていたことが推察される。実は、実朝の婚儀の準備が進む以前、京都の貴族・藤原定家《ふじわらのさだいえ》が記した日記『明月記《めいげつき》』の建仁《けんにん》四年（一二〇四）正月二八日条には次のような記録が残っている。

鎌倉で謀反が起こり、時政が庄司次郎《しょうじじろう》（重忠）に敗北して山中に逃れ、大江広元はすでに誅殺された。そのため広元の縁者は騒ぎを起こして京中が困惑し、人々はいろいろな物を運び出しているという。

この話自体はまったくのデマであったが、この頃すでにこのような噂が立っているということは注目される。時政・牧の方の娘婿《むすめむこ》であり、武蔵守も務めた朝雅も、畠山氏と緊張関係にあった可能性が高い。朝雅と重保の口論の具体的な事情は不明だが、武蔵国をめぐる彼らの間の亀裂を背景として考えるべきであろう。

朝雅と重保の口論の後、元久二年の正月のものと思われるが、千葉《ちば》氏が仲介して重忠・重保の「勘当《かんどう》」が許されたことを記す古文書が残っている（『島津家文書《しまづけもんじょ》』）。状況から考えて、時政と畠山親子の和解を示すものと考えられているが〔清水亮・二〇一八〕、千葉氏の奔走むなしく両者のわだかまりが完全に解けることはなかった。

不幸なことに、実朝の御台所《みだいどころ》を迎えとる御家人たちの上洛に際しては、もうひとつの事件が起こっていた。時政と牧の方の子・政範が、在京中の元久元年一一月五日に一六歳という若さで急逝《きゅうせい》するのである。おりしも朝雅が酒宴を催した同日、政範は京都東山《ひがしやま》の辺りに葬られたという。政範の死を知らせた飛脚の到着に言及する『吾妻鏡』同月一三日条には、「父母の悲嘆は、これ以上他に比べようがないほどのものであった」と記されている。愛する我が子を失った悲しみに打ちひしがれる時政と牧の方であったが、この後二人は鎌倉で大きな事件を巻き起こしていくことになる。

## ●畠山重忠追討

事が動き始めたのは元久二年（一二〇五）である。『吾妻鏡』の記事を順に追って見ていこう。まず四月一一日、鎌倉には近国の者たちが群参し、武具を準備しているという噂が立っているが、この中に稲毛重成《いなげしげなり》という人物がいた。彼は小山田有重《おやまだありしげ》という人物の息子で、畠山重忠の従兄弟にあたる武蔵武士である。一〇年ほど前に妻に先立たれて出家し、武蔵国に蟄居《ちっきょ》していたようだが、時政に招き出され、従者を率いて参上している。人々はこれを怪しみ、いろいろと噂しあったという。少し経って六月二〇日、今度は畠山重保が重成に招き寄せられ鎌倉入りした。

六月二一日条に至って事の詳細が明らかになる。平賀朝雅の告発を受けた牧の方が、内々に謀議《ぼうぎ》をめぐらし、畠山重忠・重保親子を誅殺しようとしているというのである。『吾妻鏡』では朝雅について、「昨年畠山重保に悪口《あっく》を受けた」と説明を付しているので、京都の酒宴の席での口論が原因とされたようだ。畠山追討を心に決めた時政は、息子の義時・時房にこの事を話すのであるが、二人の返答は次のようなものだった。

重忠は治承《じしょう》四年（一一八〇）以来（八月に頼朝が挙兵、一〇月に重忠は頼朝方に転身）、ひたすら忠節を尽くしてきたため、右大将軍（源頼朝）はその志に照らしてお考えになり、源家の子孫を守るようにと念入りにお言葉を残された人物です。とくに、金吾《きんご》将軍（源頼家）にお仕えしながら、比企能員《よしかず》との合戦の時には（北条氏の）味方について忠節を尽くしました。これはすべて（時政の娘婿として）父子の礼を重んじたためです。それなのに今、一体重忠に何の憤りがあって反逆を企てるのでしょうか。もし度々の勲功を無視し、軽はずみに誅殺されるのでしたら、きっと後悔するでしょう。罪を犯したのかどうか真偽をただした後に処置したとしても遅くはありません。

義時たちは、必死に時政の軽挙を諫めようとしていたのである。しかしその後、大岡時親《おおおかときちか》という御家人が牧の方の使者として義時の邸宅にやってきて、重忠の謀反はすでに明らかであるからと、再び義時を説得する。義時もついに折れ、重忠追討に同意することとなった。

翌二二日、稲毛重成に呼び出されて鎌倉にいた畠山重保は、由比ヶ浜《ゆいがはま》での騒動に気づき、急いで現地に向かったが、そこで武士に取り囲まれて誅殺されてしまう。重保を仕留めたのは三浦義村の配下であった。実はこの二五年前、頼朝が石橋山《いしばしやま》から敗走した直後、衣笠城《きぬがさじょう》で義村の祖父・義明《よしあき》らを死に追いやったのが畠山重忠を中心とする武蔵武士たちであった。義時は頼朝に対する重忠の忠節を強調していたが、なかには挙兵時の敵対勢力として当時の畠山氏との因縁を記憶する人々もいたようである。三浦氏は、この畠山氏追討において中心的な役割を果たすのであった。

重保誅殺後、今度は武蔵国から鎌倉に参上するという重忠を、道中で迎え撃つことになったが、その軍勢の大将に選ばれたのは、畠山追討に消極的であった義時・時房《ときふさ》兄弟であった。義時は、足利・

小山《おやま》・三浦など、名だたる御家人の大軍勢を率いて大手軍の大将をつとめた。この軍勢のなかには、河越重時《かわごえしげとき》・重員《しげかず》、江戸忠重《えどただしげ》、児玉《こだま》・横山《よこやま》・金子《かねこ》・村山《むらやま》各党など武蔵の武士たちも含まれている。時房は、和田義盛《わだよしもり》とともに西側から関戸《せきど》（現在の東京都多摩市）に向う軍勢の大将となり進発した。時政は、三善善信《みよしぜんしん》（康信《やすのぶ》）・大江広元の助言もあって四〇〇人の壮兵で実朝御所を警固することとなった。

重忠は、一九日に居館である菅谷館《すがややかた》（現在の埼玉県比企郡嵐山町）を出発し、鎌倉に向っていた。鎌倉街道上道《かまくらかいどうかみみち》は、秩父平氏の拠点や武蔵国府の所在地・府中《ふちゅう》、そして鎌倉を結ぶ幹線ルートである。国衙と緊密に結びついて武蔵国内に影響力を持ちつつ、幕府内でも重要な存在感を放つ畠山氏のあり方を象徴するようなその道のりをたどって、この時も重忠は鎌倉入りするはずであったが、思いもかけず途中の二俣川《ふたまたがわ》（現在の神奈川県横浜市）で幕府の大軍勢と遭遇するのである。

重忠の弟である重清《しげきよ》・重宗《しげむね》はそれぞれ信濃《しなの》・奥州《おうしゅう》におり、重忠に従う者は次男・重秀《しげひで》と郎従である本田近常《ほんだちかつね》・榛沢成清《はんざわなりきよ》のほか一三四騎にすぎない。頼みの重保がすでに誅殺されてしまったことを聞いたのもこの時だったという。重忠は本拠へ引き返す事を勧める近常・成清の意見をとらず、幕府軍とその場で戦うことを決意。激戦の末、愛甲季隆《あいこう》が放つ矢を受けて重忠は絶命する。四二歳であった。重秀や郎従たちも、重忠の後を追い、自刃して果てた。

こうして時政たちは、畠山重忠らを除くことに成功したのであるが、この事件はやはりあまりにも不可解であった。重忠追討の翌日二三日、義時は時政に迫って言う。

重忠の弟や親類はおおかた他所におり、戦場に付き従った者はわずか百余りに過ぎませんでした。ですから、重忠の謀反は事実無根だったのです。あるいは讒訴《ざんそ》（人をおとしいれようとする訴え）によって、重忠は誅殺されてしまったのではないでしょうか。とても不憫《ふびん》です。重忠の首を斬って陣頭に持ってきたのを見るに、年来の親交が忘れられず悲涙に堪えません。

この日、鎌倉では、時政に同意して畠山を攻めた榛谷重朝《はんがやしげとも》・重季《しげすえ》・秀重《ひでしげ》や稲毛重成が誅殺されている。彼らは重忠誅殺の謀略を巡らした主犯格として処断されたのである。時政・牧の方たちによって巻き起こされた鎌倉の矛盾が、もっとも顕著な形で噴出し、強いわだかまりを残したのが畠山氏の追討事件であった。時政・牧の方に対する義時たちの不信感はピークに達したのである。

## ●時政と牧の方の失脚

畠山重忠追討から二カ月後の元久二年閏七月一九日、牧の方が謀略をめぐらし、将軍実朝を滅ぼして娘婿の平賀朝雅を将軍に擁立しようとしているとの風聞が立った。北条政子は、長沼宗政《ながぬまむねまさ》・結城朝光・三浦義村・三浦胤義《たねよし》・天野政景《あまのまさかげ》らを派遣して実朝を保護し、義時の邸宅へと移した。時政が集めようとした勇士はすべて義時方について実朝を守護したという。この日時政は出家剃髪《ていはつ》し、翌日二〇日伊豆国北条へと追放されるのであった。

時政が追放された同日、在京する平賀朝雅を追討すべく、使節が在京武士たちのもとに遣わされた。六日後の二六日、仙洞御所《せんとうごしょ》（後鳥羽上皇の御所）の囲碁の会に出席していた朝雅のもとに、追討の知らせがくる。朝雅は、かつて畠山重保と口論を起こした六角東洞院の邸宅へと戻るが、五条有範《ごじょうありのり》・後藤基清《ごとうもときよ》・安達親長《あだちちかなが》・佐々木広綱《ささきひろつな》・佐々木高重《たかしげ》ら在京武士の襲撃を受ける。松坂《まつさか》の辺りに逃れた朝雅であったが、金持広親《かもちひろちか》・佐々木盛綱《もりつな》らに追撃され、最後は山内持寿丸によって射殺されたという。

比企一族や将軍頼家の滅亡後、新たな幕府運営の主導的立場を確保したかにみえた時政であったが、とくに畠山追討の一件をめぐって牧の方や平賀朝雅らとともに幕府内で孤立し、瞬く間にその政治生命を終えてしまうのである。失脚から一一年後の建保《けんぽ（けんぽう）》三年（一二一五）正月六日、時政は北条の地で死去する。腫物《はれもの》を患っていたという。七八歳であった。

## ●義時の「執権」就任

冒頭で引用した『吾妻鏡』元久二年閏七月二〇日条では、時政の追放と時を同じくして義時が「執権」に就任したと記されている。しかし、この時に義時が「執権」と呼びうる地位に就いたかどうか、厳密なところでは議論もある（解説「執権と得宗」参照）。後々、幕府執権の立場は、義時の子孫たちによって継承されていくことになるので、『吾妻鏡』が編纂された鎌倉時代後期の認識によって、時政から義時への代替わりがそのまま義時の執権就任として記された可能性もある。岡田清一氏は、畠山重忠の描き方（武略に通じ、「清廉潔白」）ともあわせて、時政の失政と義時の正当性・正統性を強調する『吾妻鏡』の筆法としてこの条文を理解している（岡田清一・二〇一九）。『吾妻鏡』の記載はどう史実と異なるのか、どこまで編者による特別な意図を読み取るべきかどうかなど、まだまだこれからも検討の余地がある部分であろう。

執権という立場自体は、現実にはこの後の政治過程を通じて義時が獲得していくものである可能性が高いが、いずれにしても、時政が失脚した事件は義時にとっての大きなターニングポイントになったであろう。遂に幕府政治史上に大きくその存在感を示しはじめた義時であったが、この後にもさらに大きな事件が待ち構えていた。

（田村亨）

## 解説　執権と得宗

### ●「執権」とは何か

鎌倉幕府における北条義時《ほうじょうよしとき》の立場を考える上で、「執権《しっけん》」という言葉は重要なキーワードになる。それでは、そもそも「執権」とは一体何を指すのであろうか。

鎌倉幕府が滅亡する少し前、一四世紀のはじめ頃に編纂されたとされる『沙汰未練書《さたみれんしょ》』という史料がある。これは「沙汰」（ここではとくに訴訟・裁判の手続き）について「未練」の人（習熟していない人）のために書かれた手引き書で、「執権」についても説明を記してくれている。それによると、まず武蔵《むさし》・相模《さがみ》両国守《こくしゅ》を「両国司」と呼んでおり、彼らが「将軍家の執権」であるという。そして執権の職務とは「政務の御代官」であると書かれている。「執権」とは、鎌倉幕府将軍の代官として幕府政務を担《にな》う存在であった。

ただし、『沙汰未練書』は鎌倉時代末頃の成立であるので、はじめから「執権」が右のような定義で存在していたとは限らない。あらためて、義時の時代にまで遡《さかのぼ》って確認してみよう。

### ●京都の「執権」

実は執権という役職は、京都の公家社会にも存在していた。たとえば、九条兼実《くじょうかねざね》が記した日記『玉葉《ぎょくよう》』の文治《ぶんじ》三年（一一八七）二月二八日条には、後白河《ごしらかわ》法皇が新たに設置した記録所《きろくしょ》において、藤原定長《ふじわらのさだなが》が執権をつとめたとある。当時は、義時も参加した治承《じしょう》・寿永《じゅえい》の内乱という全国的な戦争によって、諸国荘園《しょうえん》・公領《こうりょう》の領有関係などがたいへん混乱した時期であったが、こうしたなかで記録所は、各所の権利関係を調査・整理し、訴訟に対応するなどの重要な業務を担った。この記録所設立にあたって、実務担当の責任者となったのが「執権」定長であったらしい。

執権の存在は、院庁《いんのちょう》においても見い出すことができる。院庁とは、上皇《じょうこう》や女院《にょいん》それぞれの家産を管理しさまざまな事務処理を担う機関（家政機関）であり、三位《さんみ》以上の貴族の家にとっての政所《まんどころ》にあたる。院庁には多くの貴族が職員として勤めており、政所の長官として「別当《べっとう》」となる職員の数も増えていった。その結果、複数の別当のなかから「執事《しつじ》」が選ばれ、さらに複数の執事から「執権」が選ばれることになる。

このように、京都では朝廷の記録所や院庁などにおいて、その機関の実務的な責任者となるべき人が執権と呼ばれていたのである。

## ●鎌倉幕府執権の登場

鎌倉幕府の運営も、京都にならうところが大きかった。幕府組織を整えていくにあたって、重要な役割を果たしたのが、大江広元《おおえのひろもと》や三善康信《みよしやすのぶ》など、京都で官僚的な技能を培《つちか》い、鎌倉に下ってきた御家人たちである。寿永《じゅえい》三年（元暦《げんりゃく》元年、一一八四）、頼朝は「関東御領《かんとうごりょう》」と呼ばれる荘園群や、武蔵国・相模国などの知行国《ちぎょうこく》を獲得する（関東知行国《かんとうちぎょうこく》、関東御分国《かんとうごぶんこく》）。反乱軍であった集団が朝廷によって公認され、財政基盤を獲得していくなかでは、京都の貴族たちのようにこれらを管理していくための家政機関が必要になった。幕府は、御家人たちを統括する侍所《さむらいどころ》、所領関係の訴訟に対応する問注所《もんちゅうじょ》、そして一般庶務や財政などの実務を管轄する機関として公文所《くもんじょ》を設けた。公文所は、元暦二年（一一八五）に頼朝が従二位《じゅにい》に叙された後、政所《まんどころ》と改称されている。とくに公文所・政所や問注所といった機構は、朝廷などで実務経験があった京下りの官人たちによって運営されたのである。

京都における執権が、記録所や院庁の長官としてあらわれたように、鎌倉幕府の執権も、幕府家政機関である政所との関係のなかで登場してくる。『吾妻鏡』建仁《けんにん》三年（一二〇三）一〇月九日条によると、将軍実朝《さねとも》の政所始《まんどころはじめ》において、儀式の次第に関する故実についてては「執権」がすべてこれを授けた（指示を出した）とある。政所始とは、将軍代替わりのような節目に行われる儀式で、事が改まったことを象徴する儀礼的な文書・吉書《きっしょ》の作成などを行う行事である。ではこの儀式を差配《さはい》した「執権」とは誰か。この時、政所の別当として出席していたのは大江（中原《なかはら》）広元と、新たに別当に就任した北条時政《ときまさ》であった。かつては、時政の執権就任を示す史料として理解されていたが、現在では、時政と広元、あるいは広元単体を指すと考えるのが有力である〔上杉和彦・二〇〇五〕。故実伝授という中身から考えても、京都でこういった儀式に精通した実務官人を思い浮かべるのが自然であろう。

今後も検討の余地がある問題ではあるが、鎌倉幕府の「執権」が、はじめから北条氏と結びつくとは限らないという点は確認しておきたい。当初の幕府執権は、むしろ京都のノウハウを継承して家政機関の運営を担った実務官人の姿を想起させるのである。

## ●義時と執権

『吾妻鏡』において、「執権」というワードが次に登場してくるのは、元久《げんきゅう》二年（一二〇五）閏《うるう》七月二〇日条である。この日、時政が伊豆北条に下向していく中で、義時が「執権の事」をうけたまわったという。時政に代わって義時が、幕政の中心に立ったことを象徴する書きぶりだが、その「執権」の実態はなかなか判然としない。岡田清一氏によると、この時に義時が政所別当に就任した様子もなく、幕府政務における義時の存在感は薄かったという（岡田清一・二〇一九）。岡田氏が指摘する通り、『吾妻鏡』が記述する時政失脚直後の義時執権就任は、「執権は北条氏が継承する」という同書編纂時の認識や主張が入り込んでいる可能性がある。文書への署判《しょはん》のあり方を見る限り、義時の政所別当就任は四年ほど後と思われる。

それでも義時は、その後和田合戦などの政変を乗り切る中で、幕政において頭角をあらわしていく。象徴的なのは、建保《けんぽ（けんぽう）》六年（一二一八）一二月二〇日の政所始である。ここには「家司《けいし》」として、当時人数が増えていた政所別当数名が参加しているが、これとは別に「政所執事《まんどころしつじ》」として二階堂行光《にかいどうゆきみつ》が参加している。院庁での別当・執事のあり方を彷彿とさせるが、注目すべきは、この執事とも区別される形で義時が登場している点である。しかもこの政所始には、将軍実朝は出御《しゅつぎょ》しておらず、義時が儀礼を取り仕切り、将軍の代理のような形で執事・行光から馬・劔《つるぎ》を進上されている。ここに至って、政所別当の中でも突出した立場としての「執権」義時の立場が見えてくるのではないだろうか。

『吾妻鏡』元仁元年（一二二四）六月二八日条には、義時の没後、義時の子・泰時《やすとき》と弟・時房《ときふさ》に「軍営《ぐんえい》の御後見《ごこうけん》」として武家のことを取り仕切るよう、政子から命じられたことが記されている。同じく義時の子・政村《まさむら》の外戚であった伊賀《いが》氏《し》が、「内々執権のこと」に憤ったとあることからすれば、「軍営の御後見」と「執権」が同様の立場を指し示しているものと思われる。鎌倉幕府において執権とは、「軍営」、つまり将軍・鎌倉殿を後見する立場として、幕政の中核に位置づけられるようになるのであった。

## ●「執権」から「得宗」へ

義時の没後、執権は基本的には二人セットの重要ポスト（執権・連署《れんしょ》、「両執権」などとも呼ばれる）として、義時や弟・時房の子孫によって継承されていく。しかし、時代がくだっていくにつれ、幕府を代表する立場として、新たに「得宗《とくそう》」という存在がクローズアップされていく。

では、「得宗」とは一体何であろうか。執権が、幕政におけるひとつの役職であるのに対して、得宗とは、北条氏嫡流の家の家督《かとく》（当主）の事を指す。つまり、執権職自体は北条氏の別の人物が勤めていても、実際の幕府運営の主導権は北条得宗家という家の当主が握っているという状況が、鎌倉時代後期になると生じてくるのである。

そもそも「得宗」という名称は、義時の法名「徳崇」に由来すると言われている。しかし、義時の法名は本来「観海《かんかい》」であり、「徳崇」や「得宗」ではなかったとされる。細川重男氏によれば、義時を「得宗」とする史料はかなり後の時代（一四世紀）にしか検出されないという。細川氏は、義時の子孫である時頼《ときより》以降の家督や一族が、禅宗《ぜんしゅう》系で「崇」の字を用いる法名を名乗ったことに注目し、時頼が先祖である義時に対して禅宗系の法号「徳崇」を追贈したのではないかと推測している〔細川重男・二〇一一〕。他にも、時頼の子・時宗が「徳崇と号した」とする史料もあるため（『若狭国税所今富名領主代々次第』）、名称のルーツは今後も検討する余地があるが、いずれにしても、鎌倉幕府政治の主導的立場にたった北条氏の嫡系は「得宗家」と呼ばれるようになり、義時は得宗家の祖として強く意識されるようになるのである。

## ●執権・得宗と幕府政治史

幕府政治史の流れについては、佐藤進一氏が提唱した三段階理解が通説的な地位を占めてきた。まず初期（源家将軍の時代）の幕府は、将軍の独裁政治であり、京都から下ってきた実務官人たちがこれを支えていた。しかし、鎌倉中期になると、執権北条氏を中心とした東国の有力御家人たちが合議制によって幕政を運営するようになる（執権政治）。そして鎌倉後期に至り、北条得宗家のもとに権力が集中されるようになって専制政治が敷かれる（得宗専制）、という理解である〔佐藤進一・二〇二〇、初出は一九八三〕。

こうした理解においては、幕府の将軍権力を北条氏（とくに得宗家）が凌駕《りょうが》するようになり、後者が前者の権限を吸収して幕府権力を掌握するようになるという図式が見て取れる。一方、将軍そのものは摂家《せっけ》将軍・親王《しんのう》将軍という形をとり、鎌倉幕府の滅亡まで存在し続けることになるので、なぜ将軍はなくならないのか、将軍が持つ固有の権限とは何か、という視点でも研究が進められることになった。

しかし近年では、そもそも北条氏が将軍権力を乗り越えようとしたのかどうか、という点にも疑問が持たれるようになり、北条氏が将軍を後見する立場であったことを前提とした上で、その権力のあり方の意味を問い直そうとする研究も進んでいる〔細川前掲書〕。鎌倉幕府と北条氏（執権・得宗）との関係をどう考えるのか、という点はまだまだ今後議論があるように思うが、それを考える上で、やはり北条氏権力のルーツとなる義時の存在は、ますます見逃せなくなるであろう。

（田村亨）

# 第6章　義時、和田義盛を討つ

## ●和田義盛との確執

建暦《けんりゃく》三年（一二一三）五月二日、自邸で囲碁会を催していた北条義時《ほうじょうよしとき》のもとに、三浦義村《みうらよしむら》・胤義《たねよし》の兄弟が、火急の要件を告げにやって来た。侍所別当《さむらいどころべっとう》の和田義盛《わだよしもり》が兵を起こしたというのである。義盛と義村・胤義は従兄弟関係にあったが、官職や幕府内の地位では義盛が三浦一族嫡流の義村を上回っており、義盛の立場を「三浦ノ長者」と表現する史料もある。義村・胤義の兄弟は、もともと義盛と行動を共にする約束をしていたものの、いざ義盛が挙兵すると裏切りに及び、襲撃対象であった義時に危険を知らせたのである。知らせを聞いた義時は驚き騒ぐこともなく、心静かに碁の目を数えた後、装束を改めて将軍御所に参上した。これが、『吾妻鏡《あずまかがみ》』が描く和田合戦のプロローグである。

この日から二か月半ほど前の同年二月一六日、信濃《しなの》国の住人・泉親衡《いずみちかひら》らによるクーデターが発覚し、多数の御家人が捕縛された。『吾妻鏡』によれば、親衡らは前将軍頼家《よりいえ》の遺児千手《せんじゅ》（のちの栄実《えいじつ》）を将軍に擁立し、義時を討とうと計画していたという。この企てに加担したとされた中心人物は、一三〇人あまりに及んだというが、そのなかには、義盛の子の和田義直《よしなお》・義重《よししげ》と甥の和田胤長《たねなが》が含まれていた。

その頃、義盛は上総《かずさ》国伊北荘《いほうのしょう》に居住していたが、鎌倉での急変を聞いて、急ぎ将軍御所に馳せ参じた。三月八日、御所で義盛と対面した将軍実朝《さねとも》は、義盛の積年の勲功に免じて、息子二人の罪を免じることを決めた。さらに翌日、義盛は一族九八人を伴って御所の南庭に列座し、大江広元《おおえのひろもと》を通じて甥の胤長の赦免をも実朝に求めたのである。しかし、胤長は首謀者の一人であり、許すことはできないというのが実朝の判断であった。このことを義盛に伝える役目は義時が務めた。さらに、胤長は義時の被官である金窪行親《かなくぼゆきちか》と安東忠家《あんどうただいえ》に預けられていたが、後ろ手に縛りあげたままという屈辱的な姿で、列座する一族の前に晒された。『吾妻鏡』は、この出来事が義盛の逆心を掻き立てたとしている。

一七日、胤長は陸奥国《むつ》岩瀬《いわせ》郡に配流となった。

胤長が鎌倉に有していた屋敷地は、将軍御所の東隣に位置しており、御所に祗候《しこう》する御家人であれば誰もが欲するものであったが、二五日、義盛が拝領することとなった。これは、謀反《むほん》などで没収された所領は一族に与えられるという、頼朝《よりとも》以来の先例が適用されたからであった。しかし、四月二日になって、この屋敷地は義盛から取り上げられ、改めて義時に与えられることになった。屋敷地は、義時の被官である金窪行親と安東忠家の両名に分け与えられ、既に入っていた義盛の代官は追い出されてしまった。『吾妻鏡』は、先の胤長の一件に加えて、今度は、一度は自らが賜ったはずの屋敷地を義時に奪われたことで、義盛が逆心を募らせたと語っている。この事件によって義時と義盛の確執が決定的になったことは間違いないが、御所の東隣を確保したということの意味はそれだけではなく、後に義時の強みとなるのである。

## ●合戦の経過

和田合戦は、鎌倉幕府体制下で初の鎌倉市中を舞台とした大規模な戦闘であった。和田合戦の経過を記した同時代の史料としては、藤原定家《ふじわらのさだいえ》が記した『明月記《めいげつき》』がある。『吾妻鏡』の和田合戦記事は、『明月記』の和田合戦記事に酷似した部分があることから、『吾妻鏡』の編纂に当たって『明月記』が原史料として使用されたことが指摘されている。ただし、『明月記』は乱が起こった鎌倉から遠く離れた京都で記された日記である。したがって、混乱の中で鎌倉から届いた伝聞にもとづく記述であることを考慮して読解しなければならない。とは言っても、北条氏を顕彰するためには事実を改変することも厭《いと》わない『吾妻鏡』の記述の裏に隠された史実に迫ろうとする我々にとって、『明月記』は非常に有益な史料といえる。そこで本章では、主に『吾妻鏡』の記述に沿って和田合戦の経過を追いつつ、『明月記』など他の史料により『吾妻鏡』の記述を検証していきたい。

義盛蜂起の一報を聞いた義時が将軍御所に参上したところ、大江広元もやって来ており、和田勢が押し寄せる前に、実朝の母・政子《まさこ》と正室を脱出させることができた。両名は御所の北門から逃げたのだが、これは、北門がもっとも安全に避難できると判断したからだと思われる。なぜならば、義盛と三浦兄弟の事前の盟約では、三浦兄弟が北門を確保することになっており、いまだ兄弟の裏切りに気付いていない和田勢は、まず別の門を確保しようとするはずだからである。なお、『明月記』では、実朝もこの時点で広元に伴われて御所を脱出し、頼朝の墓所である法華堂《ほっけどう》に避難したとされる。

申《さる》の刻（午後四時頃）、和田義盛が率いる軍勢が将軍御所を襲撃した。義盛に従ったのは、彼の息子たちのほか、土屋義清《つちやよしきよ》、古郡保忠《ふるごおりやすただ》、渋谷高重《しぶやたかしげ》など一五〇騎であり、将軍御所の南門のほか、義時亭の西門と北門にも襲いかかった。御所の北門は、裏切りがなければ三浦義村・胤義が攻撃することになっていた。また、義村の邸宅は御所の西側にあったことから、三浦氏の手で御所の北と西を確保する計画だったものと思われる。これに加えて、義盛が和田胤長の屋敷地を手に入れることに成功していれば、和田勢が南から攻めることで、御所の四方を囲むことができるはずだった。義時が強引に胤長の屋敷地を拝領しようとしたのは、その危険性を察知したからだとも考えられる。また、和田勢が義時亭に攻撃の手を向けたのは、泉親衡の乱で義時から受けた仕打ちに報いようとするものであろう。義時は御所に祗候していたため不在であったが、留守居の者が懸命に防戦した。和田勢は大江広元亭にも押し寄せ、将軍御所南西の政所前で御家人と合戦になった。波多野忠綱《はたのただつな》と三浦義村も駆けつけ、和田勢の攻撃を防いだ。

酉《とり》の刻（午後六時頃）、和田勢が御所を包囲した。義時の子の泰時《やすとき》と朝時《ともとき》、足利義氏《あしかがよしうじ》が必死に防戦したが、義盛の四男の朝比奈義秀《あさいなよしひで》が惣門の守りを破って南庭に乱入し、御所の建物に火を放った。『吾妻鏡』では、ここからかなり紙幅を費やして、朝比奈義秀の戦いぶりが事細かに述べられている。読み進めていくと、高井重茂《たかいしげもち》、北条朝時、足利義氏、武田信光《たけだのぶみつ》・同信忠《のぶただ》が義秀に立ち向かう様子が映像となって頭に浮かぶようであり、ここまで事態の推移を淡々と記してきたのと比べると異様なほどにダイナミックな記述である。藪本勝治氏は、御家人が和田合戦での功績を訴え出た際の記録などが幕府に残り、『吾妻鏡』編纂の素材となったと指摘している〔藪本勝治・二〇二〇〕。なお、義秀の豪傑ぶりは、彼に立ち向かって死を免れた者はいなかったと評されており、後に能や狂言の曲目「朝比奈《あさいな》」となって語り継がれた。

夜になっても戦いはやまなかったが、翌三日の明け方になってようやく和田勢は前浜《まえはま》（由比ガ浜《ゆいがはま》）付近まで後退した。この頃、大江広元は幕府の文書を守るため、退避していた法華堂から、御家人らに守られて政所《まんどころ》へ戻った。

## ●横山時兼の参戦

小雨が降る中、横山時兼《よこやまときかね》が婿の波多野盛通《はたのもりみち》や甥の横山五郎ら数十騎を率いて腰越浦《こしごえ》に姿を見せた。寅《とら》の刻（午前四時頃）のことであったという。横山氏は武蔵《むさし》国横山荘《よこやまのしょう》（東京都八王子市）を拠点とした御家人であり、時兼の伯母と妹がそれぞれ和田義盛とその子の常盛《つねもり》に嫁いでいて、和田氏と横山氏は二世代にわたる姻戚関係を結んでいた。義盛は挙兵前に時兼と密約を結んでいて、五月三日を挙兵の日と定めていたところ、時兼は約束どおりやって来たのである。しかし、義盛は横山氏の到着を待つことなく、二日に合戦を始めてしまった。これは、挙兵の情報が義時側に漏れたことで焦りを覚えた義盛が、御所の防備が整う前に実朝の身柄を確保しようとしたためであろう。

【和田氏・横山氏略系図】

横山氏が和田氏に加担するであろうことは、事前に幕府の首脳陣も察知していたようである。『吾妻鏡』には、和田胤長が陸奥国に配流された翌々日の三月一九日に、横山時兼が義盛の館を訪れた記事がある。義盛亭の周囲を甲冑で身を固めた武士が徘徊していたことから、用心のため、将軍御所で予定されていた庚申《こうしん》の歌会《うたかい》が中止になったという。また、義盛挙兵後の記事においても、「義盛が時

兼と語り合って謀反を起こす疑いはあったが、今朝とは思っていなかったので御所の警備は手薄だった」とあり、幕府首脳が和田氏と横山氏に対する疑念を抱いていたことがわかる。

辰《たつ》の刻（午前八時頃）、曾我《そが》氏、中村《なかむら》氏、二宮《にのみや》氏、河村《かわむら》氏といった相模《さがみ》国西部を拠点とする武士が、武蔵大路《むさしおおじ》（鎌倉から化粧坂《けわいざか》や深沢《ふかさわ》を経て武蔵国に至る交通路）や稲村ヶ崎《いなむらがさき》周辺に到着した。実朝が避難していた法華堂から、彼らに対して味方するよう呼びかけがあったが、彼らは本当に従ってもよいものか疑いを持ったため参陣しなかったという。混戦の最中ということもあって、「参陣せよ」との命令が本当に実朝本人からのものなのか疑わしかったということであろうが、あるいは、どちらが優勢か判断できなかったため、しばらく様子見したいという思惑もあったのかもしれない。そこで、実朝自らの花押《かおう》（自筆のサイン）を記した御教書《みぎょうしょ》を差し遣わしたところ、彼らはことごとく参陣したという。さらに、巳《み》の刻（午前一〇時頃）には、武蔵国をはじめ近国の御家人らにも、義時と大江広元が連署した御教書を発した。『吾妻鏡』に掲載された文面によれば、「和田左衛門《さえもん》、土屋兵衛《ひょうえ》、横山の者ども」が討伐の対象とされており、今回の蜂起が和田氏主導であったとしても、土屋氏や横山氏との連携によるものと認識されていたことがわかる。

## ●義盛の死

横山時兼の参戦を得た義盛は、再び将軍御所に襲いかかろうとした。しかし、若宮大路《わかみやおおじ》で北条泰時・同時房《ときふさ》が、町大路《まちおおじ》で足利義氏が、名越《なごえ》で源頼茂《みなもとのよりもち》が、大倉《おおくら》で佐々木義清《ささきよしきよ》と結城朝光《ゆうきともみつ》がそれぞれ陣を張って防御を固めていたことから近づくことができず、由比ガ浜と若宮大路で戦闘が展開された。

和田方の土屋義清、古郡保忠、朝比奈義秀の奮戦によって、幕府方はたびたび退却せざるをえなかったという。そこで、前線にいた北条泰時は、法華堂の仮御所に戦況を報告し指示を仰いだ。実朝は味方の劣勢に大いに驚き、政所に控えていた大江広元を呼び戻すと、戦勝祈願の願書を執筆させ、自らも歌二首を書き添えて鶴岡八幡宮《つるがおかはちまんぐう》に奉納させた。まさにこの願書が奉納された時、和田方の土屋義清が流れ矢に当たって落命した。義清は、法華堂の仮御所に攻めかかろうと、若宮《わかみや》の赤橋《あかはし》辺りを進軍していたところであった。鶴岡八幡宮のある北方から矢が飛んできたことから、「神鏑《しんてき》」と褒めたたえられたという。霊的なパワーによって実朝の身が守られたことを強調するのは、『吾妻鏡』の叙述の特徴である。

和田合戦が収まってからの逸話であるが、建暦三年（一二一三）八月一八日の深夜、実朝が一人で和歌を吟じていると、青女（若い女）や松明《たいまつ》のような光る物体が現れるという怪異が起こり、陰陽師《おんみょうじ》を呼んで招魂祭《しょうこんさい》が行われた。また、一二月三日には和田義盛をはじめとする死者のための仏事が寿福寺《じゅふくじ》で執り行われ、実朝自身が参列した。同月三〇日には、実朝自ら書写した経典を三浦の海底に沈めさせたという記事があるが、これも義盛らの供養が目的だったものと思われる。さらに、建保《けんぽ(けんぽう)》三年（一二一五）一一月二五日に幕府で行われた仏事は、実朝が見た夢―義盛をはじめとする死者が群参する内容―が理由であった。これらの怪異や夢想について、坂井孝一氏は、石橋山《いしばしやま》の戦いで九死に一生を得た頼朝がカリスマ性を覚醒させたように、信頼すべき家臣を滅ぼす結果になった和田合戦での痛切な体験が、実朝のカリスマ性を覚醒させる契機になったと指摘している〔坂井孝一・二〇一四〕。なお、坂井氏は、箱根権現参詣《はこねごんげんさんけい》の際に芦ノ湖《あしのこ》を詠んだとされる歌にみえる「たゆたふ」という語に、北条氏と和田氏の間の水面下の確執・対立の中での将軍実朝の動揺と不安を見出すなど、実朝が詠んだ和歌から和田合戦前後の彼の心情を読み解こうと試みており、史料として十分に和歌を活用してこなかった歴史学において、これまでにない画期的な手法である。

酉《とり》の刻（午後六時頃）には和田義直が討ち取られ、その知らせを聞いた父の義盛は大いに嘆き、失意のうちに戦死したという。義重、義信《よしのぶ》、秀盛《ひでもり》といった義盛の息子たちも討ち取られた。朝比奈義秀は、五〇〇騎を伴って船六艘で安房《あわ》国に逃れたという。そのほか、和田常盛・同朝盛《とももり》、横山時兼、古郡保忠らも戦場から逃げて行方をくらました。和田合戦は、義時と大江広元の両名の指揮による幕府方の勝利で決着したのである。

## ●義盛蜂起の原因

合戦が収まると、義時の指示により、金窪行親と安東忠家が戦死者の実検を行った。由比ガ浜には仮設の小屋が設けられ、義盛らの首が集められた。鎌倉での戦闘は終息したものの、残党が海路で西海へ落ち延びる恐れがあることから、実朝は義時と大江広元に命じて、在京《ざいきょう》御家人に討伐を指示する御教書を送らせた。

その後の和田氏残党の動きとして、『吾妻鏡』は、翌建保二年（一二一四）一一月に京都で起こった事件を伝えている。源頼家《よりいえ》の遺児を擁立した和田氏残党が反乱を起こそうと企てているとして、大江広元の在京家人らが遺児を襲撃して自害に追い込んだというのである。この遺児は、泉親衡の乱で擁立された千手のことであると考えられている。和田合戦後、彼は祖母・政子の計らいで出家させられていた。慈円《じえん》の手による歴史書『愚管抄《ぐかんしょう》』にもこの事件のことが記されており、これによって世間がようやく静まったとしている。和田合戦の余韻は一年半後まで続いていたのである。

ここで注目したいのは、和田氏残党が、泉親衡の乱のキーマンである千手と結びついた点である。泉親衡の乱には和田一族が加担していたが、義盛自身の関与は明らかになっていない。実は千手と和田氏残党の接点は和田合戦以前にさかのぼるのではないか──さらに言えば、義盛が泉親衡の乱の黒幕だったのではないかと疑ってみたくなってしまうが、真相は謎である。

義盛がいつから兵を起こそうと心に決めていたのか、実際のところは不明だが、『吾妻鏡』承元《じょうげん》三年（一二〇九）五月一二日条には、義盛が実朝に上総国司への任官推挙を内々に求めたとの記事がある。実朝が母の政子に対応を協議したところ、政子は頼朝以来の先例を持ち出して反対した。現に、源氏一門以外の御家人で国司に任官していたのは、北条氏と大江氏のみであった。その後、義盛は「一生の心残りはこれだけだ」と言って、頼朝挙兵以来の勲功を書き並べた嘆願書を広元に提出した。義盛の願いは二年半を経ても叶わず、しびれを切らした義盛は、広元に嘆願書の返却を求めた。「一生の心残り」であった国司任官を果たせなかった無念が、嘆願書を取り次いだ広元や同じ御家人でありながら国司任官を許されていた北条氏に対する反発につながったと考えられる。

しかし、これほどの騒乱が義盛一人の感情のみによって引き起こされたはずはない。挙兵直前の四月二七日に、義盛自身が「義時の傍若無人の振る舞いに対して周囲の若者どもが今にも兵を起こしそうになっていて、何度諫《いさ》めても止めようがない」と述べているように、義盛に味方した武士たちにも、それぞれ挙兵の動機があったのであろう。

京都で和田合戦勃発の第一報を聞いた藤原定家は、「和田義盛と横山党が共謀して将軍御所を襲撃した」と『明月記』に書き記しており、義盛と横山時兼が乱の首謀者として同列に扱われている。数多くの御家人の中で、横山氏は源氏譜代の家人として特別な位置付けをされていた。源頼朝《よりとも》が平泉藤原《ひらいずみふじわら》氏を攻めた文治五年（一一八九）の奥州《おうしゅう》合戦において、時兼と父・横山時広《ときひろ》に藤原泰衡《やすひら》の首を懸ける役割が与えられた。これは、頼朝の祖先である源頼義《よりよし》が安倍《あべ》氏の反乱を鎮めた前九年《ぜんくねん》合戦において、時広の曾祖父である横山経兼《つねかね》が安倍貞任《さだとう》の首懸けの奉行を命じられた故事の再現であった。源氏と坂東武士の積年の主従関係を演出する舞台とされた奥州合戦において、横山氏は譜代の御家人の代表に選ばれたのである。

『吾妻鏡』には、和田合戦で討ち取られたり捕らえられたりした人々の一覧が記載されているが、その中で和田一族の割合が意外に少ないことが指摘されている。三日早朝の横山氏の参戦によって和田勢が勢いを盛り返したことから、横山氏の兵力は相当なものだったのであろう。また、渋谷氏や波多野氏が参戦したのは、横山氏との姻戚関係が理由であったと考えられている。当時、北条氏は横山氏の拠点である武蔵国内に勢力を伸ばしており、そのことに対する危機感が横山氏の参戦につながったと考えられる〔岡田清一・二〇一九〕。

## ●和田合戦で義時が得たもの

和田義盛の死から二日後の五月五日、義盛や横山時兼の所領が没収され、乱の鎮圧に功績のあった御家人に与えられることが決まった。その配分の差配を命じられたのは、義時と大江広元の両名であった。同日、和田義盛が任じられていた侍所別当に、義時が就任することとなった。これにより、義時は政所別当と侍所別当を兼ねることになったのである。翌六日には、侍所の次官である所司《しょし》に金窪行親が任じられた。

かつて義時は、彼に仕える被官の中で、とくに功績のある者を御家人に準じた扱いとするよう、実朝に願い出たことがある。しかし、実朝は義時の要求を認めなかった。和田義盛が上総国司への任官を願い出たのとほぼ同じ、承元三年一一月のことである。将軍である実朝にとって、義時の被官はあくまで陪臣であり、直臣である御家人とは一線を画す存在であった。もし義時が求めたような異例が認められれば、結果的に義時自身の地位が他の御家人より高まることになる。このエピソードを踏まえると、金窪行親の侍所所司就任は大きな意味を持っていたことがわかる。かつて梶原景時《かじわらかげとき》が所司の地位にあったように、それまで侍所所司には御家人が就いていた。行親の所司就任によって、義時は被官の地位上昇を果たしたのである。

和田合戦後に義時が得たものがもうひとつある。五月七日、和田合戦で功績のあった御家人に所領が与えられた。義時が賜ったのは、相模国《さがみ》山内荘《やまのうちのしょう》（鎌倉市）と菖蒲《しょうぶ》（秦野市）であった。また、泰時は陸奥国遠田郡《とおだ》（宮城県）を、時房は上総国飫富荘《おふのしょう》（千葉県袖ヶ浦市）を与えられた。全体としてみれば北条氏が得た所領は多くないが、鎌倉の背後に位置する山内荘を支配した意味は大きい。山内荘は鎌倉時代を通じて北条得宗《とくそう》家の主要な所領となり、建長寺《けんちょうじ》や円覚寺《えんがくじ》といった寺院が多く建立された。

和田合戦の結果、義時がこれらの地位や所領を得たことは、北条氏が他の御家人に対する優位な立場を確立していくうえでの画期となった。では、義時が和田合戦で果たした功績は、本当にそれに見合うようなものだったのであろうか。

先に紹介したとおり、『吾妻鏡』では、義盛蜂起の一報を受けた義時と大江広元が将軍御所に駆けつけ、実朝の母・政子と正室を脱出させたことになっている。しかし、『明月記』において広元とともに将軍御所に駆けつけたのは、義時ではなく三浦義村となっている。この部分の『吾妻鏡』の記述は大筋で『明月記』の記述に酷似しており、『吾妻鏡』の編纂に際して、『明月記』が原史料として使用されたのは明らかである。だとすれば、『吾妻鏡』の編纂過程で、『明月記』を原史料として利用しつつも、義村の功績を義時の功績に書き換える改竄《かいざん》が行われた疑いがある。また、『明月記』では、この時点で実朝が広元に伴われて御所を脱出したとされるが、『吾妻鏡』では、朝比奈義秀が将軍御所に乱入してきてから、義時と広元に守られて脱出したとなっている。このふたつの史料の差異について、坂井孝一氏は、和田勢が乱入してからの脱出はありえないとし、実朝の避難に義時が貢献したとする『吾妻鏡』の曲筆であろうと指摘している〔坂井孝一・二〇二二〕。和田合戦における義時の功績は、『吾妻鏡』によって潤色を加えられている可能性が十分にあるのである。

（長谷川明則）

# 第7章　義時と実朝、そして広元―「将軍親裁」をめぐる動き―

## ●義時の「執権」就任について

義時《よしとき》が幕府運営の中枢を担《にな》うようになったのは、元久《げんきゅう》二年（一二〇五）に父の時政《ときまさ》を伊豆《いず》国に追放したことによる。時政が追放されたのは、実朝《さねとも》に代えて女婿である平賀朝雅《ひらがともまさ》を鎌倉殿《かまくらどの》（将軍）に擁立しようとしたのを、義時と政子《まさこ》が三浦義村《みうらよしむら》らの協力を得てこれを妨げたためであった。

幕府における源氏の重鎮・平賀義信《ひらがよしのぶ》の息子で、頼朝《よりとも》の猶子《ゆうし》でもあり、京都守護《きようとしゆご》を務めて後鳥羽《ごとば》院からの信頼も厚かった平賀朝雅は、当時鎌倉殿として擁立されて間がない一四才の実朝と比べても、鎌倉殿の候補として充分に有力であった。

だが、現役の将軍はあくまでも実朝であり、幕府における正当性の根源は彼であった。義時と政子はその実朝をあくまでも擁護し、その身柄を確保したため、孤立した時政は鎌倉を逐われることになったのである。実朝が将軍ではなくなり、平賀朝雅がその後継者となれば、その妻の父母である時政と牧《まき》の方《かた》の幕府における発言力は一層高揚し、逆に、実朝の生母で源氏将軍家の後家でもある政子や、その弟である義時は退勢を免れない。時政と牧の方は、義時よりも二六才若い政範《まさのり》を、彼らの嫡男と考えていたと見られる（政範は、時政が追放される前年に一六才で急死している）。

義時と政子は、父・時政との政治的対立のなかで実朝の立場を擁護し、彼を支えることに活路を見出したのである。義時の幕政関与の起点がここにある。一四才の将軍を傀儡《かいらい》と称するかどうかは意見の分かれるところであろうが、いずれにせよ、義時が実朝を最後まで支えた理由も、ここにあったといえよう。

このときに義時は、「執権《しっけん》」に就任したとされる（『吾妻鏡《あずまかがみ》』元久二年閏《うるう》七月二〇日条）。それ以前は時政が執権であったとされることから（『吾妻鏡』建仁《けんにん》三年一〇月九日条）、時政が初代、義時が二代目、その次の泰時《やすとき》が三代目の執権であったとされる。

だが時政・義時の時代の幕府と、次代の泰時以降の幕府とでは、その運営形態も大きく異なる。そもそも時政がいつ執権に就任したのか、そしてそれが事実であったのかどうかも明確ではないし、代々の将軍と時政や義時との関係は一定ではなかった。

承久《じょうきゅう》の乱後の泰時の時代には、そもそも源氏将軍がおらず、北条氏と姻戚関係もない幼少の摂家将軍《せっけしょうぐん》である九条頼経《くじょうよりつね》を支えるという体制が組まれることになる。そのような体制は、もちろんそれ以前の幕府とは全く別物である。とくに泰時の時代には、幕府の最高意思決定と御家人の利害調停を行う評定衆《ひょうじょうしゅう》が置かれた。これは、本来ならば鎌倉殿（将軍）が担う役目を、複数の御家人による評議で代行する機関であり、執権（および連署）は「理非決断之職《りひけつだんのしき》」としてこれを主導するものとされた。

つまり、従来は幕府の棟梁たる鎌倉殿（将軍）が専権的に決裁した事柄について、組織的に対処する仕組みが整備されたわけであり、泰時以降の執権（および連署《れんしょ》）は、それを主導する役職であると位置付けられたのである。

だから、これらの機関が未整備であった時政・義時の段階の「執権」と、泰時以降のそれとを、単純に比較することはできないのである。

だが、この頃の義時を「執権」と称するかどうかはともかく、実朝の地位を守った義時の幕府における序列が上昇したことは間違いのないところであろう。

## ●転換点としての和田合戦

このようにして、幕府から時政と牧の方および平賀朝雅が排除され、将軍である実朝を、義時と政子、および頼朝将軍期以来の重臣や、その他実朝の擁立に協力した者たちで支えていく形が取られることとなった。これ以後の幕府は、重要案件を北条義時・大江広元《おおえのひろもと》・三善康信《みよしやすのぶ》・安達景盛《あだちかげもり》らが実朝や政子の御前で審議し、その決裁を仰ぐという形を基本にした運営が行われていくのである。

なお、頼家の時代に定められた一三人の合議制（大江広元、三善康信、中原親能《なかはらのちかよし》、二階堂行政《にかいどうゆきまさ》、足立遠元《あだちとおもと》、安達盛長《あだちもりなが》、八田知家《はったともいえ》、比企能員《ひきよしかず》、北条時政、北条義時、三浦義澄《みうらよしずみ》、和田義盛《わだよしもり》）のうち、大部分は既に欠員となっていた。

梶原景時と比企能員は、これ以前に発生した幕府の内紛によって死亡し、安達盛長と三浦義澄は元久二年までに病死している。中原親能、二階堂行政、足立遠元、八田知家は、この頃になるとその活動が所見せず、それぞれ隠居のような状態であったと見られる。また、北条時政が失脚したのはいま述べたとおりである。

すると残るのは、大江広元、三善康信、北条義時、和田義盛の四人である。頼家の時代に定められた一三人のうちの大部分が欠員となってしまった以上、その制度はここに至ってもはや崩壊したと言うこともできようし、一方で、大部分が失われつつも、その構造自体は一応維持されていたということもできよう（安達景盛は、一三人に名を連ねる安達盛長の息子である）。

なお、一三人のなかでの数少ない生き残りのうち、和田義盛だけは実朝や政子の御前での審議に加わった形跡が認められない。それがいかなる理由によるものかは判然としないが、その後、和田義盛は幕府の内紛の中心となる。

建暦《けんりやく》三年（一二一三）五月二日の昼過ぎ、和田義盛率いる軍勢が、三手に分かれて将軍御所と北条義時邸、および大江広元邸を襲撃した。

その直前に、当初の計画では義盛に味方することになっていた三浦義村の通報によって、政子と実朝の妻は御所の北門から鶴岡別当坊へ避難していた。義村は、和田義盛から将軍御所北門の攻撃を請け負っていたのだが、襲撃の直前に翻意し、義盛の計画を御所に知らせたのである。

襲撃を受けた将軍御所では、義時の息子の泰時《やすとき》・朝時《ともとき》、さらに足利義氏《あしかがよしうじ》（母は北条時政の娘）らが防戦に努めつつ、実朝も裏山にある頼朝の墓所（法華堂《ほっけどう》）へ逃れた。

義盛らは、実朝およびその妻や政子らの身柄を確保して自らの蜂起の正当性を担保する計画であったようだが、義村の翻意により計画の肝要が崩れた。

法華堂に逃れた実朝のもとには、御家人たちのほか当時鎌倉に滞在していた貴族たちも結集し、彼らは実朝の命令を受けて和田方への攻撃に加わった。義盛とてそうなることは予見していたであろうから、いち早く実朝の身柄を確保すべく将軍御所の急襲を計画したはずである。だがその目論見は外れ、文字通り謀反《むほん》人として多くの御家人を敵に回すこととなった。

和田方にも横山時兼《よこやまときかね》率いる横山党《よこやまとう》が加勢したが、衆寡敵せず、翌三日には和田義盛も討ち取られて大勢は決した。

和田方の軍勢は散り散りとなって戦場を離脱したため、その掃討が命じられた。義時と広元が連署し、さらに実朝の御判を載せた文書が各地の御家人へ発せられた。

この戦いで、義時と広元はともに和田方の攻撃の第一目標とされたようである。将軍御所への襲撃は、先述のように実朝とその妻、さらには政子の身柄の確保という目的であったと見られるが、同時に行われた義時邸・広元邸への襲撃は、彼らの拘束あるいは殺害という目的であったろう。ゆえにその対処においても、近国の御家人への残敵掃討の指示や、在京御家人に対する同様の指示は、いずれも義時・広元両名の連署によって発出されている（『吾妻鏡』建暦三年五月三日条）。

その後の論功行賞で義時は鎌倉の北隣の相模《さがみ》国山内庄《やまのうちのしょう》を得た。この地には、現在でも建長寺《けんちようじ》、円覚寺《えんがくじ》、東慶寺《とうけいじ》など北条氏ゆかりの寺院が残されているように、やがて北条氏の拠点として開発が進む。

また、広元も武蔵《むさし》国横山庄《よこやまのしょう》を得た。広元は、それ以前に頼朝から相模国毛利庄《もうりのしょう》を与えられていた。相模国のほぼ中央、相模川水系の要衝に位置する同庄およびその近隣には、旧来の勢力である藤原姓の毛利氏や横山党の愛甲《あいこう》氏らも残存していたが、彼らはいずれも和田方に属して没落した。その彼らが、幕府の成立とともに新たにこの地を得た大江広元とは潜在的な競合関係にあったと推測されるのは、和田義盛が蜂起した際に、広元邸が将軍御所や義時邸とともにいち早く攻撃を受けていることにある。だがこの合戦の結果、同地における大江広元の優位が確立したものと見られる。

広元は、従来の所領に加えてさらに北の武蔵国横山庄を得たことで、相模・武蔵両国にまたがる相模川水系および多摩川《たまがわ》水系の要衝を確保するに至った。

この他、たとえば二階堂基行《もとゆき》が鎌倉の西隣に位置する相模国大庭御厨《おおばのみくりや》のなかの懐島《ふところじま》を与えられた一方で、幕府成立以前からそこを支配していた鎌倉党の大庭《おおば》氏は、以後『吾妻鏡』には所見しなくなる。ここでも、旧来勢力と幕府成立とともに同地へ進出した勢力との交代があったと見られる。

このように、和田合戦というのは北条氏のほか、大江氏や二階堂氏など、幕府成立にともなって新たに台頭した御家人が、旧来勢力との競合を克服する画期でもあったといえよう。

## ●実朝将軍期の幕府運営について

その後、幕府の運営形態にもマイナーチェンジが加えられる。

鎌倉幕府においては、従来、諸大夫《しょだいぶ》身分（四位・五位相当）の御家人が、侍《さむらい》身分（六位以下）の御家人・奉行人らを指揮・監督しながら家政全般にわたって関与していた。その構造は、摂関家家政機関構成員内部における身分秩序、およびそれに対応した役割分担と近似したものであった〔石田祐一・一九八一〕。

摂関家家政機関内部の業務分担は以下の通りである。四・五位の諸大夫層は政所《まんどころ》・侍所《さむらいどころ》等の家政機関の別当《べっとう》（長官）である家司《けいし》・職事《しきじ》という役職を務め、各機関の六位以下の下級職員を統率、監督した。彼らは主君の側近にあって家政全般について合議・運営を行い、主君に対する申次《もうしつぎ》、主命による使者、書状の発受給、行事の執行、役送《やくそう》・配膳《はいぜん》などを奉仕した。一方、六位以下の諸官人（侍層）は政所下家司《げけいし》、侍所所司《しょし》・侍、各家政機関の実務（文書の執筆・作成、先例調査、荘園への下向、警衛、清掃、催促）などの職務に従事した。

政所別当に名を連ねるのは、諸大夫身分（位階五位以上）を認められた者に限られる。これは、本人が諸大夫相当の官職を帯びている場合や、現在帯びていなくても将来それに達することが確実視されるという場合も含まれる。成立当初の幕府でその条件に合致するのは、大江広元・三善康信・二階堂行政・源邦業《みなもとのくになり》や源光行《みなもとのみつゆき》らに限られる。彼らは在京での官仕経験も豊富であり、それゆえに諸大夫身分も得られたのである。

建保《けんぽ(けんぽう)》四年（一二一六）以降、幕府の首脳陣ともいえる政所別当として、新たに源仲章《なかあきら》・大江親広《ちかひろ》・源頼茂《よりもち》らが増員された。源仲章は後白河《ごしらかわ》院の近習の子、大江親広は広元の子、源頼茂は京武者の源頼政《よりまさ》（以仁王《もちひとおう》の挙兵に従って宇治《うじ》で戦死）の孫である。

彼らの増員について五味文彦氏は、彼らがいずれも、幕府とともに後鳥羽院にも仕えていたことを重視し、幕府の東国での独立性を薄めさせて朝廷への従属を強めたものであると評価する〔五味文彦・二〇一八〕。しかしこれは以下の理由から疑問である。

もともと、京都からもたらされた文書の取り次ぎや、さまざまな権門貴族・寺社との折衝《せっしょう》といった、幕府機構を代表する業務に関しては、京下りの諸大夫が担当していた。とりわけ草創期においてその役割は、大江広元がほぼ専任とするところであった〔湯田環・一九八六年〕。同じ時期に在京活動が目立つ中原親能とともに、この兄弟は広元が主に「在鎌倉活動」、親能が主に「在京活動」というような分担をしながら、幕府内の重要案件を処理していたのである。

そしてより重要なことは、その彼らがいずれも頼朝の縁者でもあったことである〔目崎徳衛・一九九五、初出は一九七四〕。

御家人のなかでも在京での官仕経験が豊富で、位階が高く、頼朝の縁者でもある彼らが、政所別当として幕府運営の中枢を担うのは当然のことである。頼朝の時代から、将軍の側近としてその政務を補佐するのは、在京経験豊富な者たちの役目であり、建保四年以降になって新たに見出すことができるような傾向ではない。

なお、鎌倉幕府に先行する地域権力の平泉政権でも、京下りの吏僚が活躍していたという徴証が見られる。柳之御所《やなぎのごしょ》出土の「人々給絹日記《ひとびときゅうけんにっき》」などの史料の分析から、平泉政権は、一族・京官からヘッドハンティングしてきた側近の実務官僚・先祖代々平泉館に仕える根本被官・外様の豪族、との区分で構成されていたとされる。さらに、京都政界での実力者との姻戚関係が、その地方や、あるいは一族内での地位の向上に繋がるなど、鎌倉幕府の人的構成要因と共通する点も多く見られる。

また後鳥羽院政期でも、少なくともその初期において朝廷と幕府との関係は融和が基調であり、両者の対立や幕府の東国における独立性を過度に評価することはできない。

しかし親能は承元《しょうげん》二年（一二〇八）に六五才で没し、同じ年に広元も六〇才となっていた。もともと諸大夫身分の御家人が少なく、京都の政界とも一定の人脈を持つ者はさらに僅少であった幕府にとって、広元・親能らに代わりうる吏僚の「補強」は重要な課題であったと考えられる。

また、朝廷においても後白河院周辺の人々の影響力が薄れていくなかで、それに代わる後鳥羽院とその周辺に連なる人物を幕府御家人に加えることが、公武関係を良好に保つためにも期待されるところであったのは想像に難くない。このことはおそらく朝廷にとっても同様であり、源仲章ら後鳥羽院にも近い者たちが幕府御家人となることは、公武双方の利益に適うものであると見てよかろう。

公武融和を基調とするならば、朝廷と幕府それぞれに仕えるような御家人は、双方にとって貴重な連絡・調整役となるはずである。五味氏自身も詳しく検討したように、源仲章・大江親広・源頼茂らの経歴はその役割を果たすに相応しいものである。

ただしその一方で、彼らが別当として増員された建保四年以降の幕府においても、重要案件は概ね北条義時、大江広元、三善康信、安達景盛らが実朝や政子の御前で審議を行い決裁するという手続きが取られていた〔岩田慎平・二〇一四〕。

増員された政所別当が、在鎌倉と在京とを頻繁に繰り返すという存在形態をとっていた点を差し引いても、彼らが幕府の最高意思決定に関与した事例は僅少であり、その勤仕内容は、儀式への参列や寺社奉幣《ほうへい》の使者などに限定されていたのである。だから、政所下文にその名が記される別当であっても、幕府運営上において過大に評価することはできないのである。

幕府もいくつかの内部抗争を経て、将軍実朝を中心に、政子、北条氏以下の御家人、吏僚らが支える体制が軌道に乗り、公武関係も安定していくなかで、在京経験豊富な人物が御家人のなかにも増えていくのは自然なことである。だがそのことと、幕府が朝廷への従属を強めるか否かという問題とは別である。

実朝の親裁をどの程度評価するかについては意見が分かれると思うが、その実朝を支えながら、義時もまた幕府内での地位を上昇させていったのである。

（岩田慎平）

# 第8章　実朝暗殺される―義時の関与は？―

## ●実朝昇進の意義

源実朝《みなもとのさねとも》が亡くなったのは建保《けんぽ(けんぽう)》七年（一二一九）正月二七日、よく知られているように、甥（兄頼家《よりいえ》の子）の公暁《こう(く)ぎょう》に鶴岡八幡宮で殺害されたのである。この殺害の背景について考えてみたい。

殺害される直前、実朝はその地位を急上昇させていた。和田合戦当時は二二才で正二位右近衛中将《うこのえのちゅうじょう》であったが、その三年後の建保四年（一二一六）六月には権中納言《ごんのちゅうなごん》という議政官《ぎせいかん》に任ぜられると、同七月には左近衛中将《さこのえのちゅうじょう》を兼任した。

将軍に就任した直後に従五位下で右近衛権中将《うこのえのごんのちゅうじょう》となっていた実朝は、兄の頼家と同様に「五位中将《ごいちゅうじょう》」として摂関家《せっかんけ》嫡流並みの地位を認められた。そしてこのたび権中納言に就任したことで、中納言と中将を兼任する「中納言中将《ちゅうなごんちゅうじょう》」となった。これは五位中将よりもさらに格の高い地位であり、通例では、このあと大将への昇進を経て大臣に就任することになる。実朝はまさにそのルートに乗ったのだ。

『吾妻鏡《あずまかがみ》』建保四年九月二〇日条は、急激な昇進を果たす実朝を大江広元《おおえのひろもと》が諌《いさ》めるという有名な記事を載せる。広元は、子孫の繁栄を願うなら現在の官職を辞退し、ただ征夷大将軍《せいいたいしょうぐん》として高齢に達した暁に、大将を兼任すべきだと諌言したというのである。この諌言は、広元と同じことを考えていた北条義時《ほうじょうよしとき》が、事前に広元に相談したものであったとされる（『吾妻鏡』建保四年九月一八日条）。

だが、頼朝が正二位・右近衛大将《うこのえのたいしょう》まで昇進し、その嫡男の頼家《よりいえ》は五位中将の地位を認められ、いま実朝も五位中将を経て中納言中将の地位を得た。これらの事実から、源氏将軍家は摂関家嫡流並みの家格を認められていたことがわかる。院政期における摂関家嫡流の人々は、二十代には大臣に昇進している。実朝自身の意思や後鳥羽院との関係はともかく、以前からそれと同等の地位に至る道は敷かれており、実朝はそれを大過なく辿っているに過ぎない。

また、後鳥羽《ごとば》院政期においては、とくに議政官の役割の形骸化が進行していたため、朝廷での儀式について知悉《ちしつ》せず、在京すらしない実朝を右大臣に任命しても朝廷の政務運営に支障を来さないという状況が醸成されていた〔佐伯智広・二〇〇八〕。幕府も含む貴族社会全体の趨勢が、実朝の昇進を容易にする素地となっていたという面もある。

そして源氏将軍家がそのような家格上昇を果たす際に、幕府の意思決定の場にいたのは、ほかならぬ義時と広元であった。実朝が中納言中将となるのと同じ年に、義時は従四位下に叙され、広元は陸奥守《むつのかみ》（建保二年〈一二一四〉に正四位下）に就任している。五位への昇叙すら稀な東国武士のなかで、四位に至るのは破格の厚遇といえるし、陸奥守は大国受領《たいこくずりょう》を歴任する院近臣《いんのきんしん》の有力者が就任してきた要職であった。実朝が家格を上昇させたことで、実朝に諫言したとされる義時や広元は源氏将軍家の有力家人として、あるいは政子《まさこ》もその後家《ごけ》として（建保六年〈一二一八〉従二位に叙される）、それぞれ昇進の恩恵に浴していたといえよう。

やがて実朝は、建保六年（一二一八）一〇月に内大臣《ないだいじん》、同一二月には右大臣《うだいじん》に就任する。

## ●実朝の後継者と公武関係

実朝は順当に昇進を果たしたわけだが、これ以前に、その後継者についても目途が立っていた。実朝が坊門信清《ぼうもんのぶきよ》の娘を妻に迎えたのは元久《げんきゅう》元年（一二〇四）の末であったから、もう一〇年近くが経過していたことになる。この間、実朝と妻の間に子はなく、それが幕府の将来にとって不安材料となっていた。そして実朝の後継者をめぐる問題において、その解決のために幕府が頼ったのは、後鳥羽院であった。

建保六年（一二一八）二月、政子は弟の時房《ときふさ》を伴って上洛した。『吾妻鏡』には単に熊野参詣であるとしか記されていないが、『愚管抄《ぐかんしょう》』によれば、後鳥羽院の乳母である卿二位《きょうのにい》（高倉兼子《たかくらけんし》）との会談を持ったことがわかる。ここで話し合われたのが、ほかならぬ実朝の後継者をめぐる問題であった。候補とされたのは、坊門信清の娘である西御方《にしのおんかた》を母とする後鳥羽院の皇子・頼仁《よりひと》親王（冷泉宮《れいぜいのみや》）であった。頼仁親王は承元《しょうげん》四年（一二一〇）に親王宣下《しんのうせんげ》を受けており、卿二位が養育していた。母は実朝の妻と姉妹の関係にあるという縁もある。

後鳥羽院は、信頼を置いていた実朝の存在を前提に、皇子の関東下向を容認したようである。この親王を実朝の後継者として鎌倉に迎え、実朝は後鳥羽院の意を受けてこの親王の後見役を務めるというのが、公武両権力に共有された今後の幕府の在り方であったとされる〔坂井孝一・二〇一四〕。これにより、懸案であった実朝の後継者についても一定の目処を立てることができたのである。

ただし、頼朝や頼家の血を引いた者はまだ何人か生存していた。建暦《けんりゃく》三年（一二一三）の和田合戦のきっかけとなった泉親衡《いずみちかひら》による謀反《むほん》未遂の際に、頼家の遺児千手《せんじゅ》（のちの栄実《えいじつ》）を擁立する動きがあったとされるように、彼らは潜在的な将軍の候補として、新たな抗争の火種になり得た。

頼家の遺児のうち幼名を善哉《ぜんざい》と呼ばれた男子は、政子の計らいで実朝の猶子《ゆうし》とされ、仏門に入って公暁と称した。建保五年（一二一七）に一八才で鶴岡八幡宮寺別当《つるがおかはちまんぐうじべっとう》に就任したことは、仏法の力で源氏将軍家を護持することが期待されたためであろう。

実朝が実子に恵まれず、実朝本人に万一のことがあったら、この公暁が将軍を継ぐようなこともあるいはあったかもしれない。だがこの公暁が実朝を殺害するのである。

後鳥羽院との提携によって実朝の後継に目処が立った以上、彼ら頼朝および頼家の遺児らがそこに入り込む余地はなくなった。実朝が官位を上昇させる一方で、彼ら頼朝や頼家遺児らは幕府内で地位を得ることもなく、その退勢は明らかであった。

だが、実朝の時代は突然に終わりを告げる。

## ●実朝暗殺される

右大臣に就任した実朝は、鶴岡八幡宮で就任の拝賀《はいが》を行うことになった。建久《けんきゅう》元年（一一九〇）の上洛時に右近衛大将に任ぜられた頼朝が、その年の一二月一日に後白河院《ごしらかわいん》の院御所と閑院内裏《かんいんだいり》へ参上したように、大臣などとくに在京を前提とする官職にあっては、天皇や院の御所に参上するのが通例であるが、鎌倉に常住する実朝は鶴岡八幡宮で拝賀を行った。

実朝の晴れ舞台であるこの拝賀を行うにあたり、後鳥羽院からはそれに用いる装束や牛車が贈られた。また、京都からはゆかりのある貴族たちも多数下向し、この儀式の威儀を整えることになった。

拝賀は、年が改まった建保七年（一二一九）正月二七日に行われた。当日は、夜になって雪が二尺（約六〇センチメートル）ほど積もったという。

この日、実朝の最側近として御剣役《ぎょけんやく》（剣を捧げ持つ役）を務めるはずであった義時は、直前になって心身に不調を来し、その役を源仲章《なかあきら》に譲って自邸へ戻ったという。

参拝を終えた実朝が退出しようとしたところ、石段のそばに身を潜めていた公暁は白刃を一閃して実朝を殺害すると、その首を獲って姿をくらました。

随兵《ずいひょう》の武田信光《たけだのぶみつ》がいち早く駆けつけたが、すでに公暁の姿はなかった。その場に居合わせた者によれば、公暁は父の敵を討ったと名乗りを上げたという。その後、長尾定景《ながおさだかげ》らが雪下《ゆきのした》にあったという公暁の本坊に向かうと、門弟の悪僧《あくそう》等と合戦になったが、ここにも公暁はいなかった。公暁は、後見である備中阿闍梨《びっちゅうあじゃり》の宅を訪れた。そこで出された食事を摂っている間も実朝の首を手放さなかったという。

その後、三浦義村《みうらよしむら》のもとへ使者を遣わし、実朝の後の将軍には自分を就けるべく協力を要請した。義村の息子・駒若丸《こまわかまる》（のちの三浦光村《みうらみつむら》）は公暁の門弟となっていた。

義村は、公暁を出迎えるために兵を送るとの返事を遣わす一方で、北条義時に使者を送った。報せを受けた義時は、ただちに公暁を討つべく下知した。公暁は、義村邸に向かっていた途中で発見され、長尾定景らに討ち取られた。

定景はその首を持ち帰り、義村がそれを義時のもとへ届けた。同じ日、公暁の仲間を捜索するよう政子が命じた。

この事件に限らず、また同じ院政期の軍事権門（武家《ぶけ》）であった平家と比べても、幕府には内紛が頻発していた。たとえば平家が軍事権門として台頭し、後白河院《ごしらかわいん》と対立することがあっても、一門の要人や主要な家人が惨殺されるような内紛には至っていない。内部で殺戮に発展するような深刻な対立を繰り返し惹起していたという点において、院政期における他の権門と比較しても鎌倉幕府はかなり特殊であった。ましてや、その当主が惨殺されるなどというのは異常の極みである。東国に基盤を置く軍事権門である鎌倉幕府の、とりわけ殺伐とした一面を示しているといえようか。

その実朝殺害をめぐっては、古来さまざまな憶測がなされてきた。

なかでも、公暁の単独犯行なのか、あるいはほかに共謀者がいたのかについては、推理小説さながらに諸説交わされてきた。

先述の和田合戦のきっかけとなった泉親衡の事件の際、頼家の遺児（のちの栄実《えいじつ》）を擁立する動きがあったとされる。頼家の遺児には求心力があるのだ。これと同様に、実行犯である公暁の支援者、すなわち自らを擁立してくれる者がいたのかどうか。

だがそれを窺《うかが》い知る史料はない。

事件の黒幕を詮索する向きもあるが、動機や背景を記す史料が確認できない以上、実朝を殺害した公暁の狙いも不明とせざるを得ない。

というのも、前任者を公然と殺害した者が、新たな君主として推戴される可能性は低いからだ。ともすれば傀儡という評価を下されがちな実朝とて、義時らを中心とする有力御家人によって推戴された存在であったから、その実朝を殺害すれば当然彼ら有力御家人からの報復を受けることになる。前任者を公然と殺害した人物、つまり著しく正統性に欠ける人物に、次なる主君はあなたですと跪《ひざまず》くほど、幕府御家人は非常識な存在ではない。強大な武力によって後白河院から政権を奪取した平家が、その後続発する反乱への対処に忙殺され、遂には滅亡に至ったことを想起すればそれは明らかであろう。事実、公暁は義時の下知を受けた御家人らの追跡に遭い、討ち取られているのだ。

また、黒幕というからには、裏で公暁を操る人物がいたというのかもしれないが、前任者が公然と殺害された後の幕府は混乱を免れず、また、良好であった後鳥羽院と幕府の関係も危うくなる可能性が高い。そこまでしてなお公暁の擁立に価値を見出す人物が、このときにいただろうか。

かれこれ考えると、実朝の後継者が後鳥羽院の皇子（頼仁親王）に決まりつつあるなか、それでも鎌倉殿《かまくらどの》（将軍）の地位に固執して追い詰められた公暁が、焦りと苛立ちを募らせた末に単独で犯行に及んだと見るべきであろう。

継承候補から外れたことが明瞭となるとき、それを武力で覆そうとする志向がピークに達するのは、安徳《あんとく》天皇の擁立を果たした平家政権に反旗を翻した以仁王《もちひとおう》とも共通する。

実朝が殺害された場には居合わせなかった義時は、実朝のもっとも強力な支援者であった。公暁が実朝をつけ狙うならば、義時も標的とされるのは当然である。直前に御剣役を源仲章と交代するというアクシデントがあったため、詮索を受けるのも無理からぬことだが、義時も実朝とともに討たれていて不思議はなかったのである。

## ●実朝の死と公武関係の破綻

一方、実朝を守り切ることができなかった幕府に対して、後鳥羽院は不信感を募らせる。後鳥羽院にとって、自分に近い者を幕府の内紛で失うのは、京都守護《きょうとしゅご》の平賀朝雅《ひらがともまさ》が在京御家人に討たれて以来のことであった。また、建暦三年（一二一三）の和田合戦の直後には、その残党が京都周辺に潜伏するなど治安を悪化させていた。幕府の内紛は、近臣の喪失や京都周辺の治安悪化に繋がるなど、後鳥羽院にとっても深刻な脅威であった。幕府の内紛が後鳥羽院政にも悪影響を及ぼすならば、信頼していた実朝を失った後鳥羽院が幕府の再編を思案しても不思議ではない。

いずれにせよ、実朝が幕府の内紛によって失われた以上、そこに皇子を遣わすことはできないと見た後鳥羽院は態度を硬化させ、結果として九条道家《くじょうみちいえ》の息子・三寅《みとら》（九条頼経《よりつね》）が実朝の後継者として派遣されることになった。三寅は、父方・母方のいずれの血統からも頼朝の父である源義朝《よしとも》に遡ることができる。実朝が失われたいま、皇太子・懐成《かねなり》親王（仲恭《ちゅうきょう》天皇）の外戚でもあった九条道家を介して幕府との意思疎通を図ることへと、その方針を転換したものと理解することもできよう。

これまで北条氏は、源氏将軍家を外戚家として支えながら、幕府の運営の中枢に関与し続けてきた。いま、京都から下向した新たな鎌倉殿の候補である三寅は、北条氏との外戚関係を持たない。北条氏がこれまでのように幕府の中枢に関与するためには、まずはじめに三寅との関係を内外にアピールすることが重要であった。

鎌倉に到着した三寅はまず義時邸に入り、その日（承久元年〈一二一九〉七月一九日）の夕刻には政務開始の儀式ともいえる政所始《まんどころはじめ》が行われた。新たな鎌倉殿となることを約束された三寅であったが、この儀式に際しては「幼稚」であるとして、政子が簾中《れんちゅう》からこれを取り仕切った。

政子のことを幕府の四代目の将軍であるとか、尼将軍《あましょうぐん》などと称するのは、実朝亡き後の幕府において、このような形で三寅を後見したことによるのであろう。政子が征夷大将軍に就任した事実はないから、彼女を将軍と称するのは正確さを欠く。だが、幕府の中心をなす源氏将軍家の後家であり実質的な家長、すなわち鎌倉殿であったことは間違いない。幕府は当面、義時を中心とする従来の有力御家人らがこの政子を補佐する形で運営されていくことになったのである。やがてこの体制で、幕府は承久の乱という危機を迎えることになるのだ。

（岩田慎平）

# 第9章　承久の乱勃発

●実朝暗殺の衝撃

建保《けんぽ(けんぽう)》七年（一二一九）正月、三代将軍・源実朝《みなもとのさねとも》が暗殺された。近年の研究では実朝は政務に意欲的であり和歌や蹴鞠《けまり》といった公家《くげ》文化を積極的に吸収した人物として再評価されている〔坂井孝一・二〇一四〕。また、実朝は坊門信清《ぼうもんのぶきよ》の娘（後鳥羽《ごとば》院の従兄妹）を妻に迎えており、院に対しては一貫して恭順の姿勢をとった。実朝と後鳥羽院の信頼関係のもとで幕府と朝廷は協調していたが、実朝暗殺により公武関係は一変したのである。

実朝暗殺を受けて北条政子《ほうじょうまさこ》（実朝生母）は、後鳥羽院に対して将軍後継として皇子《おうじ》を下向《げこう》させることを要請した。実朝には子がいなかったために、その生前から皇子を後継とする構想があったのである。政子と義時《よしとき》が源氏《げんじ》将軍の継続を望まなかったとする見解もあるが〔永井晋・二〇一〇〕、比企《ひき》事件で廃された二代将軍頼家《よりいえ》の遺児は僧籍に入っており、摂関家《せっかんけ》に准じる待遇を受けた源氏将軍家と他の源氏一門の家格には差があったことを踏まえれば、実朝後継として源氏将軍を擁立することは現実的には困難だったといえよう。

後鳥羽院は皇子下向を拒否するとともに摂津《せっつ》国（大阪府西北部・兵庫県東南部）の長江荘《ながえのしょう》・倉橋《くらはしの》荘《しょう》の地頭職《じとうしき》停止を幕府に要求した。政子と義時は地頭職停止を拒否したが、実朝後継については公武交渉が続けられた。有力御家人の三浦義村《みうらよしむら》が九条道家《くじょうみちいえ》の子息教実《のりざね》を後継とすることを提案したこともあり、後鳥羽院は道家の子息三寅《みとら》の下向を許可した。三寅は外祖父の西園寺公経《さいおんじきんつね》によって養育されており源頼朝《よりとも》の妹の曾孫にあたるが、わずか二歳であった。同年七月一九日に三寅は鎌倉に到着したが、幼少であるために源頼朝の後家《ごけ》である政子が政務をとることになった。政子は鎌倉殿《かまくらどの》として幕府政治の前面にでることになり、義時が執権《しっけん》として補佐した。政子と義時は幼少の三寅を次期将軍として擁立して幕府権力の存続をはかったのである。三寅の居所は義時邸宅の敷地内に新造されており、義時の子息重時《しげとき》が小侍所《こさむらいどころ》（三寅の警固《けいご》や供奉《ぐぶ》を管轄）の別当《べっとう》に就いている。義時は三寅との関係強化につとめたのである。

ここで注目されるのは後継候補の年齢である。幕府が下向を要請した皇子は雅成《まさなり》（二〇歳）もしくは頼仁《よりひと》（一九歳）であったとされるが、二人はすでに元服していた。皇子下向が実現していれば、征《せい》夷《い》大将軍《たいしょうぐん》への任官や政所《まんどころ》の開設、竹御所《たけのごしょ》（頼家遺児で政子の孫娘）との結婚が可能であったと思われる。また、九条教実（九歳）は年少ではあったが、すでに元服しており侍従《じじゅう》に任官していた。政子と義時は成人した将軍を擁立することで幕府の政治体制を維持することを意図していたと考えられよう。将軍が不在であり幼少の次期将軍を擁立する幕府の政治体制は皇子下向を拒否した後鳥羽院によって出現したのであり、義時には幼主を擁立して実権を掌握する意図はなかったことを確認しておきたい。

同年七月一二日には、京都で摂津源氏の軍事貴族である源頼茂《よりしげ》が後鳥羽院の命令によって討たれた。頼茂は大内守護《おおうちしゅご》をつとめており内裏《だいり》の仁寿殿《じじゅうでん》に火を放って自害したために、大内裏の殿舎《でんしゃ》が焼失した。頼茂は実朝後継の将軍になる野心があったとされる。同年二月には、阿野時元《あのときもと》（父は頼朝異母弟の阿野全成《ぜんじょう》）が駿河国《するが》（静岡県中部）で挙兵して滅ぼされている。将軍後継をめぐる公武交渉がおこなわれる一方で、将軍不在の状況が源氏一門をめぐる事件を誘発したのである。後鳥羽院は大内裏の再建事業に着手したが、莫大な再建費用は造内裏役《ぞうだいりやく》という一国平均役《いっこくへいきんやく》として賦課された。一国平均役は荘園《しょうえん》・国衙領《こくが》に一律に賦課されたが、国司《こくし》・地頭（御家人）・寺社の激しい抵抗にあって徴収は難航した。結局再建事業は中止されたが、再建事業をめぐって幕府に不満を募らせたことも後鳥羽院の挙兵の一因になったとされる〔坂井孝一・二〇一八〕。

後鳥羽院は治天《ちてん》の君《きみ》として公家《くげ》社会に君臨したが、和歌・琵琶《びわ》などの芸能とともに流鏑馬《やぶさめ》や競馬《くらべうま》といった武芸にも通じていた。院政《いんせい》期には白河《しらかわ》院や鳥羽《とば》院は在京武士に直接命令を出して軍事動員をおこなった。後鳥羽院も河内国《かわち》（大阪府東部）の武士である藤原秀康《ふじわらのひでやす》を下北面《げほくめん》に出仕《しゅっし》させて重用するなど畿内《きない》武士を武力として編成した。また、新たに西面《さいめん》を設置して武士を組織したが、加藤光員《かとうみつかず》や佐々木広綱《ささきひろつな》といった在京御家人《ごけにん》たちも数多く編成されている。さらに、近江国《おうみ》（滋賀県）守護《しゅご》の佐々木広綱や播磨国《はりま》（兵庫県西南部）守護の後藤基清《ごとうもときよ》といった畿内近国の守護も指揮下においた。後鳥羽院は京都の武士社会を統率したが、そこには幕府と主従関係にある御家人たちも含まれていた。後鳥羽院は在京武士を主体的に動員して軍事活動をおこなっており、鎌倉幕府成立後も院政期以来の院と武士の関係が踏襲されていたのである〔木村英一・二〇一六〕。

## ●後鳥羽院の挙兵

承久《じょうきゅう》三年（一二二一）五月一五日、後鳥羽院が義時追討《ついとう》命令を出して挙兵したことにより、承久の乱が勃発した。四月二〇日には順徳《じゅんとく》天皇（後鳥羽院の皇子）が子懐成《かねなり》に譲位《じょうい》しており、二八日には院御所《いんごしょ》（高陽院殿《かやのいんどの》）に武士一千余騎が召集されていた。さらに前日の五月一四日には、幕府と緊密な関係にあった西園寺公経・実氏《さねうじ》父子が院御所の弓場殿《ゆばどの》に幽閉《ゆうへい》されている。後鳥羽院による挙兵計画が着々と進められていたのである。

後鳥羽院は在京武士を中心に畿内近国から軍勢を召集しており、佐々木広綱・三浦胤義《たねよし》・加藤光員といった在京御家人の多くは召集に応じて京方に与した。京都守護の大江親広《おおえのちかひろ》は父広元《ひろもと》が幕府重臣であったにもかかわらず、院の召集に従っている。在京御家人は院の命令で軍事活動をおこなっていたために、院の召集命令に応じるのは自然なことだったのである。

一方で、もうひとりの京都守護の伊賀光季《いがみつすえ》（義時妻伊賀氏の兄）は院の召集に応じなかったために、討手の軍勢を差し向けられて自害した。『吾妻鏡《あずまかがみ》』によれば、光季と三善長衡《みよしながひら》（西園寺公経の家司《けいし》）が遣わした飛脚《ひきゃく》は、五月一九日に鎌倉に到着したという。政子と義時は飛脚の急報により後鳥羽院の挙兵を知ったのであり、その後鎌倉市中を捜索させて京方の密使である押松丸《おしまつまる》を捕縛した。押松丸が所持していた宣旨《せんじ》と武士の交名《きょうみょう》は政子のもとに届けられた。また、有力御家人の三浦義村は、弟胤義から京方に与することを勧誘する書状を受け取ったが、胤義の書状を持って義時のもとに赴いている。鎌倉方は複数のルートにより後鳥羽院挙兵についての情報を得たのである。

五月一五日に発給された宣旨（太政官《だいじょうかん》の命を伝える文書）は「五畿内《ごきない》諸国」に宛《あ》てられており義時追討を命じている。義時は幼齢の三寅を擁立して「天下の政務」を乱しており、朝廷を軽視していることは「謀反《むほん》」であると断じている。また、「諸国庄園《しょうえん》守護人地頭等」に院の裁断に従うように命じている（「官宣旨案」『鎌倉遺文《かまくらいぶん》』二七四六）。宣旨は諸国に宛てられてはいるが、東国の御家人《ごけにん》たちに対して義時追討のために軍事行動を起こすことを命じたものであった。

一方で、慈光寺本《じこうじぼん》『承久記《じょうきゅうき》』は藤原光親《みつちか》が奉者となって院宣《いんぜん》（院庁《いんのちょう》の職員が院の命を奉じた文書）が発給されたとしている。葉室定嗣《はむろさだつぐ》（光親の子息）の日記『葉黄記《ようこうき》』にも光親が院宣に関与したとする記事があることから、院宣の発給は史実であると考えられている〔長村祥知・二〇一五〕。『承久記』によれば、院宣は北条時房《ときふさ》（義時弟）、三浦義村、武田信光《たけだのぶみつ》といった有力御家人に宛てられており、義時の奉行《ぶぎょう》停止を命じている。院宣は有力御家人に対して院方への帰参を勧誘したものであったと考えられている。

このように、後鳥羽院の挙兵は畿内近国の武士を召集して京都を制圧するとともに、諸国武士に対して義時追討を命じるものであった。後鳥羽院は東国御家人が追討命令に応じて鎌倉の義時を討つことを期待したのである。近年、後鳥羽院の挙兵目的は義時個人の排除であり幕府打倒ではなかったとする議論がさかんになっている〔長村・坂井氏前掲書〕。こうした見解では、後鳥羽院は幼少の三寅のもとで幕府政治の実権を掌握していた義時を追討することにより、幕府権力を院の統制下に置くことを意図したと理解している。しかし、実朝暗殺後の幕府では鎌倉殿の政子が意思決定をおこなっており、義時は執権として補佐する立場にあった。義時は幕府政治を専断していたわけではなかったのである。こうした幕府政治の実態を踏まえれば、義時追討は政子を頂点とする幕府の政治体制を否定することを意味しており、後鳥羽院の挙兵は幕府打倒を目指したものであったと考えるべきであろう。

## ●幕府の反撃

後鳥羽院の挙兵を受けて、政子が御家人に対して演説をおこなったことはよく知られている。政子は頼朝の御恩《ごおん》を強調して「三代将軍の遺跡《ゆいせき》」を守ることを訴えた。政子は頼朝の後家としてカリスマ性を継承しており、幕府を開創した頼朝を想起させることによって御家人を結束させたのである。『吾妻鏡』によれば、五月一九日には政子の演説ののちに、義時の邸宅で評議《ひょうぎ》がおこなわれた。

晩になって義時の邸宅において、時房・泰時《やすとき》・大江広元・三浦義村・安達景盛《あだちかげもり》らが評議をおこなった。意見は分かれた。結局は足柄《あしがら》と箱根《はこね》の両方の道路で関を固めて迎え撃つべきであるとなった。広元は「群議の内容は、いったんはそれで良い。ただし東国の武士が団結しなければ、関を守って日数が立っていくことは、かえって敗北の要因になるのではないか。運を天道に任せて、早く軍兵を京都に遣わされるべきである」と言った。義時はふたつの意見を政子に報告したところ、政子は「軍勢を上洛《じょうらく》させなければ官軍を破るのは難しかろう。安保実光《あぼさねみつ》以下の武蔵《むさし》国の軍勢を待って、速やかに上洛すべきである」と言った。

評議では軍勢を上洛させるべきか、足柄と箱根で迎撃すべきかで意見がふたつに分かれたが、義時からの報告を受けて政子が軍勢を上洛させることを命じた。義時は評議を主導しているが、最終的に判断を下したのは政子であった。

軍勢を上洛させることに異議が出されたために、五月二一日には再度評議が開かれている。大江広元は日数を重ねれば武蔵国の御家人であっても変心する可能性があるとして早期出陣を主張しており、三善康信《やすのぶ》も「大将軍」を早く進発させるべきであると述べた。義時は二人の意見が一致したことを受けて、子息泰時に出陣を命じている。五月二二日に、泰時は一八騎を率いて鎌倉から出撃した。時氏《ときうじ》（泰時子息）、有時《ありとき》（義時子息）らが従ったが、義時は武士たちを招いて兵具を与えたとされる。

五月二三日には、義時・広元らは鎌倉に留まることとされ、戦勝の祈祷《きとう》や軍勢催促を差配することになった。五月二五日には、総勢一九万人の軍勢を東海道《とうかいどう》・東山道《とうさんどう》・北陸道《ほくりくどう》の三つに分けて上洛させることが定められた。東海道の大将軍は北条時房・泰時・足利義氏《あしかがよしうじ》・三浦義村らが、東山道の大将軍は武田信光・小笠原長清《おがさわらながきよ》らが、北陸道の大将軍は北条朝時《ともとき》（義時子息）・結城朝広《ゆうきともひろ》らがつとめることになった。義時自身は鎌倉に留まったが、弟の時房、子の泰時・朝時・有時、孫の時氏といった北条氏一門が出陣したのである。

幕府は後鳥羽院の挙兵に対して大軍を上洛させたが、軍勢の上洛には異議も出されており、幕府の直轄軍としての性格をもっていた武蔵国の御家人が変心することも心配された。御家人に動揺が広がる可能性もあるなかで軍勢の早期出陣を主張したのは、大江広元と三善康信であった。義時は二人の後押しを受けて泰時を出陣させたのであり、幕府成立期から活躍してきた重臣の存在は大きかったといえよう。

後鳥羽院は幕府軍上洛の報せを受けて、幕府軍を迎撃するために美濃国《みの》（岐阜県）に軍勢を派遣した。六月三日には、藤原秀康が追討使に任じられて出陣している。三浦胤義・山田重忠《しげただ》・大内惟信《おおうちこれのぶ》らも出撃した。六月五日から六日にかけて、美濃国の大井戸《おおいど》・摩免戸《まめど》・墨俣《すのまた》で合戦がおこなわれ、幕府の軍勢が京方の軍勢を撃破した。

後鳥羽院は京都防衛のために宇治《うじ》・勢多《せた》・淀《よど》・芋洗《いもあらい》に軍勢を配置し、佐々木広綱や山田重忠らの武士とともに源有雅《ありまさ》や坊門忠信《ただのぶ》といった公卿《くぎょう》も出陣した。六月一三日から一四日にかけて宇治・勢多・淀で合戦がおこなわれて京方は敗北した。六月一五日には幕府軍が入京している。

義時は鎌倉で戦況を見守っていたが、『吾妻鏡』には義時の心情を伝える記事がある。

鎌倉で雷が義時の館の釜殿《かなえどの》に落ちた。疋夫《ひっぷ》一人がこのために負傷した。義時は大変畏怖《いふ》した。義時は大江広元を招いて相談して「泰時らの上洛は朝廷を傾け奉るためである。しかし今この怪異があった。これは運命が縮むという前兆ではないか」と言った。広元は「君臣の運命はみな天地の掌るところである。つらつら今度の次第を案ずるに、その是非は天道の決断を仰ぐべきである。まったく畏怖することはない。とくにこのことは関東においては佳例である。文治《ぶんじ》五年に故幕下《ばっか》将軍（源頼朝）が藤原泰衡《やすひら》を征討した時、奥州の軍陣において落雷があった。先例は明らかではあるが、卜筮《ぼくせい》をすべきである」と言った。安倍親職《あべのちかもと》・泰貞《やすさだ》・宣賢《のぶかた》らは一致して最吉であると占った。

六月八日に義時の邸宅に落雷があったが、義時は軍勢を上洛させたことは朝廷を傾けることであるため、落雷は自身の運命が縮む前兆ではないかと考えた。広元は是非は天道の決断を仰ぐべきであるが奥州合戦の先例から落雷は吉例であると答えたうえで、陰陽師《おんみょうじ》に卜筮《ぼくぜい》をさせて「最吉」であると占わせた。義時は軍勢を上洛させて後鳥羽院と戦うことに不安を抱いていたのである。

鎌倉幕府は朝廷のもとで軍事警察機能を担った軍事権門《けんもん》であったが、頼朝の反乱軍としてスタートしたために朝廷の意向と関係なく敵を謀反人と認定して軍事行動を展開することが可能であった〔川合康・二〇一九〕。それゆえに幕府は後鳥羽院と戦うことができたが、義時は臣下でありながら院と戦うことに不安を抱いたのである。広元が「君臣の運命は天地の掌るところ」と答えたのも、君臣間の戦争であることは否定できなかったからであろう。

京都を制圧した北条泰時が遣わした飛脚が鎌倉に到着したのは、六月二三日のことであった。承久の乱は幕府の勝利により終結したのである。

## ●戦後処理

京都を制圧した北条泰時・時房は鎌倉の指示を受けて戦後処理をすすめた。後鳥羽・土御門《つちみかど》・順徳《じゅんとく》の三上皇《じょうこう》は配流《はいる》となり、乱直前に践祚《せんそ》していた懐成（仲恭《ちゅうきょう》天皇）は廃された。幕府は後鳥羽院の兄守貞《もりさだ》の子を後堀河《ごほりかわ》天皇として践祚させて、守貞を後高倉《ごたかくら》院として治天の君に擁立した。また、後鳥羽院の所領を没収して、幕府が必要とする時は返還するという条件付で後高倉院に寄進した。幕府は後鳥羽院を「謀反人」として処分したのである。幕府が戦後処理の一環として皇位継承に関与したことは、その後の公武関係に影響を与えた。

乱に直接関与した藤原光親や一条信能《いちじょうのぶよし》といった公卿は武士に預けられたのちに斬られた。佐々木広綱や後藤基清といった京方に与した武士も処刑され、院政期以来の京都の武士社会は解体された（木村氏前掲著書）。泰時・時房は六波羅《ろくはら》を拠点に在京を続けて六波羅探題《たんだい》が成立した。六波羅探題は朝廷との交渉や京都の治安維持を担うことになった。

八月七日に、幕府は御家人に対して論功行賞をおこなった。政子は京方に与した公卿・殿上人と武士の三千箇所の所領を没収して、勲功に応じて御家人に恩賞として給付した。義時が執り行ったが、自らの分は少なかったので世間は「美談」としたとある。義時の慎ましさが強調されているが、恩賞給付は政子の判断によって決定されている。

鎌倉幕府では御家人に対して所領を恩賞として給付する際には下文《くだしぶみ》が発給された。下文には将軍が署判《しょはん》（サイン）したものと政所職員が署判したものがあったが、実朝暗殺後は将軍不在となったために下文は発給されず下知状《げちじょう》が発給された。政子は鎌倉殿として幕府政治を主導したが、女性であるために征夷大将軍には任官しなかったからである。下知状は政子の「仰《おお》せ」をうけたまわって義時が署判することにより発給された。

義時署判の下知状については義時の判断によって発給されたものとする見解もだされている（岡田清一・二〇一九）。貞応三年（一二二四）に田代信綱は承久の乱の恩賞として和泉《いずみ》国大鳥《おおとり》郷地頭職を与えられたが、南北朝期の文書には大鳥郷地頭職の証文として「下文」と政子の「和字御教書《わじみぎょうじょ》」が挙げられている。「下文」は義時署判の関東下知状であり、「和字御教書」は政子の仰をうけたまわった仮名《かな》による奉書《ほうしょ》である。仮名の奉書には「和泉国の大鳥郷の御下文を与える。人々が御恩を受けているが、信綱は漏れており不憫《ふびん》であるので、信綱にと御下文をなしたのである」と述べられている。政子は自らの意思によって信綱を地頭職に補任する「下文」（文書様式は下知状）を発給したと述べており、義時が署判した下知状が政子の意思によって発給されたものであることを確認できる。

## ●「承久右京兆」

承久の乱では、後鳥羽院は東国御家人が蜂起して義時を討つことを期待して挙兵したが、政子は御家人を結束させるとともに軍勢を上洛させて反撃した。政子は鎌倉殿として軍事指揮をとったのであり、義時はそれを執権として補佐したのである。九条道家は、寛元《かんげん》四年（一二四六）に「承久の大乱《たいらん》では故二品《にほん》（政子）と義時が君（後鳥羽院）に敵対申し上げた」と回顧している。道家は乱勃発時の関白であったが、承久の乱を後鳥羽院と北条政子・義時の対決と認識していたことがうかがえる。義時は自身が追討の対象となり幕府も存亡の危機を迎えたが、政子とともに後鳥羽院と戦って勝利することで危機を乗り越えたのである。

義時はその死後、承久の乱に勝利した人物として顕彰された（細川重男・二〇一一）。北条顕時《あきとき》（金沢《かねさわ》文庫《ぶんこ》を創設した実時《さねとき》の子息）の諷誦文《ふじゅもん》（追善《ついぜん》の法会《ほうえ》で読まれた文）では、顕時は「承久右京兆員外《うけいちょういんがい》の曾孫」と記されている。義時は「承久」の元号と右京権大夫《うきょうごんのだいぶ》の唐名《とうみょう》である「右京兆員外」によって呼称されており、承久の乱での活躍が意識されているのである。

南北朝《なんぼくちょう》期には承久の乱の勝利は武家《ぶけ》政権の発展として評価された。室町《むろまち》幕府の『建武式目《けんむしきもく》』では

「鎌倉郡は、文治に右幕下（頼朝）がはじめて武館《ぶかん》を構え、承久に義時朝臣《あそん》が天下を従えた」とあり、鎌倉幕府を開創した源頼朝と承久の乱に勝利した北条義時が並び称されている。また、西源院本《せいげんいんぼん》『太平記《たいへいき》』では、承久の乱により「義時はいよいよ八荒《はっこう》（天下）を掌《たなごころ》の内に握った」と説明している。承久の乱の戦後処理はその後の公武関係を規定したために、武家政権の発展として評価された。義時は幕府権力を存続させるために政子とともに後鳥羽院と戦ったが、その勝利は武家政権の画期として歴史のなかに位置付けられていったのである。

（田辺旬）

# 第10章　義時の死と伊賀氏事件

## ●義時の発病と死

貞応《じょうおう》三年（一二二四）六月一二日の朝、ここのところ体調不良気味だった義時《よしとき》が発病し、危篤《きとく》状態になった。当初、陰陽師《おんみょうじ》たちの「卜筮《ぼくぜい》」（占い）では「大事になることはあるまい」とのことであったが、回復しないまま翌一三日午前一〇時（あるいは午前八時か）ごろ、死去した。時に六二歳。日ごろから脚気《かっけ》を病んでいた上に「霍乱《かくらん》」（暑気あたりによって起き、嘔吐《おうと》や下痢の症状がある）があわさったためだという。

ただちに飛脚が京都―嫡子《ちゃくし》の泰時《やすとき》、弟の時房《ときふさ》が赴任中―に遣わされ、夫人（後妻）の伊賀《いが》氏も出家した。なお臨終にあたっては出家をしたのち、死のまぎわまで印を結んで念仏を唱え、「順次の往生《おうじょう》」（正しい往生）のあり方を示したといわれている。

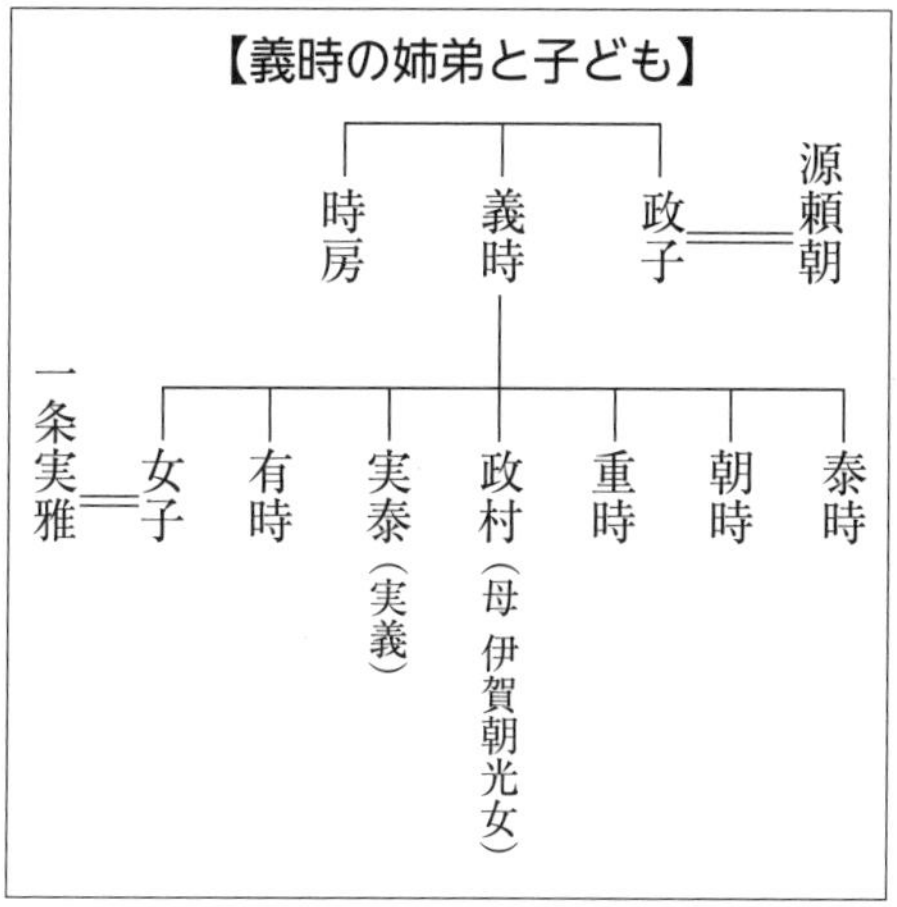


葬送は五日後の一八日に行われ、墳墓《ふんぼ》の場所として故右大将家《うだいしょうけ》（源　頼朝《みなもとのよりとも》）の法華堂《ほっけどう》の東の山上が選ばれた。喪服《もふく》姿で供をしたのは、二男朝時《ともとき》・三男重時《しげとき》・四男政村《まさむら》・五男実泰《さねやす》（実義《さねよし》）・六男有時《ありとき》、そ

して義時の猶子《ゆうし》となっていた三浦泰村《みうらやすむら》ら。御家人《ごけにん》たちが群れをなして出席し、誰もが涙を流して義時の死をいたみ嘆いたという。

さて『吾妻鏡《あずまかがみ》』の記事によりながら、義時の発病から死、そして葬送までの経過をたどってきたが、その死が急であったにもかかわらず―あるいは急死であったがゆえにというべきか―同書では死に至るまでの儀礼的な流れ、および御家人たちの悲しみや嘆きのほかに、詳しい死因の説明、鎌倉の人々に与えた衝撃の大きさなどについては語られていない。

## ●果たして死因は？

ただいささか気になるのは、亡くなる前の五月から六月にかけて続いた「炎旱《えんかん》」（日照りで暑気がひどいこと）である。なかでも五月一三日条には、日照りに関連して、前例もない次のようなおかしな出来事が起こった記事が見える。

近国の浦々で名前もわからない多数の死んだ大魚が波の上に浮かび、三浦崎《みうらさき》（神奈川県三浦市の三浦海岸）・六浦《むつら》（横浜市金沢区）・前浜《まえはま》（鎌倉市の由比ガ浜～坂ノ下海岸）付近に打ち寄せられてあふれんばかりであった。

そこで鎌倉中の人々がこぞってその魚肉を買い求め、家々で煎《せん》じて油を取ったため、異臭が町中にたちこめてしまった。人々はこれを旱魃《かんばつ》（雨不足による水がれ）の前兆だと言った。

異常な現象による鎌倉の町の不安な様子が伝わってくると同時に、先に見た義時の病名のひとつ「霍乱」とのつながりも示してくれているように考えられるのではあるまいか。もっとも発病の二日前の夜から待望の雨が降りだしている。とはいえ、鎌倉近隣の浦々に多数の死んだ大魚が打ち寄せられるなどといった異常な出来事も起きるような炎暑の中、その対策に追われる義時の心身が衰弱していたであろうことは疑いあるまい―大魚の大量死は、本書「〔解説〕『吾妻鏡』を読む（2）」参照―。

一方、『吾妻鏡』とは異なる義時の死因を語っているものに、『新古今和歌集《しんこきんわかしゅう》』の選者としても名高い藤原定家《ふじわらのさだいえ（ていか）》の日記『明月記《めいげつき》』や南北朝期の成立とみられている歴史書『保暦間記《ほうりゃくかんき》』（作者不明）などがある。

このうち『保暦間記』は初代将軍の頼朝の死について、相模《さがみ》川の橋供養の帰途、弟義経《よしつね》や安徳《あんとく》天皇らの怨霊《おんりょう》と出会って発病・死去したとし、その死因を「老死」ではなく「平家ノ怨霊」によるものだと記していることで知られているが、義時についても、「近習《きんじゅう》として召仕《めしつか》っていた小侍《こざむらい》に突き殺された」という興味深い話を載せている。なおその要因として、承久《じょうきゅう》の乱での幾千万という戦死者、後鳥羽《ごとば》院をはじめ三上皇の配流《はいる》、公卿殿上人《くぎょうてんじょうびと》の処刑などによって生じた人々の悲痛な嘆きの報《むく》いをあげているが「佐伯真一・高木浩明・一九九九」、これも頼朝の場合とよく似ている。

しかしここでは、義時の死から三年後の『明月記』嘉禄《かろく》三年（一二二七）四月一一日条で紹介されている、「義時の後妻伊賀氏《ごさいいがし》による毒殺説」に注目したい。それは後鳥羽院の側近で承久の乱においても張本（首謀者）の一人であった二位法印尊長《にいのほういんそんちょう》が、京内に潜伏中を襲われたさい、「早く切れ。さもなければ義時の妻が夫に盛った毒薬をわれにも与えて、早く殺せ」と言ったというものである―国書刊行会本による。尊長捕縛《ほばく》についての記事は『吾妻鏡』同年六月一四日条にも見える。あるいは六月の出来事か——。

こうした風評がなぜ京都まで広まっていたのか。そこでクローズアップされてくるのが、実際に義時死後におこった、いわゆる「伊賀氏事件」である。

## ●伊賀氏事件の発端

『吾妻鏡』によると、事件が表面化してきたのは、義時の死後、約二週間前後の頃からのことである。まず同書六月二八日条から見てみよう。

この日、一昨日の二六日、京都から鎌倉に帰ってきた泰時と時房に対し、義時の姉で故頼朝夫人の政子《まさこ》は若君三寅《みとら》（のち四代将軍九条頼経《よりつね》）の後見人として武家のことを執《と》り行うように申し渡した。ただこの折、政子は現段階でのこのような申し渡しは時期尚早《しょうそう》ではないかと、前もって幕府重鎮の大江広元《おおえのひろもと》に尋ねたという。

広元の返答は、「義時の死後、世の中はどのようになるのかと人々は不安がっている。今だって遅すぎるくらいだ」というものであった。

たしかに義時死後、ちまたではさまざまな流言が飛びかっていた。流言には、泰時は弟たちを討ち滅ぼすために京都から帰ってきたのだというものもあって、伊賀氏を生母とする四男政村の周辺はざわついていていた。

そうしたなか、次期執権のことで、政村の外戚《がいせき》伊賀光宗《みつむね》兄弟が憤《いきどお》っているとか、また伊賀氏が、女婿《じょせい》の一条実雅《いちじょうさねまさ》を将軍、政村をその後見人とし、幕府の政務には、光宗兄弟があたるという体制作りをひそかに企て、すでに賛同者もいるなどといった話も流れていた。

一方、泰時のもとへもこうした伊賀氏側の不穏な様子は伝わっていたが、泰時は驚き騒ぐこともなく、普段から身辺に仕えているもの以外の出入りを禁じたことにより、その周辺は寂しいくらい静かであったという。

以上が『吾妻鏡』六月二八日条が語る「伊賀氏事件」といわれるものの事の起こりである。今一度繰り返すと、故義時の後妻伊賀氏が光宗をはじめとする兄弟たちと謀《はか》って、女婿一条実雅を将軍に立て、義時との間に生まれた四男政村をその後見（執権）とし、光宗らが、幕政運営を担当する体制を作ろうとしていたことに端《たん》を発するというのである。

伊賀一族といえば、伊賀氏や光宗には光季《みつすえ》という兄がいたことも紹介しておく必要があろう。承久の乱のさい、京都守護として在京中、後鳥羽院の呼びかけに応じず、鎌倉に変事をしらせたのち、院方八百余騎の軍勢に攻められ自害した、承久の乱における鎌倉方の功労者である。この伊賀一族の名を高めた光季の後継者が光宗で、当時、政所執事《まんどころしつじ》の重職にあったというわけである。

その伊賀一族に擁立《ようりつ》された伊賀氏女婿の一条実雅は、頼朝の同母妹《どうぼまい》を妻とし、京都守護の職にあって、頼朝の「耳目《じもく》」と称された能保《よしやす》の子で、源氏との関係も深い貴族である。なおこの実雅に関連して興味深いのは、先に紹介した義時の死因＝伊賀氏による毒殺説の根拠となっている証言の主＝尊長が実雅の兄だということである。それ故、尊長は毒殺の秘密を実雅を通じて知ったのでは、という推定もなされているのである〔石井進・一九六五〕。

## ●伊賀氏事件の展開

それでは、この事件はその後、どのように展開していったのであろうか。続いて『吾妻鏡』の関連記事を追っていくことにするが、その前に一点だけ、伊賀氏側に不穏《ふおん》な風評が流れている中、『吾妻鏡』では泰時がまったく動じない態度でいたと記していることについて触れておきたい。

そこで思い出されるのが、六月一三日の義時の死の直後に飛脚が京都に向けて派遣され、それから一三日目の同月二六日に、泰時と時房が鎌倉に帰ってきたということである。この点、もう少し『吾妻鏡』の日付にそって整理してみると次のようになる。

一三日に鎌倉を出発した飛脚が一六日に京都に到着
↓翌一七日に泰時が、さらに一九日に時房が京都を出発
↓二六日、泰時が鎌倉に到着し、由比《ゆい》付近で一泊。遅れて出発した時房もこの日鎌倉に到着
↓翌二七日、泰時が吉日により、小町通《こまちどお》り西北の鎌倉亭に入る（中世の小町大路は若宮大路と東

【伊賀氏略系図】

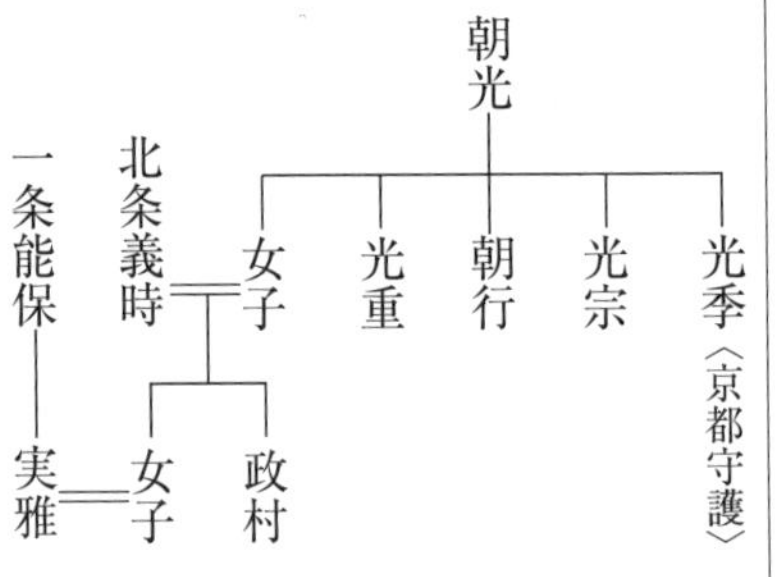


【一条家をめぐる関係】
（五摂家のうちの一条家とは別流）

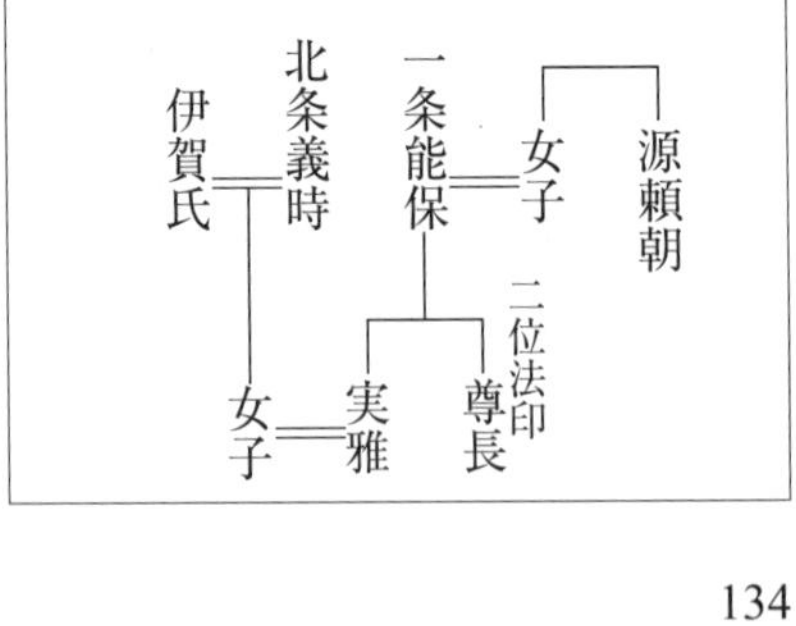

側でほぼ並行する道)。

すなわち、義時の訃報《ふほう》を届けた飛脚は三日目には京都に到着しているのに、泰時が鎌倉に到着したのは京都出立から九日目という事になるのである―しかも鎌倉亭に落ち着いたのはさらにその翌日―。飛脚という特別な伝達手段と比べるのは無理があるとしても、泰時にしても父の死ということから考えれば急ぎ旅のはずである。やはり日数のかかりすぎということになるのではあるまいか。

この疑問を解く手がかりとして注目されるのは、先に紹介した義時の死＝近習の小侍による殺害説を載せる『保暦間記』の関連記事である。それによると、鎌倉では伊賀氏側の不穏な動きがみられるので、泰時はしばらく伊豆《いず》国に逗留《とうりゅう》し、鎌倉へは時房が先乗りをして、伊賀氏側の様子をよく調べ、その上で泰時が鎌倉入りをするという運びになっていたことがわかる。泰時の動じない態度の背景には、こうした事前のしっかりとした情勢探索《たんさく》・情報収集が行われていたことを見逃してはならないだろう。

さて伊賀氏事件の事の起こりを語る『吾妻鏡』六月二八日条に続いて、次は七月五日条の語るところに耳を傾けてみよう。

この日、鎌倉中は物騒《ぶっそう》な雰囲気に包まれ、光宗兄弟もしきりに有力御家人の三浦義村《よしむら》のもとに出入りをしていた―義村は政村の元服《げんぷく》にさいして冠《かんむり》をかぶせる役を勤めた、いわゆる烏帽子親《えぼしおや》であることが同月一八日条に見える―。きっと何か相談事があるのだと人々が怪しんでいる。

夜になると、光宗兄弟は伊賀氏が住居としている故義時の屋敷（大倉《おおくら》亭、詳細は本書「[解説]

北条義時の大倉亭」参照）に集まって、秘《ひそ》かに「この事」について心変わりはしないと誓ったそうだ。この様子を怪しんで泰時に告げるものもいたが、泰時は相変わらず動揺の気配を見せず、「光宗兄弟が心変わりをしないと契《ちぎ》りを結んだのはまことに神妙」と言ったという。

伊賀氏側の動きがますます活発化し、事態の緊迫化していく様子がよく伝わってくる。また伊賀氏側の重要人物として三浦義村の名があがってきたのも見逃すことはできない。そしていよいよ七月一七日条をもって、事件はクライマックスを迎えることになる。のちに「尼将軍《あましょうぐん》」と称せられる政子が動いたのである。

## ●政子と義村

今夕は、近国のものたちが競うように鎌倉に集まり、家々を占拠して、もの騒がしさは甚だしいものがあった。

真夜中になって、二位家《にいけ》（政子）が女房の駿河局《するがのつぼね》一人だけを供に、三浦義村宅を訪ねた。大いに恐縮してこれを迎えた義村にむかって、政子は次のように述べた。

「義時が死去し、泰時が鎌倉に下向してからというもの、鎌倉には人々が群れ集まったりして静かでない。

そうした中、政村や光宗らがしきりにそなたのもとに出入りし、密談をしているとの噂がある。いったい何事ぞ。もしや泰時の命を奪い、鎌倉を自分たちの思うようにしようと考えているのか。去る承久逆乱の時、関東が勝利したのは天命によるところだとはいえ、半《なか》ばは泰時の功績ではないか。およそ義時が数度にわたる戦火を鎮《しず》め、世の中を穏やかにしたのだ。その跡を継ぎ、関東の棟梁《とうりょう》となるのは泰時をおいてほかにはない。泰時以外の誰がこの穏やかな世の中を長らえさせることができようか。

政村とそなたは親子も同然で、談合の疑いがあっても決しておかしくはない。政村・光宗の二人に、何ら事を起こすことのなきよう、そなたから言い聞かせよ。」

これに対し義村は「何も知らない」と答えたが、政子は聞き入れず、「政村を援助して世を乱す企《くわだ》てに加担するのか、それとも和平のための方策を考えるのか、この場できっぱりと申せ」と再び迫った。このため義村がついに、「政村にはまったく逆心はないが、光宗らには何か企みがあるようなので、私がやめさせます」と誓約したので政子は帰った。

三浦義村といえば、一一年前の和田合戦の折、従兄弟《いとこ》の和田義盛《わだよしもり》の出軍を義時に内通したこと、あるいは承久の乱にさいしても、在京中の弟胤義《たねよし》から届いた後鳥羽院方への誘いの書状をもって、ただちに義時のもとへ駆けつけたことなどが思い起される。今度もまた、どこまで事件に関わっていたか不明だが、政子の前で事件の収拾《しゅうしゅう》にあたることを誓約する役割を受けもたされていることは興味深いものがある。

なお義村は翌日、泰時に会って、自分の忠節に対する故義時の恩―自身は政村の烏帽子親に、息子の泰村は義時の猶子になったこと―を語り、「泰時・政村御両人の好悪《こうお》（好き嫌い）のことなど考えたこともない、また光宗もいささか思うところがあったようだが、何とか私の諫言《かんげん》を受け入れてくれた」

と述べ、泰時はこれに対し、自分は「政村に何ら危害を加えようとする心などをもっておらず、何事によらず敵対することもない」と答えたという。

とはいえ、三浦義村のこのような働きだけで事態が完全におさまったわけではなかった。故義時の四十九日の仏事《ぶつじ》が催された七月三〇日の夜には、御家人たちが旗をあげ、甲冑《かっちゅう》を身につけて走りまわるという騒ぎが起こり、またしても政子の登場となるのである。

『吾妻鏡』閏《うるう》七月一日条によると、若君三寅（頼経）を伴って泰時邸に入った政子は、義村を呼びつけ、若君を抱いた自分、そして泰時・時房もいるこの場に、「そなたも同席せよ」と強い態度で接し、ほかにも葛西清重《かさいきよしげ》・中条家長《ちゅうじょういえなが》・小山朝政《おやまともまさ》・結城朝光《ゆうきともみつ》らの重だったものも招き、時房を通じて次のように述べた。

鎌倉殿が幼いため下々《しもじも》の反逆を禁じるのは難しい。私は頼りなくはあるが、老いたる命を励ましながら力を尽くしている。そなたたちが故将軍（頼朝）当時のことを思い出し、心をひとつにすれば、何者といえども蜂起《ほうき》することはできない。

著名な承久の乱の時にも似た政子の呼びかけが功を奏したのか、伊賀一族による奸謀《かんぼう》は明白になったとして、大江広元までも老病をおして参加した評議により、事件関係者の処分が決定したのは、翌々日のことであった。処分内容は次のとおりである。

［一条実雅］公卿であるため、身柄《みがら》は京都に送り、朝廷の意向をうかがう。のち越前国《えちぜんのくに》へ配流。

［伊賀氏］流刑《るけい》。のち伊豆国北条《ほうじょう》へ下向《げこう》して籠居《ろうきょ》。この年末、同地から伊賀氏危篤の飛脚が鎌倉に

到着。

［伊賀光宗］流刑。のち政所執事を罷免《ひめん》され、所領五二か所も没収されて、信濃国へ配流。弟たちも鎮西《ちんぜい》（九州地方）へ配流。しかしいずれも翌年、鎌倉帰参を許される。

［その他の人々］一味に加担した疑いはあっても、罪には問わず。政村もこれに該当し、のち評定《ひょうじょう》衆《しゅう》・連署《れんしょ》（執権の補佐役）をへて執権にもなっている。

以上、『吾妻鏡』によりながら伊賀氏事件の流れをたどってきたが、この事件については、長い間、『吾妻鏡』の語るところそのままに、義時の死後、彼の後妻伊賀氏と光宗らその兄弟によって企てられた陰謀《いんぼう》事件として説明されてきた。この点、近年ではいかがであろうか。

## ●新たな学説

新たな説明に共通しているのは、当時の武士社会における遺産相続についての慣習、とくに義時のように、生前譲与《じょうよ》がなされないまま、父親が急死した場合、多くは後家がその代理として遺産相続に関与したという慣習のあり方からのアプローチである。たとえば岡田清一氏によると、この事件は、

＊義時の亡き後、その代理として遺領を処分できる立場にあった後妻伊賀氏を中心に葬送の準備と後継者の選定が進められた。

＊伊賀氏が子息政村を義時の後継者にしようとしたのも、当時の武士社会の慣習からすれば、当然の行為である。

＊しかし義時の後継者とは、単に北条「家」のそれに留まらず、「執権」という幕政担当の後継者

でもあった。しかも女婿の実雅＝新鎌倉殿・将軍就任となっては、北条氏内部の問題ではありえず、政子の反撥《はんぱつ》を招いた。

というこになるのである〔岡田清一・二〇一九〕。

武士社会における遺産相続の慣習からのアプローチという時、岡田説より早く、永井晋氏によって提唱された、伊賀氏事件＝二位殿政子が創りあげた事件という実にインパクトの強い説の紹介を忘れてはなるまい〔永井晋・二〇〇〇〕。永井氏はまず、伊賀氏の意志は、義時の葬送によく示されているという。以下ここからスタートして永井説を追ってみることにする。

＊葬送は政村を庶子《しょし》の一人として扱い、鎌倉不在の泰時の家督《かとく》継承を前提として執行された。すなわち伊賀氏の真意は、政村が新しく家を起こすことができ、自身は義時の供養をしながら余生をすごすことにあった。

＊それゆえ、はじめに伊賀氏が義時の代理として、北条家の家長が継承していく家の財産を泰時に譲り、その後、泰時が将軍家から義時の役職の継承と相続した財産の安堵《あんど》（確認・保証）をしてもらうという、本来の手順で進めば、問題はなかった。

＊ところが、政子はこの手順を強引に変更し、伊賀氏が家督継承の手続きを行う前に北条家重代《じゅうだい》の職に泰時を任命してしまった。政子によるこの行動＝鎌倉幕府の公権力行使は、北条家の家長権を弱めるものだとして反感をもった泰時は、世上の風評（伊賀氏陰謀）を否定し、事態の鎮静化をはかった。

＊伊賀氏もまた大倉邸に籠ったまま動かず、その兄弟たちも政子の挑発に乗らず、武力対決の姿勢をとらなかった。このため伊賀氏討伐の口実を得ることができなくなった政子と、伊賀氏側支持の態度を示し始めた三浦義村とのかけ引きが始まり、前述のような処分内容が落としどころとなった。

＊こうした政子の強引な行動の背景には、政子や大江広元ら鎌倉幕府草創《そうそう》期から活躍してきた第一世代と泰時・時房・三浦義村らの第二・第三世代との対立があった。というのも政子は義時死後も、泰時と手を組むことによって政権―将軍家（三寅）の養母としての専制政治―を維持しようとしたが、これを時代にそぐわないとする泰時らの心をつかみきれなかったからである。

＊そこで政子は北条家本家の家督相続に介入したものの、挑発に乗らない伊賀氏とその兄弟の処罰を強行して本家の本宅大倉邸に入り、以後も北条家の女主人として泰時に対する強い影響力を維持することに成功した。とはいえ、政子の強引な態度は本家との信頼関係を壊し、多くの人々の反感を招いた（政子翌年死去）。

以上、岡田・永井両氏の説を紹介しながら、あらためて義時の死、その後に起こった伊賀氏事件をかえりみてきたが、まだまだ残された疑問は多い。この事件に関しても『吾妻鏡』はどこまで真相を語っているのか。あるいはどこまで真相を歪《ゆが》め、隠しているのか、興味は尽きないものがある。

## ●最新の学説

二〇二〇年、前節末尾で述べた「尽きない興味」の思いが益々高まる研究成果、山本みなみ氏の「北条義時の死と前後の政情」が発表された。その内容を誤解を恐れずに列記すれば次のようになろう。

＊先行研究の整理を通じて、義時の死因＝病死説をあらためて確認するとともに、新史料によって、『吾妻鏡』の伝える病状（本章冒頭参照）に、「夏の初めに受けた脚の痛みのために立ち上がることが難しく、床に伏しがちであった」ことを加えた。

＊新史料とは、貞応《じょうおう》三年（一二二四）閏七月二日、義時の二男朝時《ともとき》が「慈父」の四十九日の仏事を行ったさい、導師がその趣旨を仏前で読みあげた文、いわゆる表白《ひょうびゃく》である（金沢文庫蔵湛睿《たんえい》表白集『湛睿説草』）。そこには病状のほか、生前の義時の功績や人柄などが記載されているが、とくに「朝時が父祖伝来の家業を継いだとする点」に注目し、このことと、「なぜ泰時とは別に朝時が施主となって四十九日仏事を主宰したか」という疑問点とをあわせ考えて、次のような指摘を行った。

＊すなわち比企朝宗《ひきともむね》女（本書第Ⅱ部〈人物点描〉「姫の前」参照）という高い出自の母を持つ朝時には、自身こそが嫡流（本流）であるという意識があり、そのことを内外に示すためにも、泰時を排除し、単独で仏事を行う必要があったという指摘である。

＊なお朝時による単独の仏事が意味するものとして、兄泰時の家督継承に対して、これを快く思っていなかったのが、伊賀氏を生母とする四男政村ばかりではなかったこと、とすれば、その後における得宗《とくそう》家と朝時を祖とする名越《なごえ》家との確執も、義時の死を契機に生み出されたものとなることなどをあげた。

＊さらに義時追善仏事のうち、義時の遺骨を埋葬した法華堂が幕府の創始者である頼朝の法華堂と並んで設けられていることにも着目し、これによって義時の権威化をはかった人物こそ、北条政子であったとし、その役割を評価した。

＊右の政治家政子の目論見《もくろみ》が見事に功を奏したことをうかがわせる事例として、のち鎌倉後期，僧日蓮《にちれん》がしばしば頼朝と義時を並べて語り、義時を頼朝に匹敵する人物として認識していたこと、また室町幕府の方針を示した『建武式目《けんむしきもく》』の冒頭でも、義時を頼朝と並ぶ武家政権の創始者とみなす文言が見えることなどをあげた。

以上の拙い要約からだけでも山本氏論文には多岐にわたる重要な論点が含まれていることを理解できよう。なお同論文が注目した新史料は、近年、全文が翻刻・紹介されたばかりだが──〔納冨常夫・二〇一八〕──、早々にそこから北条氏に関わる貴重な情報を見出されていることにも大きな意義を認めたいと思う。

（樋口州男）

# 終章　義時の評価

## ●高校日本史史料集から

今日、北条義時《ほうじょうよしとき》は一般的にどのように理解・評価されているのであろうか。試みに高校日本史授業のサブテキストとして定評のある『詳説日本史史料集』（山川出版社）を開いてみると、義時に関する記事として次の三点が引用・掲載されている。

①北条義時追討令《ついとう》―承久《じょうきゅう》三年（一二二一）五月一五日宣旨《せんじ》。承久の乱勃発《ぼっぱつ》にさいして、後鳥羽《ごとば》上皇の命令により発せられたもの。

②幕政（室町幕府）の基本方針―足利尊氏《あしかがたかうじ》が建武《けんむ》三年（一三三六）に発表した『建武式目』。

③承久の乱論―北畠親房《きたばたけちかふさ》『神皇正統記《じんのうしょうとうき》』。暦応《りゃくおう》二・延元《えんげん》四年（一三三九）に執筆、のち修訂された歴史書。

まず①の追討令では、「近頃、幼い将軍家―当時二歳の九条三寅《くじょうみとら》（頼経《よりつね》）。五年後、将軍職就任―の言葉をかりて天下の政治を乱している謀反人《むほんにん》だ」ときめつけている。後鳥羽上皇側からすれば、当然のことであろう。しかし戦いが鎌倉方の圧倒的勝利に終わると（承久の乱）、義時の評価が大いに高まっていったこともまた当然であろう。

その代表的事例として、しばしば取りあげられるのが、のちに後醍醐《ごだいご》天皇の建武の新政に反旗を翻《ひるがえ》し、室町幕府を開いた足利尊氏制定の②『建武式目』である。というのもそこに、「遠くは延喜《えんぎ》・天暦《てんりゃく》両聖の徳化を訪《とぶら》ひ、近くは義時・泰時《やすとき》父子の行状を以て、近代の師となす」という文章が見えるからである。すなわち、これから善い政治を行っていく上で、古くは延喜・天暦時代の醍醐《だいご》・村上《むらかみ》両天皇の政治に学び、近代では北条義時・泰時父子の治績を手本とすることが明記されているのである。

なお『建武式目』では、鎌倉は武家にとって「吉土《きちど》（縁起のよい土地）」だと述べているが、その理由として、右大将源頼朝《みなもとのよりとも》がはじめて「武館（武家の館・幕府）」を構え、さらに義時が承久の乱で、「天下を併呑《へいどん》（掌握）」したことをあげているのも興味深い。義時は、幕府創始者頼朝と並び称される役割を果たしたとみなされていたのである―この点については、第一〇章で紹介した山本みなみ氏の「北条義時の死と前後の政情」の中で、北条政子が頼朝の法華堂と並んで義時の法華堂を設けたこと、また僧日蓮《にちれん》が、しばしば頼朝と義時を並べて語っていたことなどとあわせて述べられている―。

『建武式目』制定当時、義時に対して肯定的な評価を与えているのは、武家（尊氏）側からだけではなかった。このことを明確に示しているのが、式目制定の三年後に執筆された③の歴史書『神皇正統記』である。著者の北畠親房は後醍醐《ごだいご》天皇の信任厚い公卿《くぎょう》で、同書も南朝の立場から、その皇位継承の正統性を説いたものである。しかも後醍醐天皇を承久の乱における後鳥羽上皇と同じ隠岐《おき》に配流したのは、義時の子孫北条高時《たかとき》であった。にもかかわらず、そこでは次のような論が展開されているのである。

頼朝が高官につき、諸国の惣守護職《そうしゅごしき》を給わったのも、すべて後白河《ごしらかわ》院みずからの裁定であり、不法に盗んだものではない。その頼朝亡きあとにおける妻政子のはからいといい、義時の政治といい、いずれも人望に背くものではなく、臣下として咎《とが》があったとはいえない。通り一遍の理由だけで追討の兵をあげられたことは、君主（後鳥羽上皇）の過《あやま》ちというべきであろう。謀反を起こした朝敵が勝利を得たこととは比較できるものではない。

明らかな後鳥羽上皇批判であり、義時擁護《ようご》論である。末尾の「謀反を起した朝敵」、すなわち謀反人＝足利尊氏と義時とをしっかり区別しているのである。

以上が今日の高校日本史教育の場における義時の評価である。それではあらためて、中世以来の義時評価のなかから、注目されているものを取りあげてみよう。

## ●中世の評価―鎌倉期

次の①②は鎌倉期の説話集に載せるふたつのエピソードである。

①誰のことか名は忘れたが、八幡宮に参詣し、通夜をしていたある人の夢に白髪の老人（実は武内宿禰《たけのうちのすくね》）が現れ、八幡神から、「世の中が乱れようとしている。しばらく北条時政の子になって世の中を治めよ」と命じられたという―　橘　成季《たちばなのなりすえ》『古今著聞集《ここんちょもんじゅう》』（岩波日本古典文学大系）巻一神祇「北条義時は武内宿禰の後身たる事」。なお大系本頭注では石清水《いわしみず》八幡宮内の末社に武内神社があると記す―。

②北条義時は大いなる幸運というか、世にも希《まれ》な大運の持ち主である。というのも生涯に「三度ノ難」を逃れて、その身を保つことができたからである。初度の難は和田合戦の時のことで、和田

義盛《よしもり》の同族である三浦義村《みうらよしむら》の義時方への寝返りによって、この難を逃れることができた。二度目は二代将軍頼家《よりいえ》の遺児公暁《こう(く)ぎょう》が三代将軍実朝を討った時、つづいて義時も討たれるところ、義時はすでに現場から退出していたのである。三度目は「十善《じゅうぜん》の帝王（天皇）」を敵としながらも、その身を長らえることができた承久の乱でのことをいう――無住道暁《むじゅうどうぎょう》『雑談集《ぞうたんしゅう》』（三弥井中世の文学）巻三「愚老述懐」――。

①は建長六年（一二五四）、すなわち義時の死から三〇年後に成立した『古今著聞集』のうちに見える話である。そこでの最大のポイントが義時を武内宿禰の生まれ変わりとしていることはいうまでもない。武内宿禰とは『古事記《こじき》』や『日本書紀《にほんしょき》』に登場する伝承上の人物。『日本書紀』では景行《けいこう》天皇から仁徳《にんとく》天皇に至る五代を補佐した忠誠の臣として見え、とくに神功皇后《じんぐうこうごう》との結び付きが強調されているという（角川『日本伝奇伝説大事典』など）。

それではなぜ、義時がこのような人物の生まれ変わりだという話が語られるようになったのであろうか。次に紹介するのは、この課題についての実に興味深い解釈である（細川重男・二〇〇七）。

＊武内宿禰・北条義時という二人の人物の共通性を探っていく時、とくに重要になってくるのが、神功《じんぐう》皇后と北条政子の存在である。というのも、『吾妻鏡』嘉禄《かろく》元年（一二二五）七月一一日条に載せる、政子の死去関係記事のうちに「（政子は）神功皇后の再誕《さいたん》で、わが国の基礎を護られた」と見え、政子にもまた、神功皇后の再誕説が生まれていたからである。

＊そこで、このふたつの再誕説話をあわせ考える時、ひとつの物語が浮かびあがってくる。それは、

「数代の主君に仕えた後、以前の主君の妻である偉大な女性と共に、政権の本拠地から遠く離れた西方の地で誕生し来たった幼い新主君を支え、その初政を乱す戦乱を平らげる」というものである。

＊右の物語のうち、「数代の主君」は天皇と将軍、「偉大な女性」は仲哀《ちゅうあい》天皇の皇后＝神功皇后と初代将軍源頼朝の妻＝政子、「幼い新主君」は九州で誕生した応神《おうじん》天皇と京都生まれの四代将軍藤原（九条《くじょう》）頼経《よりつね》にそれぞれあてることができる。

＊すなわち、この物語は「武内宿禰の物語であると共に、そのまま義時（関東の武内宿禰）の物語」でもあったのであり、とすれば、『古今著聞集』の伝える義時＝武内宿禰の生まれ変わり話は、まさに承久の乱を勝利に導き、鎌倉幕府の支配を確立した義時神話の成立を意味するものとなってくるのである。

＊ここでさらに注目されるのは、同様の話が鎌倉末期でも持ち出されていることである。徳治《とくじ》三年（一三〇八）に書かれた『平政連諫草《たいらのまさつらかんそう》』に「先祖右京兆員外大尹《うけいちょういんがいたいいん》（北条義時）は武内大神の再誕、前武州禅門《ぜんもん》（北条泰時）は救世《ぐぜ》観音の転身、最明寺禅閣《さいみょうじぜんかく》（北条時頼《ときより》）は地蔵薩埵《さった》の応現」と見える記事がそれである―この諫状は鎌倉幕府奉行人の職にあった中原政連が北条貞時《さだとき》に呈したものだという〔佐藤進一・網野善彦・笠松宏至・一九九四〕―

＊鎌倉末期に幕府の吏僚《りりょう》が書いた文章に、義時＝武内宿禰再誕の話が載せられているのは、当時、「この伝説が鎌倉幕府中枢を含めた武家社会知識層の間に広く知られていたことを示して」おり、それはまた「義時の嫡系たる得宗家《とくそうけ》」にとって、この「始祖神話」が「鎌倉幕府支配（得宗専制

政治）の理論的根拠」となっていたことを物語っている。

以上、いささか長い紹介になったが、それというのも、説得力に富み、学ぶところの多い右の解釈が、今後とも義時論を検討するにあたって、さまざまな視点から政子・義時姉弟のあり方を追求していくことの重要性をあらためて示唆《しさ》してくれるものであったからである。

次に②の無住『雑談集』に収める、義時が生涯に「三度の難」を逃れた「幸運」「大運」の持ち主だったという話に移ることにするが、この話からまず思い起こされるものに無住の出自がある。

無住といえば、若き日に遁世《とんせ(せい)》の身となり、各地を遍歴したのち、四〇歳前から尾張《おわり》国の長母寺《ちょうぼじ》を拠点に八七歳で没するまで庶民の教化につとめ、その間、著名な仏教説話集『沙石集《しゃ(さ)せきしゅう》』をまとめた鎌倉中期の僧である。その無住がなぜ義時にまつわるエピソードに関心を寄せたのであろうか。この手がかりを探る時、クローズアップされてくるのが、彼の出自にほかならないのである。

無住みずから語るところによると、生年は嘉禄二年（一二二六）—義時死去の翌々年—で、その先祖は「鎌倉右大将家《うだいしょうけ》」（頼朝）の「寵臣《ちょうしん》」（お気に入りの臣下）であったが、「運尽《つき》テ」、滅んでしまい、その跡を継ぐものもおらず、「愚老《ぐろう》幼少ヨリ親人《したしきひと》ニ養レテ、父母ノ養育カツテナシ。棄子《すてご》ノゴトクナリシカドモ」といった一族没落の逆境の中で育ったという—『雑談集』巻三「愚老述懐」、巻五「天運之事」—。

無住が義時をはじめとする北条氏の人々の動向に関心を寄せ、みずからの著書のなかに取りあげていった理由も、こうした彼の出自と無関係ではあるまい—無住の先祖については、頼朝死後の正治《しょうじ》二年（一二〇〇）に討たれた梶原景時《かじわらかげとき》説が有力―。とすれば『雑談集』に見える話も、義時が幕府の実権を掌握していく過程で滅んでいった有力御家人たちの周囲で、どのように語られ、また彼のどのような側面に関心が寄せられていたかを知る上で興味深い証言となるのではなかろうか。この点はさらに、『沙石集』巻二「薬師観音利益事」にも承久の乱のさい、義時が処刑直前の京方武士をゆるした話を載せていること、また『雑談集』巻六「錫杖事《しゃくじょう》」が有名な『吾妻鏡』とは異なる将軍実朝の唐船建造の話を収めていることとも関わりがあるのかどうなのか―本書〈［解説］『吾妻鏡』を読む（1）〉参照―といった疑問も生じさせてくれ、楽しみは尽きないものがある。

なおいささか話はそれるが、先に引用した無住の幼年期に関しての『雑談集』の記事「棄子ノゴトクナリシカド」に続いて、「八旬《じゅん》（八〇歳）ニ及テ飢エズ、寒カラズ。随分《ずいぶん》ノ果報《かほう》ナルベシ」と見えることについて触れておきたい。すなわち、この言葉によると無住は一族没落の逆境の中で始まった自分の生涯を「幸運」「大運」の義時と比較しても、それに負けない「果報者」の生涯とみなしていたことになる〔大隅和雄・一九九三〕。ただしそれは晩年になってからの言葉であって果たして若き日の無住が義時に対してどのような評価をしていたか、知りたいところではある。

### ●中世の評価（続）―南北朝期

先に高校日本史授業での、南北朝期における義時の扱われ方について、『建武式目』・『神皇正統記』という具体的な事例を通してみたが、そこでは武家・公家のいずれの側も義時に高い評価を与えていることを確認した。では当時、ほかの見方はなかったのであろうか。そこでまず注目されるのが、第一〇章で紹介した義時の死因を近習《きんじゅう》の小侍《こざむらい》による殺害とする歴史書『保暦間記《ほうりゃくかんき》』の記述である。繰り返すならば、同書は殺害の要因として承久の乱での幾千万という戦死、後鳥羽院をはじめ三上皇の配流、公卿殿上人の処刑などによって生じた人々の悲痛な嘆きの報《むく》いをあげているが、これはいわゆる因果応報論《いんがおうほう》の立場からの義時批判を意味するものといえよう。この点、同書が頼朝の死についても、「平家の怨霊」に襲われたためだとし、その理由を治承《じしょう》・寿永《じゅえい》の戦いのなかで、多くの人々の生命を失わせたからだとしていることと同じである。

先の『建武式目』や『神皇正統記』にはみられなかった義時批判であるが、この『保暦間記』の義時批判にはもう少し補足が必要となってくる。それは早くから指摘されているように、「義時に対する、人々の怨みと、それの報いとが強調されるものの、義時の不忠・不道義を批判したり、その罪科の報いとして彼の死因を説明する傾向が見られない」ことであり、またそこから、「承久の乱に関する中世の人々の間でのひとつの有力な解釈」がうかがわれるということである〔安田元久・一九六一〕。義時にはまだ後世におけるような、後鳥羽院に敵対した「不忠の臣」「逆臣」のレッテルは貼られていなかったのである。

なお『保暦間記』は作者不詳とされているが、「南北朝の戦乱に足利尊氏側の立場で参加した武士が、出家以後に本書を執筆した」ことは確実とされている〔佐伯真一・高木浩・一九九九〕。そのような、みずから合戦の場を駆けめぐり、多くの戦死者・負傷者を目のあたりにした作者の意識を考慮するならば、そこに「不忠の臣」としての義時批判とは異なるものが生じてくるのも自然のことではなかろうか。

義時の評価として注目されているものに、一四世紀半ばに成立した歴史物語『増鏡《ますかがみ》』のうちにみえる次のような記事がある。

「心もたけく、魂《たましい》まされる（胆力のある）」義時は、頼家を将軍にふさわしくないと考え、弟の実朝につき従ってあれこれと企てることもあった（第二新島守《にいしまもり》）。

たしかに、この人物評からは、「理性的な中に、人の及ばぬ胆略を秘め、陰険とまでに見られるほどの怜悧《れいり》な政略を発揮する」義時のイメージを思い描くことは可能であろう（安田前掲書）。

また『増鏡』のなかでは承久の乱勃発当時、子の泰時の問い、すなわち「京方の先頭に天皇みずからが立たれている場合は、どう対処するか」に対し、義時は「武装を解き、降伏せよ。しかし天皇が軍兵だけを派遣された場合は命を惜しまず戦え」と答えたという話が有名である（第二新島守）。しかし、このエピソードについては、「こうであってほしいという公家側の願望を示すものでこそあれ、とうてい事実ではあるまい」とみなされている（石井進・一九六五）。ただいずれにしても、作者が北朝の上層貴族と推定されている『増鏡』においてでさえ、正面からの義時批判はなされていないのである（『増鏡』は講談社学術文庫による）。

### ●近世の評価

近世に入ると、中世での義時評価は大きく変化する。代表的事例が、明暦《めいれき》三年（一六五七）、二代水戸藩主徳川光圀《みつくに》の命で編纂《へんさん》が始まった『大日本史《だいにほんし》』である―完成は明治三九年（一九〇六）―。同書では「表面的には忠厚を示すも、内に陰狡《いんこう》を秘めているばかりか、頼家の弑逆《しいぎゃく》から始まり、実朝の暗殺、承久合戦後の天子の廃立など、頼朝以後の事件がすべて義時によって行われたかのような描き方」（忠厚＝忠実で人情に厚い、陰狡＝ひそかなわるがしこさ、弑逆＝主君の殺害）がされており、その死にしても、「まともな死を迎えるのではなく、自身もまた『近習』によって刺死する必然性が述べられ」ているとされるが〔岡田清一・二〇一九〕、ここでは享保《きょうほう》元年（一七一六）から同五年の間に執筆されたという『大日本史賛藪《さんそう》（論賛）』の義時評を引いてみよう。なお同書は『大日本史』の編纂に尽力した安積澹泊《あさかたんぱく》の加えた論評である。

承久に兵を挙げて、以て王師《おうし》に抗し、三上皇を迫脅《はくきょう》して、之を海島に遷《うつ》す、悖逆《はいぎゃく》の甚《はなは》だしきこと、古今未《いま》だ有らず（巻の四「将軍家臣伝」、岩波日本思想大系『近世史論集』）。

承久の乱で「王師（王者の軍隊）」に敵対し、三上皇を配流した義時を、「迫脅（せまりおびやかすこと）」「悖逆（道理にさからいそむくこと）」「古今未だ有らず（かつて存在しない）」といった激烈な言葉でもって非難しているのである。ただしここで見落としてならないのは、これらの厳しい言葉にもかかわらず、その文章に続いて、義時を「叛臣《はんしん》伝」ではなく、「将軍家臣伝」に入れたことへの理由が述べられていることである。すなわちそこにおいて澹泊は、後鳥羽上皇の「「不善の政」に対し、「義時、天下に辞有り」として、義時には「天下に対して正当な言い分があった」ことを認めているのである。ともすれば一方的な義時批判が展開されているとみられがちな『大日本史』の別な面がうかがわれて興味深いものがある〔関幸彦・二〇〇四〕。

義時に対する厳しい評価といえば、朱子《しゅし》学者の新井白石《あらいはくせき》が正徳《しょうとく》二年（一七一二）、六代将軍家宣《いえのぶ》におこなった日本史講義案『読史余論《とくしよろん》』の義時批判も有名である（一一年後に完成）。そこでその厳しさを、読みやすい現代語訳によって確認しておこう。

わが国の歴史を通じて、第一等の小人物といえば、義時にほかならない。三人の帝、二人の皇子を流刑に処し、一天皇を廃し、頼家とその二人の子（略）を亡き者にした。なかでも公暁に実朝を殺させたのは、恐るべき奸計《かんけい》である。（略）その彼が、どうしてまともな死に方をしえようか。『東鑑《あずまかがみ》』に記されているのは信じられない（病死説）。（略）『保暦間記』のいうのが、まことではあるまいか（刺殺説）。（略）義時の犯した罪悪は馬子《うまこ》の例をこえたものである――（横井清・二〇一二）。

義時は、史上、「第一等の小人物」で、その罪悪は、古代、崇峻《すしゅん》天皇を殺害した蘇我《そが》馬子をこえるものだと、決めつけているのである。この点、中世の著名な二人の武将、源頼朝・足利尊氏と比較する時、非難の度合はより際立《きわだ》ってくる。

まず頼朝の場合、「つねにその功労に思いあがり、皇室を脅《おびや》かし、制約した。じつに天の功績を盗んだもの」だとか、「残忍なところがあって、猜疑心《さいぎしん》も深く（略）、親しい兄弟一族を多く殺し」などといった批判的な言葉が並ぶのは義時と同様である。しかしその一方で、「関東の武士や民衆の心をひきつけて、勢力が日々さかんとなり、天下がついに彼のものとなったのは、（略）彼自身が英雄の素質をもち、すぐれた人たちが彼を援助した」からだと賞賛の言葉を付け加えているのである。

この傾向は尊氏になるとさらに強まる。たしかに尊氏は「公家にそむいて天下を乱した」が、その折、大塔宮《おおとうのみや》をはじめ、後醍醐天皇の皇子たちを殺害したのは、「すべて直義《ただよし》の悪だくみに発するものであり、尊氏の本意ではなかった」と、全責任を弟直義に転嫁《てんか》し、そもそも尊氏は、「度量のゆったりした人物であった」とまで高い評価を与えているのである。

公家の世が九変して武家の世となり、また武家の世が五変して江戸幕府に至った歴史の正当性を、徳川将軍に説こうとする白石にとって、やはり将軍頼朝・尊氏と鎌倉の執権にすぎない義時との違いは大きいものがあったのであろうか。

## ●近代の評価

本章のはじめに今日の高校日本史授業のサブテキストを取り上げたが、ここでも近代日本史教育の場における義時像から見ていくことにしよう。その場合、とくに注目されているものに、明治三六年（一九〇三）の第一期国定『小学日本歴史』から大正九年（一九二〇）の第三期国定『尋常《じんじょう》小学国史』への大きな変化がある。先に近世のところで紹介した関氏著書によれば、前者では「賢明なる」後鳥羽上皇が、「わがままなる」おこないを重ねる幕府や義時を滅ぼそうとして「承久の乱」が勃発した、といった程度であったものが、後者では、その記述は次のように過激になっているという。

義時すなはち上皇に従ひたてまつりし人々を、或《あるい》は斬り或は流し、おそれ多くも後鳥羽上皇を隠岐《おき》に……世に之《これ》を承久の変といふ。武人、天皇の思召《おぼしめし》にそむき……三上皇を遠流《おんる》にうつしたてまつりが如《ごと》きは、かつて例なき大事変にして、義時の無道こゝに至りて極《きわ》まれりといふべし。

その呼称も「承久の乱」にかわって「承久の変」が用いられるなど、「天皇制が明治期以上に重くなっている」なかでの右の記述には、「理由の如何《いかん》を問わず、皇室に抗《あらが》う義時への批判があった」という同書の指摘は的確である。

当時の歴史家たちも、このような国定教科書＝政府の歴史教育方針の影響下におかれていた。明治三九年（一九〇六）に刊行された『日本中世史』は、「中世」という歴史概念を日本史に適用し、はじめて「日本中世史」というタイトルを用いたことで知られるが、著者の京都帝国大学教授・原勝郎《はらかつろう》は、その『続篇』において、さすがに次にまとめたような内容の論を展開している（講談社学術文庫による）。

義時を悪賢《わるがしこ》い「奸賊叛臣」とみなすものもいるが、これは「大義名分」論の盛んであった徳川時代の思想からきたものである。承久の乱後の三帝配流にしても、必ずしも「北条氏の罪」とばかりはいえず、乱の勃発には「天皇の責任」もあった。

しかし原の義時擁護論もここまでであった。このあと「然《しか》りと雖《いえど》も、承久の役に於ける北条氏の挙は、全く正当なりと認めらるるを得ざることは明《あきらか》にして」という文章が続き、さらには別の論文で「承久における北条氏の下克上《げこくじょう》の挙を悪《にく》む。義時父子の所為《しょい(なすところ)》はこれ臣子の分として恕《ゆる》すべからざるものなり」と断じているのである（安田・岡田前出）。

こうした官学歴史家に対し、北条政子・義時姉弟に高い評価を与えたのは、徳富蘇峰《とくとみそほう》の民友社《みんゆうしゃ》に入り、在野史論家として活躍したのち、政界にも進出した竹越与三郎《たけこしよさぶろう》（号は三叉《さんさ》）である。竹越は明治二九年（一八九六）に刊行した『二千五百年史』において、「その果敢自信、人を率《ひき》ゆるの気魄《きはく》ある、真に歴史に現れたる婦人の最大なるものなりき」として政子を、そしてその「彼女の後にありて画策する義時において最も勇気あり、もっとも沈着なる政治家を見たり」として義時を、絶讃しているのである。もちろん二人の政治についても、「その政道に至ってはまた古来、最も正しきものたり」とし、続いて具体的な内容をあげているが、先の官学歴史家の評価と比較する時、その差異の大きさは特筆すべきであろう（講談社学術文庫による）。

## ●二冊の評伝

さて今日では、戦前の国定教科書に見られた「無道」きわまる義時像や、原勝郎が伝える悪賢い「奸賊叛臣」としての義時像にかわって、学校教育の場でも、すぐれた政治家として義時を評価する『建武式目』などが史料として取り上げられている。さらに教科書や辞典風にまとめれば、「頼朝のあとをうけて鎌倉幕府の権力を確立し、執権政治の基礎を築いた政治家」というのが一般的理解になっている。

しかしそれにしても、義時を対象とする本格的評伝は少なく、先に紹介した一九六一年刊行の安田元久『北条義時』の中でも、「義時が有名な人物であるにもかかわらず、その伝記らしいものは皆無《かいむ》である」とか、「従来は義時の生涯の動きを一貫して捉《とら》えた試みがなく、また彼の行動を歴史的背景の中に浮彫《うきぼ》りすることも行われていない」と述べられている。それだけに、義時の「政治的行動をできるだけ正しくその時代の社会的背景の中に位置づけ、また政治的・経済的情勢との関連のもとに分析し」ながら、「義時の一生」をたどることを意図した、同書の果たした役割は大きいものがあった。

目次に掲げられた「江間の小四郎」から始まる各章のタイトルを追うだけで、今日でも行われている義時の生涯を語るさいの大きな枠組《わくぐ》みがしっかり示されていることがわかり、義時の政治的活躍の場面からは、先にも引用した「理性的な中に、人の及ばぬ胆略を秘め、陰険とまでに見られるほどの怜悧な攻略を発揮する」義時のイメージが浮かびあがってくるのである。

同書が世に出されてから五八年後の二〇一九年に刊行されたのが、これも前掲の岡田清一『北条義時』である。安田氏以後の研究成果をしっかり踏まえ、歴史の中の義時の生涯を、その人間性＝個性にも迫りながら丹念に論じた、今後における義時研究の指針となる一冊である。

同書のうち、とくに人間性＝個性に対する著者の関心の強さについていえば、それを端的に示しているのが、安田氏の場合にも注目した、目次における各章のタイトルではあるまいか。「第六章・怯《おび》える義時」「第七章・彷徨《さまよ》う義時」「終章・翻弄《ほんろう》される義時」などといったタイトルからは―同様の傾向が見られる小見出しも含めて―、ともすれば、これまで「面白みに欠ける人物」といった見方がなされてきた義時像を再検討しようとする著者の意欲が伝わってくると言えば、言い過ぎであろうか。

最後に安田・岡田両氏の義時評伝の間における成果のうちから、早い時期では作家永井路子氏の義時関係の作品、近くでは田辺旬氏の義時論を取りあげておきたい。

永井氏といえば、第五二回直木賞を受賞した一九六四年刊行の『炎環』（のち文春文庫収録）のうち、義時に焦点をあてた作品「覇樹」において、将軍実朝暗殺事件の黒幕＝三浦義村説を主張し、日本史研究者からも高い評価を得たことで知られるが、五年後、その永井氏が発表した「北条義時」は次のような文章で書き出されている（のち中公文庫『源頼朝の世界』収録）。

日本史の中で、北条義時は最も興味ある一人だ（略）。彼は歴史上の人物の中では呆れるほどエピソードの少ない人間なのだ。しかし、私はむしろそのことに他の史上のヒーローたちと違ったおもしろさを感ぜずにはいられない。

そして永井氏は、義時の半生を「何もしない男」「無為無策《むいむさく》の半生」として描いたのち、いよいよその真価を発揮し始める四〇歳前後からの義時を活写し、最後を次のように締めくくっている。

義時は決して権力の亡者ではない。歴史の動きをよく見つめ、自分に与えられた運命を自覚し、立つべきときには敢然と立ちあがって既成の権威と対決した。その意味では、彼は日本史上稀な冷静な史眼と決断力の持主であったといえるだろう。

それまでの見方を逆手にとったところから出発し、人間義時の魅力を十分に引き出したこの人物論は、今日においても決して色あせてはおらず、今後とも読みつがれていくことであろう。

田辺旬氏執筆の「北条義時―義時朝臣天下を併呑す」（田辺旬・二〇一四）は、短編ながら「（当時における）鎌倉幕府研究を踏まえて、北条義時の人物像」に迫った試みとして注目される。

そこにおいて田辺氏は、「頼朝期幕府」「頼家期幕府」「実朝期幕府」「政子期幕府」という各時期における義時の立場・役割・行動を中心に幕府の政治情勢とその問題点を、わかりやすく丁寧に示されており、学ぶべきことは多い。なかでも結論としての「『義時朝臣天下を併呑す』という義時の政治的立場は、義時が、執権による幕府政治を志向した結果ではなく、鎌倉殿の政治体制を維持するために幕府の危機に対応した結果もたらされたものだったのである」という提言の持つ意味は大きいものがあるといえよう。

（樋口州男）

## 解説　『吾妻鏡』を読む（2）―変異の前兆を表徴する生き物―

『吾妻鏡《あずまかがみ》』には、馬や牛、犬の他にも、狐・猿・鹿などの獣、鷺・鳩・鳶・鷹などの鳥、鮭・亀・鯨などの魚や海の生き物、蜂・羽蟻・黄蝶などの昆虫といった様々な生き物が登場する。これらの記事からは、鎌倉時代の使役から食料や素材などの資源、儀礼など生き物と人間との関わりが記録されている点でも『吾妻鏡』は貴重な情報の宝庫なのである。

『吾妻鏡』の面白さは、鎌倉武士を取り巻く生き物が吉凶や変異の前兆としても登場することである。『吾妻鏡』に、最初に変異の前兆として思われる記事は、養和《ようわ》元年（一一八一）一〇月二〇日条に伊勢神宮の「本宮正殿の棟木に、蜂巣を作り、雀小蛇子《こひるこ》を生む」というものであろう。この蜂巣が作られたことを「恠《かい》」ととらえ、その意味するところは「朝憲《ちょうけん》を軽んじ、国土を危くするの凶臣《きょうしん》」は敗北するという前兆と解されている。この場合の「凶臣」とは平家を指している。

### ●鎌倉に舞う黄蝶

養和元年一〇月二〇日条の蜂巣以外にも、鎌倉に舞った「黄蝶《きちょう》」の記事が、文治《ぶんじ》二年（一一八六）五月一日条、建保《けんぽ(けんぽう)》元年（一二一三）八月二二日条、宝治《ほうじ》二年（一二四八）九月七日条、同一九日条に見え、建暦《けんりゃく》二年一〇月二〇日条と嘉禎《かてい》二年四月一日条には「羽蟻」が出現し、人々を怪しませている。

文治二年五月一日条は、黄蝶が「殊に鶴岡宮に遍満《へんまん》」しているので、「恠異」としてとらえられ臨時に神楽が催されている。巫女《みこ》によると、頼朝と敵対する反逆の者があるが「能《よ》く神と君とを崇《あが》め、善政を申行《もうしおこな》はば、両三年中に、彼輩《かのはい》は水泡の如《ごと》く消滅す可《べ》し」とこの黄蝶の恠異を解している。この記事は、三年後に起こる文治五年奥州藤原《おうしゅうふじわら》氏のとの戦の布石として記されているのであろう。黄蝶の出現と巫女の占いによって、藤原氏を攻め滅ぼすのは、神の意思に適《かな》った行為なのだということを『吾妻鏡』は後世に伝えているのである。

建保元年八月二二日条の黄蝶は、「鶴岳《つるがおか》上宮の宝殿に、黄蝶大小群集す、人之《これ》を怪しむ」とあり、この「鶴岡の奇異の事」について「兵革《へいかく》の兆《きざし》たるの由《よし》」に黄蝶が群集したのだという者がいるので同年八月二八日に御占いが行われた。御占によると「御慎《おつつしみ》有る可き」との結果が出たので遠江守親広《とおとおみのかみちかひろ》が奉行を勤め八幡宮において百怪祭《ひゃっけさい》が執り行われている。この黄蝶が出現する三か月程前の五月に和田《わだ》義盛《よしもり》の乱が起こり、八月以降、京や近畿方面の山門の騒動や、九月には畠山重忠《はたけやましげただ》の遺子重慶《ちょうけい》の謀反《むほん》が発覚するなど、幕府を取り巻く情勢は不穏な状況であった。しかし、百怪祭のお陰であろうか、黄蝶の出現の後の近々には大きな騒乱は起きていないようである。

宝治二年九月七日条は、「由比の浦より鶴岡宮寺ならびに故右大将軍（頼朝）の法花堂《ほっけどう》に至るまで群れ亘る」とあり、一二日後の同月十九日条には「幅三許段」余り（幅約三メートル、長さ三三メートル）の黄蝶の群れが「三浦三崎の方より名越の辺りに出で来る」と記されている。『吾妻鏡』はそれ以上の事は筆を記していないが、このふたつの記事は「故右大将軍の法花堂」と「三浦三崎」がキーワードであり、前年に起こった宝治合戦に関わる一連のものであることがわかる。つまり、「三浦三崎」は三浦氏の遺地であり、「故右大将軍の法花堂」とは泰村《やすむら》以下三浦勢が最後に立て籠もった場所であった。

古来より蝶を死者の霊と見立てる俗信があった。そのような眼差しもあって異様な現れをする黄蝶の群れは幕府にとって無視することのできない現象であった。文治二年や建保元年の記事が騒動の予兆としてとらえられているのに対して、宝治二年の黄蝶の舞は鎌倉の人々の胸中に宝治合戦で命を落とした三浦氏一党の記憶を呼び起こすことになった。

## ●源氏の凶事を伝える鳩の変異

『吾妻鏡』では、鳥類も吉凶や変異の前兆としてよく登場する。文治三年（一一八七）一二月七日条に「梶原景時《かじわらかげとき》霊《れい》鵯《ひ》を献ず」と吉兆として紹介される場合などもあるが、『吾妻鏡』の中に登場する鳥は、異変としてとらえられる場合の方が多い。

たとえば、建保《けんぽ（けんぽう）》三年（一二一五）八月二一日条に「鷺《さぎ》　御所の西侍の上に集る　未剋地震と云々」と見えるが、その兆候は二日前にも地震があり更にその前々日の十六日には鶴岡八幡宮の前浜に奉られた鳥居が傾倒している。建保三年八月二二日にも地震が起こり、御占を行ったところ「重変」ただならぬことと、将軍源頼家《みなもとのよりいえ》は御所を出て相州の御亭に入御し、相州は他所に移っている。さらにこの変異を受け、建保三年八月二五日には、親職《ちかもと》、泰貞《やすさだ》、宣賢《のりかた》等の陰陽師《おんみょうじ》に御所において百怪祭が執り行われている。同年一一月八日条には、「将軍家相州御亭《ごてい》より御所《ごしょ》に還御、鷺の恠に依りて、御旅宿已に七五日を経訖んぬ」とあり、ようやくこの日になって将軍家は相州の御亭から御所へ戻っている。その後も地震や天体の変異が続き、建保三年一二月三日には、御前の南庭で天変の御祈である歳星祭を宣賢が奉仕し、三浦義村《みうらよしむら》が沙汰している。

興味深いのは、建保三年一一月二五日条に「将軍家去夜御夢想有り、義盛已下の亡卒御前に群参すと云々」とあり、どうやら八月からの変異は滅亡した和田義盛一党の怨念によるものと幕府は考えたらしい。

また、寛喜《かんぎ》二年（一二三〇）六月五日条にも「幕府の小御所の上に白鷺集ると云々」という事態があった。翌日には御占が行われ、先月来の御所の病気などについて御家人達が騒ぎ立てていることについて「口舌闘諍《とうじょう》の上、慎まる可きの由の事御すと云々」と促している。更にその翌日の七日には、鷺祭が行われている。

鷺以外にも鳩の御所内や鶴岡の社頭での珍事は幕府にとって不快なものであったらしい。建仁三年（一二〇三）六月三〇日条に、「鶴岳若宮の宝殿の棟上に、唐鳩《からばと》一羽居る、頃之、頓《とみ》に地に落ちて死し畢んぬ、人之を奇しむ」事が起こり、四日後の建仁《けんにん》三年七月四日条には、「鶴岳若宮の経所《きょうじょ》と下廻廊との造合の上より、鴿《はと》三つ喰ひ合ひて地に落ち、一羽死す」変異が続く。

変異はこれで終わらず、さらに五日後の建仁三年七月九日条には、「同宮寺の閼伽棚《あかたな》の下に、鳩一羽頭切れて死す」というただならぬ事態となり、「此事先規無きの由、供僧等之を驚き申す」という前例の無い変異に驚愕し

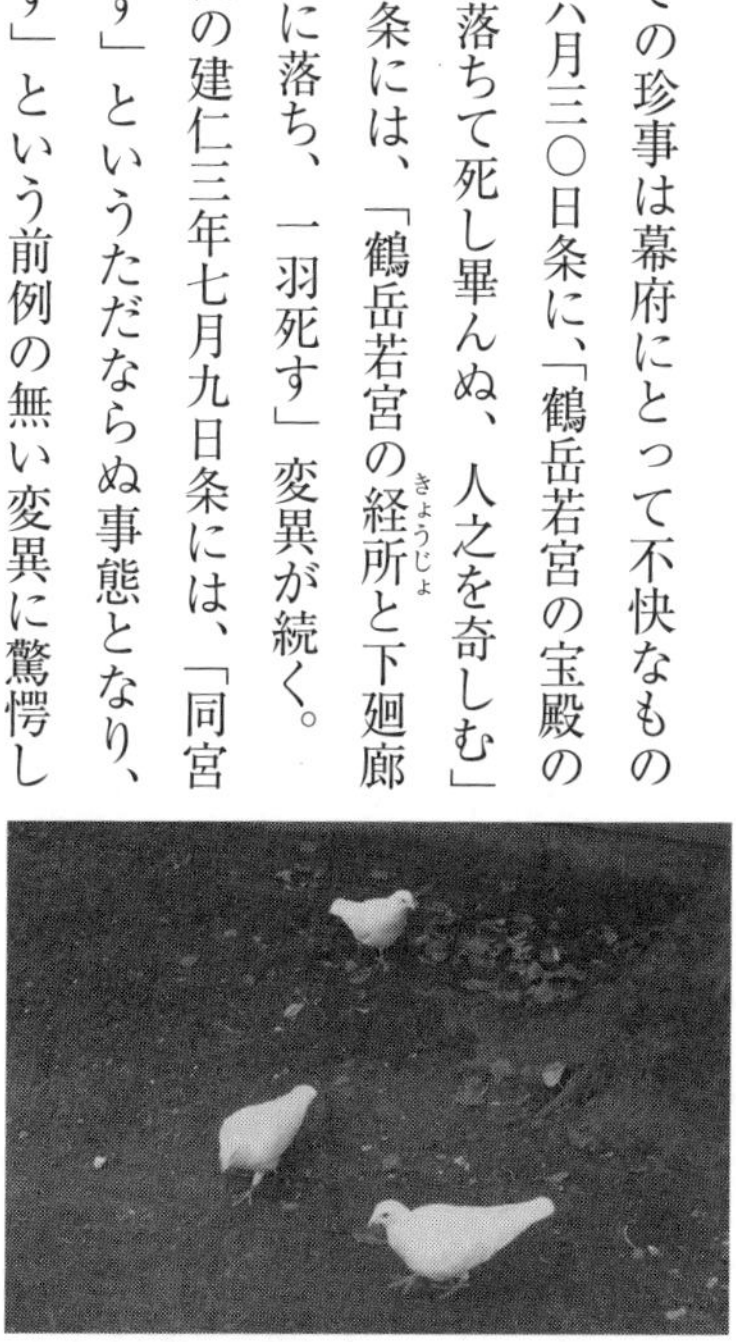

鶴岡八幡宮の白鳩

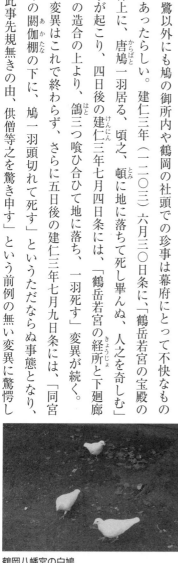

ている。建仁三年七月二〇日条には、将軍が「御心神辛苦、直也事に非ず」と病に冒されてしまう。六月三〇日、七月四日、七月九日と続いて起こった鳩の死は、将軍家の病の予兆として配置されているらしい。

鳩の怪異として特筆すべきものとして、建保《けんぽ（けんぽう）》七年（一二一九）正月二五日条がある。幕府を動揺させる奇怪な出来事を暗示するかのような鳩の怪異が起こっている。右馬権頭頼茂《よりもり》が昨夜鶴岡宮で法施《ほうせ》の時に一瞬寝てしまったところ、頼茂の前に居た一羽の鳩を小童が杖でもって打ち殺し、さらに頼茂の着ていた狩衣の袖を打つ奇異の夢を見た。ところが夢のはずが「今朝廟庭に死鳩」が見つかり、人々は怪しみ御占をしたところ「不快の趣を申す」と出た。この奇怪な出来事から二日後の正月二七日には源実朝《さねとも》が鶴岡宮で右大臣拝賀の折、暗殺されている。頼茂の見た夢は、実朝の死を暗示する夢告として位置付けられよう。

その後の幕府の動揺の様子を承久《じょうきゅう》元年二月一五日条の鳥の珍事が伝えている。「二品の御帳台の内に鳥（烏）飛び入る」ことが起きた。前日には将軍家の政所《まんどころ》が焼失し、一五日には頼朝の弟にあたる阿野全成《あのぜんじょう》の子、阿野冠者時元《ときもと》が城郭を構えて軍勢を整えているという知らせが駿河国からもたらされている。この一件がどちらに関わる出来事と理解されたのかはわからないが、この年の一月二七日に源実朝《さねとも》が殺される事件が起き、幕府を取り巻く情勢はにわかに不穏となっており、そのような中での凶事とみなされたのではないだろうか。

鎌倉以外の場所でも鳥の変異が起きている。建久《けんきゅう》六年（一一九五）一一月二〇日条には、前日に三島社第三の御殿の上に頭が切れて死んでいる鳥がいたことという知らせが幕府にもたらされている。翌日には三島社に神馬御剣以下の幣物の奉献や千度詣《せんどもうで》が行われている。鎌倉以外で起きた鳥の変異については、『吾妻鏡』では鳩以外には見受けられない。鳩は、源氏の守護神八幡社の使いでもあり、鳩の変異は他の鳥より重大なサインとして受け止められたのではないだろうか。

## ●大魚の変異と義時の死

『吾妻鏡』には、食料として魚の記事は多く見られる。ところが魚でもその死というのは、幕府にとって軽視できないものであった。宝治《ほうじ》元年（一二四七）五月二九日条には、「さる十一日、陸奥国津軽の海辺に魚流れ寄る。その形ひとへに死人のごとし。先日由比の海水赤色の事、もしはこの魚の死せる故か。随つて同じ比、奥州の海浦の波涛《はとう》も赤くして紅にのごとしと云々。」と陸奥国津軽での魚の死と海の赤色が由比の浦と関係していると考えられていることが記されている。

この変異について古老に尋ねたところ、同じような現象が過去にも有り、その都度不快な事が起こっているという。文治五年の夏の時には藤原泰衡《やすひら》が誅せられ、建仁三年夏の出現し、その年の秋には将軍頼家の幽閉《ゆうへい》、健保元年四月に出現し、五月に和田合戦など、幕府を揺るがす戦や事件などの大事が起こる予兆としてとらえられている。

では、宝治元年五月二九日条の変異はいかなる予兆なのであろうか。それは次月に起こる宝治合戦であろうことは間違いない。この津軽での変異を三浦盛時《もりとき》が北条時頼《ときより》の御方に告げているところが、重要なポイントなのである。盛時は三浦氏に加担せず、北条方として戦っている。ここにも『吾妻鏡』

の怖さ、面白さが秘められている。

また、宝治二年（一二四八）一一月一五日条にも、「去る九月十日津輕の海辺に大魚死して浮かび寄る。」記事が有り、「先規三ヶ度なり。皆吉事にあらざるのところ」とし記している。意味ありげな記事ではあるが、市販されている年表を見ても、この年や明年に大事は起こっていない。ただし、『吾妻鏡』には宝治三年（建長元年）の記事が欠けているのである。宝治元年五月二九日に示された過去の出来事と、宝治二年一一月一五日でわざわざ「吉事にあらざるのところ」と確認している点は見逃せない。宝治三年（建長元年）には、幕府にとって重大な大事が起こった年であったのではないか。記事が欠けているのは、単なる遺漏や散逸ということではないのではなく、何らかの意図があってのことではないかと愚考している。宝治元年と宝治二年の津軽で起きた魚の変異の記事を目にすると、単なる深読みとは思えないのである。

魚の変異として、今ひとつ重要な記事として、本書で樋口州男氏も注目している貞応《じょうおう》三年（一二二四）五月一三日条がある。「近国の浦々に、大魚多く死して波上に浮び、三浦崎、六浦、前浜の間に寄りて充満す」というもので、鎌倉の人々は打ち寄せられた大魚の肉を買い求め、火であぶって油を取ったために、鎌倉中にその異様な臭いが漂ってしまったというものである。大魚とは、鯨の仲間であろう。人々は大魚の大量死やその後の異様な様子から「先規無し」としながらも、旱魃《かんばつ》の兆しではないかと判断している。

その後、「炎旱旬《えんかんしゅん》を渉る」状況となり、降雨の祭祀を行い、六月十日夜に雨が降っている。ここまでの記事により、一般的には先の大魚の変異は炎旱の前兆とみなされる。しかし、六月一二日に「前奥州義時病悩《びょうのう》」とあり、義時が病で倒れたので祈祷などを試みるが危篤となり、翌一三日に卒去してしまう。

ここで見逃していけないのは、大魚の変異は義時が死に至る一か月前の五月一三日に起きていることである。『吾妻鏡』に見える変異の前兆の記事を参照すれば、大魚の変異は、承久の乱の戦後の動揺さめやらぬ幕府にとって重大な大事を暗示する出来事として挿入されているものと見做される。それは大魚の変異から一か月後の幕府の執権北条義時の死の予告だったのである。

（谷口榮）

# 第Ⅱ部　北条義時必携

# 〈人物点描〉義時をめぐる光と影

## ①三浦義村

鎌倉後期の説話集『雑談集《ぞうたんしゅう》』には「故義時《よしとき》は三度の難を逃れて、その身を久しく保った」とある。北条《ほうじょう》義時が和田合戦・実朝《さねとも》暗殺・承久《じょうきゅう》の乱の「三度の難」を逃れたと語っているのである。「三度の難」において重要な役割をはたした人物が、三浦義村《みうらよしむら》である。

三浦氏は相模《さがみ》国の有力武士団であり、義村の祖父義明《よしあき》は源頼朝《みなもとのよりとも》挙兵時に衣笠《きぬがさ》城（神奈川県横須賀市）で討死《うちじに》した。父義澄《よしずみ》は頼朝の有力御家人となり、義村も治承《じしょう》・寿永《じゅえい》の内乱で平氏追討に従軍している。三浦氏は和田義盛《よしもり》や佐原義連《さはらよしつら》といった一族がそれぞれ御家人《ごけにん》として頼朝に仕えたために、義澄は家督《かとく》（本家の当主）として一族の統制に苦慮した。義澄は幕府の宿老として二代将軍頼家《よりいえ》の時代には「一三人の合議制」に加わったが、正治《しょうじ》二年（一二〇〇）に死去したために義村が家督を継承した。義村は義時とほぼ同年代とされている。源頼朝の意向によって義村の娘は義時の長子泰時《やすとき》と結婚しており、建仁《けんにん》三年

【三浦氏略系図】

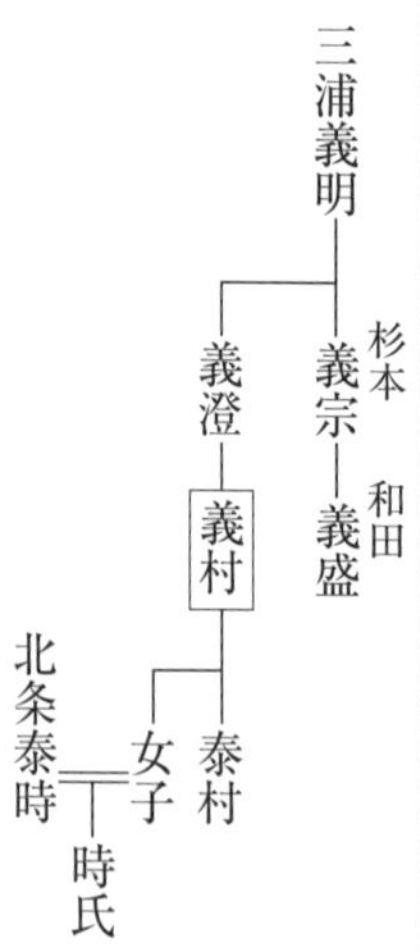

（一二〇三）には時氏《ときうじ》が生まれている。

和田義盛は義村よりも年長の従兄弟であり、義澄死後は「三浦の長者《ちょうじゃ》」（『愚管抄《ぐかんしょう》』）として一族を代表する存在であった。義盛は侍所《さむらいどころ》の別当《べっとう》（長官）をつとめており三代将軍実朝の信頼も厚かった。建暦《けんりゃく》三年（一二一三）二月の泉親衡《いずみちかひら》による謀反《むほん》計画に義盛の子息や甥が関与したとされたことから、義盛は将軍実朝を補佐する義時との対立を深めていった。

同年五月に義盛は義時打倒のために挙兵した。和田合戦では相模国と武蔵《むさし》国の有力御家人が和田方に与《くみ》しており、義盛の挙兵は大規模なものであった。義村は実朝御所《ごしょ》の北門を押さえる手はずであり起請文《きしょうもん》も書いていたが、義盛を裏切って義時に和田方の挙兵を急報した。実朝は御所から逃れて義時と合流したために、義盛は実朝を擁して戦うことに失敗して激戦のすえに討死した。

和田合戦では義村の裏切りが義時に勝利をもたらしたといえよう。義盛の滅亡により義時は政所《まんどころ》別当に加えて侍所別当を兼任することになり政治的立場を強化したが、義村も三浦氏の家督としての立場を強化している。『古今著聞集《ここんちょもんじゅう》』には義村が若年の千葉《ちば》胤綱《たねつな》から「三浦の犬は友を食らう」と罵《ののし》られたとする逸話がおさめられている。義村の裏切りは「友を食らう」と非難されたのである。

建保《けんぽ(けんぽう)》七年（一二一九）正月、三代将軍の源実朝は鶴岡八幡宮《つるがおかはちまんぐう》で右大臣拝賀《はいが》をおこなった際に、兄頼家《よりいえ》の遺児である公暁《こう(く)ぎょう》によって暗殺された。公暁は「親の仇《かたき》」として実朝と義時の殺害をはかったが、実朝の側近である源仲章《みなもとのなかあきら》を義時と誤認して斬ったために義時自身は危うく難を逃れている。義村は公暁の乳母夫《めのと》（養育係）であり、実朝暗殺の黒幕を義村とする見解もあるが、実朝暗殺に義村が関与していたとは考えにくい。公暁は自ら将軍になろうとして義村を頼ったが、義村は義時に連絡したうえで公暁を討った。公暁は義村の協力を期待したが、義村は即座に公暁を討って義時と連携したのである。

実朝暗殺後に、北条政子《まさこ》と義時は将軍後継に後鳥羽《ごとば》院の皇子を迎えようとしたが、後鳥羽院が拒否したために交渉は難航した。公武交渉の末に、九条道家《くじょうみちいえ》の子三寅《みとら》が将軍後継として鎌倉に下向することになったが、道家子息を将軍後継とすることを提案したのは義村であった。

承久三年（一二二一）五月、後鳥羽院が義時追討《ついとう》命令を出して挙兵をおこない、承久の乱が勃発《ぼっぱつ》した。後鳥羽院は在京する御家人を動員して京都を制圧したのちに、東国の有力御家人が蜂起《ほうき》して義時を討《う》つことを期待したとされる。義時の妻の兄である伊賀光季《いがみつすえ》は院の召集に応じなかったために攻められて自害したが、大江親広《おおえのちかひろ》（広元《ひろもと》の子）・佐々木広綱《ひろつな》・三浦胤義《たねよし》（義村の弟）といった在京御家人の多くは院の召集に応じている。胤義は兄義村に対して院方に付くことを勧誘する密書を送ったが、義村は密書を受け取ると直ちに義時に院の挙兵を連絡している。義村は義時追討のために蜂起《ほうき》することを期待されたが、義時との連携を選んだのである。後鳥羽院の挙兵に対応するために、北条義時・時房《ときふさ》・泰時・大江広元・安達景盛《あだちかげもり》らが評議をおこなったが、義村も評議に参加している。北条政子は評議を踏まえて幕府の軍勢を上洛《じょうらく》させることを決定した。幕府軍は東海道軍・東山道軍・北陸道軍に分かれて京都に攻め上ったが、義村は東海道軍の大将軍をつとめている。幕府軍が京都を制圧して、幕府の勝利により乱は終結した。

幕府は、乱に関与した公卿《くぎょう》の捕縛《ほばく》や院方に与した武士の処刑といった戦後処理をおこない、治天《ちてん》の君（院政をおこなう上皇・法皇）である後鳥羽院を謀反人《むほんにん》として処分した。後鳥羽院は配流《はいる》となり、乱直前に践祚《せんそ》していた孫の懐成《かねなり》（仲恭天皇《ちゅうきょうてんのう》）は廃された。また、幕府は後堀河天皇《ごほりかわてんのう》を践祚させて、その父後高倉院《ごたかくらいん》（後鳥羽の同母兄）を治天の君とした。さらに、幕府は後鳥羽院の所領を没収して、幕府が必要なときに返付する条件付きで後高倉院に寄進《きしん》した。義村は、後堀河の擁立《ようりつ》や後高倉への寄進の条件の申し入れなどの使者をつとめており、戦後処理においても活躍している。

貞応《じょうおう》三年（一二二四）六月に義時が急死すると、義時の妻伊賀氏《いがし》が女婿《じょせい》の一条実雅《いちじょうさねまさ》を将軍に、子の政村《まさむら》を執権に擁立する陰謀を企んだとする伊賀氏事件がおこる。義村は政村の烏帽子《えぼし》親であったために関与を疑われたが、北条政子の説得を受けて泰時の執権就任に同意するとともに事件の収拾に協力した。その後も、義村は執権泰時が主導した幕府政治を支えており、延応《えんおう》元年（一二三九）一二月に死去した。

歌人としても知られる公家の藤原定家《ふじわらのさだいえ》は、三浦義村を「八難六奇《はちなんろっき》の謀略、不可思議の者か」（『明月記《めいげつき》』）と評している。義村を中国の張良《ちょうりょう》や陳平《ちんぺい》の知謀《ちぼう》に例えている。義村は知略に長けた武士であったが、義時とは姻戚関係にあり敵対することはなかった。義村は義時打倒のために決起することを期待される存在でもあり、義時が「三度の難」を逃れることができたのは義村との政治的連携によるところが大きかったといえよう。

（田辺旬）

## ②平賀朝雅

平賀朝雅《ひらがともまさ》は源氏一門の有力御家人《ごけにん》であり北条義時《ほうじょうよしとき》の妹婿であったが、元久《げんきゅう》二年（一二〇五）の牧《まき》の方《かた》事件で政子《まさこ》・義時の命令によって討たれた。なぜ朝雅は滅ぼされたのだろうか。

平賀氏は信濃《しなの》国佐久《さく》郡（長野県佐久市）を本拠地とした信濃源氏であり、朝雅の父義信《よしのぶ》は源義朝《みなもとのよしとも》に従って平治《へいじ》の乱に参戦している。源頼朝《よりとも》（義朝子息）が鎌倉幕府を開設すると、義信は御家人となって比企尼《ひきのあま》（頼朝の乳母《めのと》）の三女と結婚した。比企尼の三女は伊東九郎《いとうくろう》（伊東祐親《すけちか》子息）の妻であったが、頼朝挙兵時に伊東氏は頼朝と敵対しており、その後も九郎は頼朝に出仕することを拒否して上洛《じょうらく》したために離縁したのである。頼朝異母弟の範頼《のりより》と義経《よしつね》も比企尼の孫娘と結婚しており、頼朝は比企氏と源氏一門の間に婚姻関係を結ぶことを重視していた。義信は頼朝からの信任が厚く源氏一門の筆頭に位置付けられており、武蔵守《むさしのかみ》としての国務を頼朝から称賛されたという。

平賀朝雅は、寿永《じゅえい》元年（一一八二）に義信と比企尼の三女の間に生まれた。『愚管抄《ぐかんしょう》』によれば、朝雅は頼朝の「猶子《ゆうし》」（相続権のない養子）となり、北条時政《ときまさ》と牧の方の「嫡女《ちゃくじょ》」（長女）と結婚した。朝雅の名は頼朝の一字を与えられたものであり（「吉見《よしみ》系図」）、頼朝によって厚遇されたといえる。頼朝は朝雅が嫡子《ちゃくし》頼家《よりいえ》を支える存在となることを期待したのであろう。頼朝は北条氏と源氏一門・比企氏の間に婚姻関係を構築していった。時政の娘は足利義兼《あしかがよしかね》や阿野全成《あのぜんじょう》と結婚しており、義時は比企朝宗《ともむね》の娘姫《ひめ》の前《まえ》と結婚している。朝雅の結婚も北条氏と源氏一門・比企氏の関係を強化するものであり、頼朝の意向によるものであったと考えられる。

朝雅の兄大内惟義《おおうちこれよし》は伊勢国《いせ》（三重県）・美濃国《みの》（岐阜県）の惣追捕使《そうついぶし》として活動したが、朝雅は父義信の後任として武蔵守に任官した。建仁《けんにん》三年（一二〇三）九月の比企事件では、朝雅は北条義時や畠山重忠《はたけやましげただ》らとともに比企氏一族が籠る小御所《こごしょ》を攻撃している。朝雅は母方の比企氏ではなく舅《しゅうと》の北条時政に与したのである。なお、前年三月には義信妻追福《ついふく》のために永福寺《ようふくじ》多宝塔《ほうとう》が建立されており、朝雅の母は比企事件以前に死去していた。

比企事件後に将軍実朝《さねとも》が擁立されると、同年一〇月に朝雅は舅時政によって京都守護《しゅご》に起用されて上洛した。朝雅は院の上北面《じょうほくめん》として出仕しており、後鳥羽《ごとば》院の笠懸《かさがけ》の師をつとめたという（『尊卑分脈《そんぴぶんみゃく》』）。院政期の京都では、院が武士に直接命令を出して軍事動員をおこなっていたが、京都の武士社会は幕府成立後も存続

【平賀朝雅関係系図】

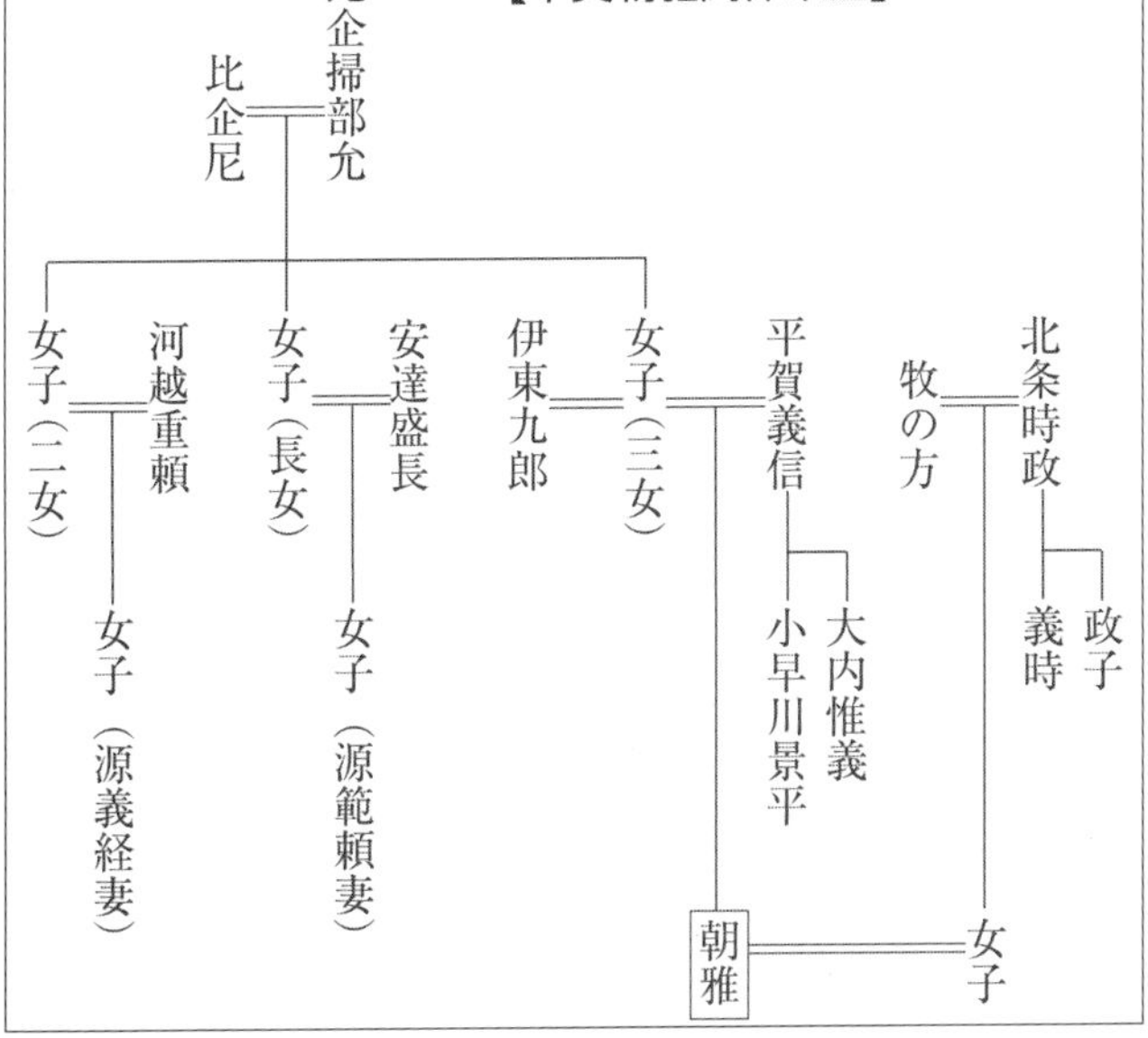

していた。朝雅は京都守護として活動する一方で、後鳥羽院と主従関係を結んだのである。

元久元年（一二〇四）三月に伊勢国と伊賀国《いが》（三重県）で伊勢平氏による反乱が勃発すると、後鳥羽院は朝雅を追討使《ついとうし》に任じた。朝雅は軍勢を率いて反乱を鎮圧している。幕府は反乱鎮圧の恩賞として朝雅を伊勢国と伊賀国の守護に補任《ぶにん》した。また、朝雅は朝廷から右衛門権佐《うえもんのごんのすけ》に任じられている。

同年一〇月に、坊門信清《ぼうもんのぶきよ》の娘を実朝御台所《みだいどころ》として鎌倉に迎えるために多数の御家人が上洛したが、翌月二〇日に朝雅は酒宴の際に畠山重保《しげやす》（重忠子息）と口論に及んでいる。畠山氏は武蔵国の有力な在庁官人である秩父《ちちぶ》平氏の一族であり、朝雅と畠山氏は武蔵国支配をめぐって対抗関係にあったのであろう。朝雅が牧の方に畠山父子を讒訴《ざんそ》したこともあり、翌年六月に時政は畠山重忠を滅ぼした。義時は重忠討伐《とうばつ》に反対したとされており、北条氏内部では政子・義時と時政・牧の方の対立が深まっていったのである。

同年閏《うるう》七月一九日、牧の方による陰謀《いんぼう》が発覚した。将軍実朝を廃立して女婿の朝雅を将軍に擁立しようと企んだとされている。朝雅は「源頼義《よりよし》の五代の末裔《まつえい》」であるために将軍継承資格があると考えられたのである（『保暦間記《ほうりゃくかんき》』）。政子・義時は将軍実朝の身柄を確保して時政を伊豆国に隠退させるとともに、在京御家人に朝雅誅殺《ちゅうさつ》を命じる使者を送った。閏七月二六日、朝雅は院御所《いんごしょ》に出仕していた際に急報を受けたが、動じる様子はなく退出したとされる。後藤基清《ごとうもときよ》・佐々木広綱《ささきひろつな》らの在京御家人が六条東洞院《ろくじょうひがしのとういん》にあった朝雅の邸宅を攻撃した。朝雅は防戦したのちに邸宅に火を放って敗走したが、山科《やましな》で討たれてしまった（『愚管抄』）。『吾妻鏡《あずまかがみ》』では山内通基《やまのうちみちもと》に射とめられたとあり、『愚管抄』によれば自害したという。二四歳であった（北酒出本「源氏系図」秋田県立公文書館佐竹文庫蔵）。朝雅の首は金持広親《かなもちひろちか》によって院御所に持参された（『明月記』）。

平賀朝雅は源氏一門であり北条時政の女婿であったために、鎌倉幕府における政治的地位は高かった。また、京都守護として在京しながら後鳥羽院と主従関係を結んでおり、公武政権の双方から重用された。牧の方の陰謀によって朝雅が将軍になる可能性が実際にどの程度あったかは不明であるが、将軍実朝を相対化する存在となることを危惧されたのであろう。さらに、北条氏内部の対立が激化するなかで、時政・牧の方の「嫡女」の婿である朝雅は政子・義時にとって排除すべき存在となっていったのである。平賀朝雅は政治的地位の高さと北条氏との密接な関係ゆえに牧の方事件で滅亡したといえよう。

なお、朝雅の妻（時政と牧の方の娘）は事件後に公家《くげ》の藤原国通《くにみち》と再婚しており、嘉禄《かろく》三年（一二二七）には牧の方が国通邸宅で北条時政の一三年忌仏事をおこなっている。朝雅の兄大内惟義は事件後も有力御家人として活動したが、惟義の子惟信《これのぶ》は承久の乱で京方に与したために没落した。朝雅の兄弟である景平《かげひら》は相模《さがみ》国（神奈川県）の土肥遠平《どひとおひら》の養子となり、安芸《あき》国沼田荘《ぬたのしょう》（広島県三原市）を譲られた。平賀氏・大内氏は没落したが、景平の子孫は小早川《こばやかわ》氏として発展していった。（田辺旬）

## ③畠山重忠

元久《げんきゅう》二年（一二〇五）六月二二日、北条義時《ほうじょうよしとき》は、畠山重忠《はたけやましげただ》を討伐するための大手軍の大将軍として鎌倉を出発した。重忠は武蔵《むさし》国を本拠とする有力御家人であったが、大手軍が武蔵国二俣川《ふたまたがわ》で目にしたのは、重忠とその従者らたった一三四騎の寡兵《かへい》であった。『吾妻鏡《あずまかがみ》』によると、大軍を相手に奮戦むなしく、重忠は愛甲季隆《あいこうすえたか》の手にかかって命を落としたという。

翌二三日、鎌倉に凱旋した義時は、父・時政《ときまさ》に次のように報告した。「重忠に従う軍勢はわずか百あまりでした。重忠が謀反《むほん》を企てていたとは到底信じられません。もし讒訴《ざんそ》によって討伐されたとすれば、非常に気の毒なことです。戦場で彼の首を実検しましたが、長年親しく顔を合わせたことを思い出し、涙を抑えることができませんでした。」

この発言のとおり、義時は重忠に対して親愛の情を抱いていたのであろうか。『吾妻鏡』は北条氏関係者を過剰に持ち上げる傾向があり、この記述を文面どおりに受け取ることはできないが、長寛《ちょうかん》元年（一一六三）に生まれたとされる義時は、同二年（一一六四）に生まれたとされる重忠とは年齢も近く、源頼朝《みなもとのよりとも》挙兵前後から仕えてきた御家人の中では、もっとも若い世代に属する。頼朝上洛への供奉をはじめとして、二人は行動をともにする機会も多かったことから、若者同士で親交を深める機会は多かったはずである。

重忠誕生の一〇年ほど前のことであるが、彼の父・重能《しげよし》は、叔父である秩父重隆《ちちぶしげたか》との争いを有利に進めるため、鎌倉を拠点に勢力を拡大していた河内《かわち》源氏嫡流の義朝《よしとも》と結んだ。頼朝の父である。久寿《きゅうじゅ》二年（一一五五）、義朝の長男で在京中の父に代わって東国に下向していた義平《よしひら》が、叔父の義賢《よしかた》（木曾義仲の父）を討ち取った（大蔵《おおくら》合戦）。義賢は秩父重隆と手を結び、畠山氏などに支持された義平と対立していたのである。これにより、重能は秩父平氏嫡流の族長の地位を勝ち取った。しかし、平治《へいじ》の乱で義朝が敗れると、平氏に取り立てられた河越重頼《かわごえしげより》（重隆の孫）が重能に取って代わった。失った勢力を回復するため、重能は平氏に積極的に奉公したものとみられている。重忠が生まれたのは平治の乱の後であり、平氏への奉公に励む父の姿を見ながら少年期を過ごしたのであろう。なお、重忠は頼朝挙兵以前のいずれかの時期に、父に従って京都で活動していたものと考えられている。のちに頼朝の下で発揮される文化的な素養は、この時期に培われたものであろう。

治承《じしょう》四年（一一八〇）八月、頼朝が反平氏の兵を挙げた頃、重能は大番役のために上洛しており、重忠は平家方の一員として若干一七歳で頼朝の追討に向かうことになった。重忠の軍勢は由比《ゆい》ガ浜《はま》で頼朝方の三浦《みうら》氏と戦い敗北を喫したが、秩父平氏の河越氏や江戸《えど》氏らとともに態勢を整え、三浦氏の本拠である衣笠《きぬがさ》城に襲いかかった。『源平盛衰記《げんぺいじょうすいき》』によれば、この時、族長の三浦義明《みうらよしあき》は「継子孫《ままこまご》」であ

【秩父平氏略系図】

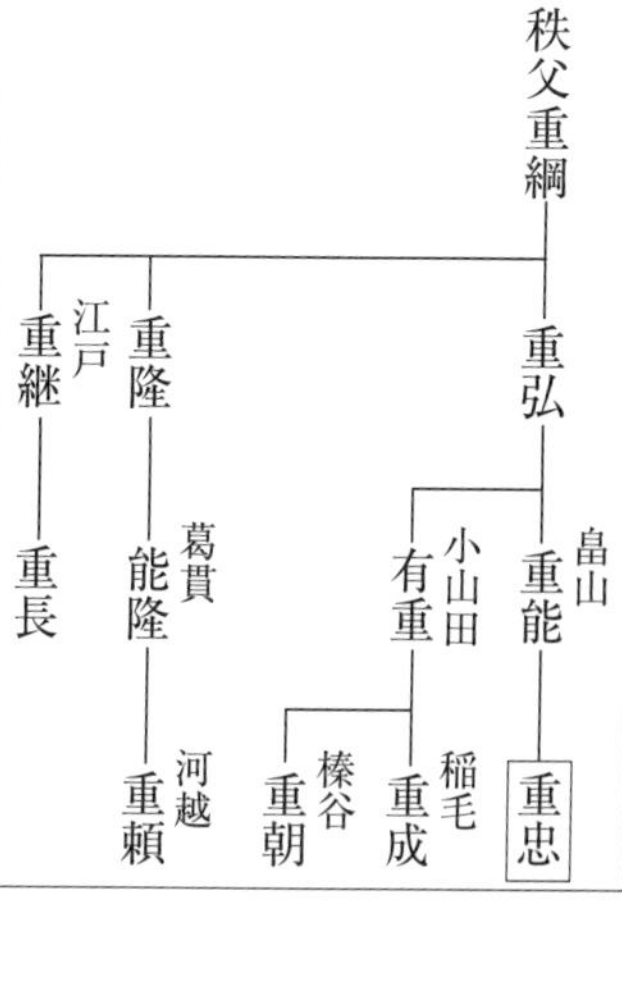

る重忠の手にかかって死ぬことを望んだとされるが、義明を討ち取ったのは別の者であったという。重忠の父・重能は義明の婿または孫婿であったのである。姻戚関係にあった重忠に対する三浦一族の恨みは深かったようで、のちに重忠が頼朝の下に参陣した際、頼朝が「遺恨は忘れるように」と三浦一族に言い含めなければならないほどであった。

翌治承五年（一一八一）四月、頼朝は、御家人の中から弓矢が巧みで信任の厚い者一一人を選んで、毎晩、寝所の近辺に祗候《しこう》することを命じた。このなかには義時の名が筆頭に見えており、重忠の従兄弟である榛谷重朝《はんがやしげとも》も名を連ねているが、重忠は選ばれなかったようである。頼朝が義弟である義時に信頼を置いていたのは当然かもしれないが、そういった事情を差し引いても、同世代でありながら重忠との待遇の差は歴然である。一方で、頼朝の鎌倉入り、奥州《おうしゅう》合戦、二度にわたる上洛といった重要な局面で先陣を任せていることからもわかるように、頼朝は重忠の力量を買っていたようである。重忠はその期待に応えるように戦功を重ねた。これらのことを総合して考えると、頼朝は重忠を有能な武士として重用する一方で、油断のできない存在として幕府政治の中枢からは遠ざけていたようである。

重忠に対する頼朝の疑念が表出したのが、文治《ぶんじ》三年（一一八七）の謀反疑惑事件である。梶原景時《かじわらかげとき》の讒訴によって頼朝から謀反の疑いを掛けられた重忠は、旧友である下河辺行平《しもこうべゆきひら》の勧めで鎌倉に参上し、謀反の意志がないことを景時に主張した。景時は起請文を提出してその旨を証明するよう求めたが、重忠は「自分は嘘などつかないから起請文を出す必要はない」と譲らなかった。景時から報告を受けた頼朝は、重忠を御前に召し、それ以上追及することはなかったという。貫達人氏は、頼朝が重忠を心から信頼するようになったのは、この事件がきっかけであったと指摘している〔貫達人・一九六二〕。

冒頭で述べた重忠の死は、頼朝という調停者の下で抑え込まれていた御家人間の対立が、頼朝の死後に表出した結果だといえる。重忠は北条時政の娘を妻に迎えており、建仁《けんにん》三年（一二〇三）の比企《ひき》氏の乱でも時政に協力した。武蔵国内の権益を巡って畠山氏は比企氏と競合関係にあったことから、比企氏と対立する時政に接近しようとしたものとみられる。しかし、時政が比企氏亡き後の武蔵国に関与を強めていく中で、重忠と時政の対立は避けられないものとなった。

元久二年（一二〇五）六月二一日、時政から重忠を誅殺する計画を打ち明けられた義時は、「治承以来、重忠は幕府への忠勤に励んできました。比企氏の乱の時も、父子の礼（重忠は時政の婿）を重んじて我が方に味方したのに、どうして反逆を企てることがあるでしょうか」と、計画に反対した。一触即発の状況の中、引き金を引いたのは、重忠を一族の敵と考える三浦氏であった。翌二二日、畠山重保《しげやす》（重忠の嫡子）が由比ガ浜で三浦義村《よしむら》配下の者に殺害された。義村は、義時が率いる討伐軍にも参加しており、二五年前に祖父の義明を殺された恨みを晴らしたといえる。

鎌倉に戻った義時が報告したように、重忠の無実は明らかであった。重忠を死に追いやった時政はまもなく失脚し、畠山氏亡き後の武蔵国には、義時の下で北条氏が影響力を強めていくことになる。

（長谷川明則）

## ④阿波局

北条時政《ほうじょうときまさ》の娘の中に「阿波局《あわのつぼね》」と呼ばれ、御所の女房を務めた女性がいる。母は未詳で、系図の多くは北条政子《まさこ》の妹としている。ちなみに、北条義時《よしとき》の妻で、長男泰時《やすとき》の母とされる「阿波局」という女性もいるが、別人である。

政子の妹たちは幕府の御家人《ごけにん》や公家と婚姻したが、阿波局は源頼朝《みなもとのよりとも》の異母弟阿野全成《あのぜんじょう》の妻になった。全成は義朝《よしとも》の妾の常盤《ときわ》の産んだ子で、義経《よしつね》の同母兄にあたる。平治《へいじ》の乱後、醍醐寺《だいごじ》で出家させられていた全成は、治承《じしょう》四年（一一八〇）の頼朝の挙兵を聞くと、ひそかに寺を抜け出して関東へ下った。頼朝と対面した後、武蔵《むさし》国長尾寺《ながおでら》や駿河《するが》国阿野荘《あののしょう》（静岡県沼津市の西部）を与えられ、阿野法橋《ほうきょう》と号した。全成と阿波局の間には時元《ときもと》が生まれている。

『吾妻鏡《あずまかがみ》』によれば、建久《けんきゅう》三年（一一九二）八月九日に源頼朝の次男千幡《せんまん》（実朝《さねとも》）が誕生すると、阿波局は「乳付《ちつ》け」として参上したとある。この時、護《まも》り刀を献上した六名のうちに義時の名も見える。阿波局はこれ以降、乳母として千幡の養育を担当することになった。

千幡より一〇歳上の兄、頼家《よりいえ》（頼朝の嫡男）は、頼朝の乳母《めのと》で

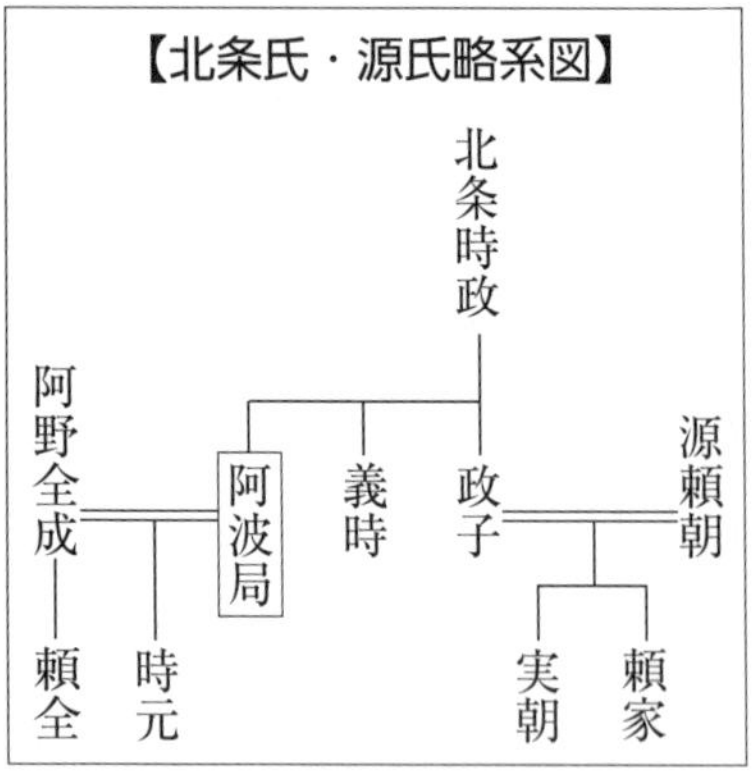

あった比企尼《ひきのあま》の娘たちや比企能員《ひきよしかず》の妻が乳母を務め、能員が乳母夫《めのと》（傅役《もりやく》）となっていた。のちに能員の娘の若狭局《わかさのつぼね》との間に長子の一幡《いちまん》も生まれる。また、頼朝の側近であった梶原景時《かじわらかげとき》も、頼家の乳母夫として頼家を補佐していた。

頼家を後見する比企氏・梶原氏、千幡を後見する北条氏・阿波局および阿野全成という構図のもと、梶原景時が失脚する事件が起こる。事件の関係者の中に時政や義時の名は見えないが、発端を作ったのは阿波局による密告であった。

正治《しょうじ》元年（一一九九）一〇月二五日、御所の侍所にて、結城朝光《ゆうきともみつ》が夢想のお告げがあったとして、頼朝のために一万遍の念仏を唱えようと傍輩《ほうばい》に勧めて皆で唱え、その場で、「忠臣は二君に仕えないと聞いている。頼朝より厚恩を賜り、頼朝が亡くなったときに出家遁世しなかったことを後悔している。今の世は薄氷を踏むようなものだ」と、列座した衆に語った。翌々日の二七日、御所の女房の阿波局が朝光に、「（朝光の発言を）梶原景時が頼家に讒訴《ざんそ》したことで、あなたは誅殺されるかもしれない」と告げた。朝光は狼狽し、三浦義村《みうらよしむら》に相談した。景時はそれ以前からも役職の件や讒言《ざんげん》等で御家人たちから反感を持たれており、協議の結果、有力御家人たち六六名が景時を弾劾《だんがい》する連判状を提出するに至った。景時は敗訴して鎌倉を追放され、翌年の正月に上洛途中、駿河国清見関《きよみがせき》付近で討伐された。

建仁《けんにん》三年（一二〇三）五月一九日、阿波局の夫の阿野全成が謀反《むほん》の疑いで、頼家が派遣した武田信光《たけだのぶみつ》に捕らえられ、宇都宮朝業《うつのみやともなり》に預けられた。翌日、頼家は比企時員《ひきときかず》を政子のもとへ派遣し、尋問のため阿波局を引き渡すようにと要求した。しかし政子は、「そのようなことは女性に知らせるようなことではない。全成は去る二月ごろに駿河国に下向した後、音信不通だ。まったく疑うところはない」と主張して、阿波局を庇護した。全成は常陸《ひたち》国に配流され、六月二三日、八田知家《はったともいえ》によって下野《しもつけ》国で誅殺された。翌月、全成の子の頼全《らいぜん》も京都の東山の延年寺《えんねんじ》で誅殺された。この時、阿波局腹の時元は縁座《えんざ》を免れている。

同年八月、頼家は急病に陥った。頼家の持つ全国の地頭職《じとうしき》が、弟の千幡と子の一幡に分割譲与することが発表され、比企一族の間には不満が高まった。続く九月、時政によって比企能員が謀殺され、頼家の後見である比企一族は、一幡もろとも滅ぼされた。将軍頼家は出家し、翌年、幽閉先の伊豆《いず》の修禅寺《しゅぜんじ》にて殺害されることとなる。

新しい将軍には一二歳の千幡が立つことが決まった。同年九月一〇日、千幡は政子邸（大御所《おおごしょ》）から、名越《なごえ》の時政邸へ移った。乳母である阿波局は、千幡と同じ輿《こし》に乗って参った。この時、北条泰時と三浦義村が輿の警護を務めている。

五日後の九月一五日、阿波局は、「時政の後妻の牧《まき》の方《かた》が千幡に害心を抱いている。早く迎え取りに来てほしい」と、政子に告げた。政子は弟の義時・三浦義村・結城朝光を派遣して、千幡を引き取った。事情がわからない時政は慌てて、駿河局《するがのつぼね》を介して詫びたところ、「成人するまで母（政子）のもとで養育する」と伝えられた。この出来事からは、千幡を守るために阿波局が乳母として注意深く目を光らせ、政子に逐一報告していたことがわかる。一〇月八日、千幡は名越の時政邸にて元服した。

この件について田端泰子氏は、おそらく千幡が将軍に決定してからは、養育係が阿波局から交代することが将軍家や御家人の間で共通理解になっており、次の養育係として北条時政夫妻が一番相応しいのだが、牧の方は傅役の妻（傅母）として不適当だ、というのが政子や阿波局の判断であったのだろう、と述べている〔田端泰子・二〇〇五〕。

実朝を養育し、義時とともに姉の政子をサポートしてきた阿波局であったが、この件以降、彼女自身の活動は記録に残されていない。

建保《けんぽ（けんぽう）》七年（一二一九）一月二七日、鶴岡八幡宮《つるがおかはちまんぐう》に参詣した実朝を、頼家の遺児である公暁《こう（く）ぎょう》が襲撃して殺害するという事件が起こる。さらに翌月の二月一五日、駿河国の飛脚が鎌倉に参り、「阿野時元（全成と阿波局の子）が朝廷から宣旨《せんじ》を賜って東国を支配しようと企て、城郭を深山に構えている」と伝えた。四日後、時元を誅殺するため、政子は義時に指示して、金窪行親《かなくぼゆきちか》らを派遣した。阿野側は敗北し、時元の自害が鎌倉に伝えられた。赤子の時から養育した養君と、実の子とを立て続けに失った阿波局の悲しみは、察するに余りある。

貞応《じょうおう》三年（一二二四）六月に義時が急死し、嘉禄《かろく》元年（一二二五）七月に政子が没する。その二年後の嘉禄三年（一二二七）一一月四日に、阿波局もこの世を去った。『吾妻鏡』には、叔母の三〇箇日の喪《も》に服すため、執権《しっけん》の泰時が入道道然《どうねん》（尾藤景綱《びとうかげつな》）の家に移ったことが記されている。（青木祐子）

## ⑤姫の前

建久《けんきゅう》三年（一一九二）八月、源頼朝《みなもとのよりとも》の二男千幡《せんまん》（のちの実朝《さねとも》）が誕生した。乳母《めのと》となったのは北条義時《ほうじょうよしとき》の姉妹である阿波局《あわのつぼね》で、頼朝の嫡子頼家《よりいえ》の後見が比企《ひき》氏であるのに対して、北条氏が千幡の後見となった。この翌月に義時と結婚したのが比企朝宗《ともむね》の娘の姫《ひめ》の前《まえ》である。朝宗は、頼朝の乳母で流人時代の頼朝を支えた比企尼《ひきのあま》夫妻の子（兄弟との説もある）で、朝宗の娘という出自から、姫の前は義時の正室であったと考えられる。

姫の前と義時の結婚については、『吾妻鏡《あずまかがみ》』建久三年九月五日条に詳しい。幕府の官女であった姫の前は、容姿が美しいばかりでなく、並ぶものがないと言われるほど大きな影響力を持つ女房であった。義時は一両年に渡ってこの姫の前に恋文を送っていたが、姫の前が受け入れることはなかった。この事を知った頼朝は、義時に「離別しない」との起請文を書かせて姫の前を説得し、両者は結ばれた。

このエピソードは、頼朝の義時に対する温情がうかがわれる話として知られ、あるいは有力御家人に対しても強い姿勢を取り続けた義時の異なる一面を示すものである。その一方で姫の前との結婚は、頼朝の嫡子頼家の後見である比企氏と千幡の後見となった北条氏を結びつけるものと評価されている。頼朝は、義時に対して頼朝の子孫＝鎌倉殿を支える役割を期待したのである。

姫の前と義時との間には、少なくとも三人の子どもが誕生している。建久五年（一一九四）生まれの朝時《ともとき》は、名越《なごえ》流北条氏の祖となった人物である。北条政子《まさこ》の官女に艶書を送って深夜に誘い出したことが発覚し、父義時から義絶されて駿河《するが》国に籠居した経歴がある。建暦《けんりゃく》三年（一二一三）五月に起きた和田合戦の直前に鎌倉に呼び戻され、異母兄である泰時《やすとき》とともに合戦に参加したが、父義時との関係は良好なものではなく、同母の弟重時《しげとき》の方が重用された。兄泰時とは良好な関係だったが、執権政治が確立すると次第に幕府政治の中心から外れ、将軍九条頼経《くじょうよりつね》との関係を強めた。やがて頼経を擁する反執権勢力が形成されると、朝時はその中心人物だったとみられるが、朝時の生前には表立った衝突は起きていない。しかし、朝時の死後、その子ども達は将軍との結びつきを強めて執権勢力と大きく対立した。泰時の孫時頼《ときより》の執権就任後に宮騒動《みやそうどう》（寛元《かんげん》の政変）が起こり、時頼の子時宗《ときむね》の執権期には二月騒動が起きている。名越流北条氏の名越は、朝時が祖父時政《ときまさ》の屋敷である名越邸を継承したことに由来する。朝時以来、名越流が執権と対立し続けたのは、このような由来を背景に名越流こそが北条氏の本流であるという意識があったためと考えられている。

建久九年（一一九八）生まれの重時は、将軍頼経の警固や将軍御所の宿直を担う小侍所《こさむらいどころ》の別当《べっとう》を務めた後、寛喜《かんぎ》二年（一二三〇）より一七年に渡って六波羅探題《ろくはらたんだい》の重職にあった人物である。在京中は歌人としての活動もみられ、兄泰時が重篤となったため鎌倉に下向した際には、後嵯峨《ごさが》天皇が重時の下向を制止しようとするなど朝廷からも信頼されていた。時

【姫の前関係系図】

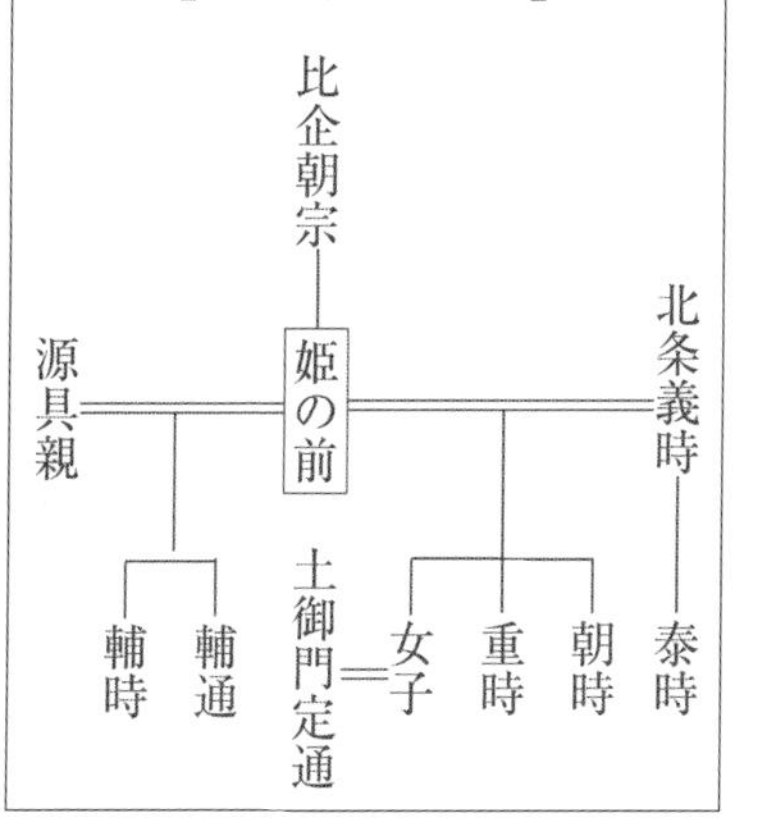

頼の執権就任後に鎌倉に戻り、連署《れんしょ》として幕府政治を支えた。また重時は、『六波羅殿御家訓《ろくはらどのごかくん》』および『極楽寺殿御消息《ごくらくじどのごしょうそく》』と呼ばれる現存最古の武家家訓を残したことでも知られる。前者は、重時の六波羅探題在任中に嫡子長時《ながとき》に対して書かれたものである。後者は抽象的な内容が多いため作者を重時に特定することは難しいが、仏教的色彩が強いことから、出家後に書かれたと考えられている。

三人目は娘である。生年はわかっていないが竹殿《たけどの》と号し、最初は鎌倉幕府の重臣大江広元《おおえのひろもと》の嫡子親広《ちかひろ》と結婚したが、承久《じょうきゅう》の乱で京方に付いた親広は行方知れずとなり、土御門定通《つちみかどさだみち》と再婚した。定通は、承久の乱後に土佐《とさ》に遷された（のちに阿波《あわ》）土御門《つちみかど》上皇に近い人物である。土御門の生母承《しょう》明門院《めいもんいん》は、定通の父通親《みちちか》の養女で定通自身の異父姉にあたる。また定通の兄通宗《みちむね》の娘通子《つうし》と土御門との間には三男二女が誕生している。皇子三人のうち二人は承久の乱後に出家したが、末弟の邦仁王《くにひとおう》は、祖母承明門院と定通を中心とする土御門家の庇護のもと、出家も元服もせずに皇位継承の可能性を残したまま成長した。邦仁王が二三歳を迎えた仁治《にんじ》三年（一二四二）正月、四条《しじょう》天皇が一二歳で急死したため、邦仁王は順徳《じゅんとく》上皇の皇子忠成王《ただなりおう》とともに皇位継承の候補に挙げられた。最終的に幕府の指名によって邦仁王が即位し後嵯峨《ごさが》天皇となったが、平経高《たいらのつねたか》の日記『平戸記《へいこき》』によれば、定通は邦仁王の即位を幕府に働きかけたとされ、その背景として重時と同母の義時の娘を妻としていたことが挙げられている。幕府にとって承久の乱に積極的だった順徳の皇子の即位は容認できるものではなく、定通の働きかけが邦仁王の即位に大きく影響したとは考えにくいが、新天皇後嵯峨は姫の前の娘である竹殿を介して北条氏と繋がる人物に支えられていたのである。

姫の前が『吾妻鏡』に登場するのは、先の建久三年九月二五日条のみで、『吾妻鏡』から姫の前のその後の動向は分からない。義時には後妻として知られる伊賀《いが》の方《かた》（伊賀朝光《ともみつ》の娘）との間に元久《げんきゅう》二年（一二〇五）六月に政村《まさむら》が誕生しており、建仁《けんにん》三年（一二〇三）九月の比企氏の乱に伴い、比企氏出身の姫の前は義時と離別したと考えられる。手がかりとなるのは、歌人として知られる藤原定家《ふじわらのさだいえ》の日記『明月記《めいげつき》』で、姫の前は上洛して源具親《ともちか》と再婚していたことがわかる。『明月記』嘉禄《かろく》二年（一二二六）一一月五日条に除目の記事があるが、侍従《じじゅう》に任じられた源資道《すけみち》（輔通）について、源具親の子で北条朝時の同母弟にあたり、この時の侍従任官については幕府から関東申次《かんとうもうしつぎ》の西園寺公経《さいおんじきんつね》を通して推挙があったと記されている。朝時の母は姫の前であるから、輔通は朝時の異父弟ということになる。『公《く》卿補任《ぎょうぶにん》』によれば、輔通は建長《けんちょう》元年（一二四九）六月七日に四六歳で亡くなっており、比企氏の乱の翌年の元久元年（一二〇四）の生まれである。比企氏の乱によって義時と離別した姫の前は、程なくして上洛し、建仁三年末ころには源具親の妻となったと考えられよう。

姫の前の再婚相手である源具親は、村上《むらかみ》源氏俊房《としふさ》流で、祖父は大納言師頼《だいなごんもろより》、父は左京権大夫師光《さきょうごんのだいぶもろみつ》である。官位は四位・右少将《うしょうしょう》止まりで公卿に昇進することはなかったが、後鳥羽《ごとば》院に見出されて側近歌人として活躍した人物で、『新古今和歌集《しんこきんわかしゅう》』にも入集している。『明月記』の記事から、同じく後鳥羽歌壇の歌人であった藤原定家との交流が知られる。『明月記』天福《てんぷく》元年（一二三三）八月二四日条によれば、定家のもとを訪れた具親は、輔通と輔時《すけとき》という二人の息子がそれぞれ繁栄していると語ったという。ここで登場する輔時は、この年の一二月に侍従に任じられたことが『明月記』よりわかるが、北条朝時の猶子《ゆうし》であると注記されているので、輔時の母も姫の前だったのであろう。承久三年（一二二一）五月に起きた承久の乱以降、北条氏は勢力を拡大したが、具親が定家に語った繁栄は、このような北条氏との姫の前を介した血縁関係によってもたらされたと考えられる。なお、『明月記』には具親の二人の息子と北条朝時との関係が記されているが、具親自身は六波羅探題在任中の北条重時とも接触があったことが『明月記』文暦《ぶんりゃく》二年（一二三五）二月一四日条より確認できる。

このように姫の前の子ども達はそれぞれ活躍したが、母である姫の前がそれを見ることはなかった。具親と再婚した後、わずか三年ほどで姫の前は亡くなっている。『明月記』建永《けんえい》二年（一二〇七）三月二八日条によると、具親の妻は産後の肥立ちが悪かったようである。同三月三〇日条には、前日の二九日に具親の妻がついに亡くなったと記されている。義時との結婚からおよそ一五年後の事である。姫の前の生年はわかっていないが、三〇代で亡くなったのであろうか。婚家である北条氏と実家の比企氏との権力争いに大きな影響を受けた生涯であったと言えるだろう。なお、この時に生まれたのが輔時だと考えられる。

姫の前自身は早くに亡くなった。しかし姫の前所生の子ども達は、母が結んだ所縁のなかで、承久の乱の後の鎌倉と京（幕府と朝廷）を繋ぐ存在として確かな足跡を残したのである。（長田郁子）

## ⑥竹御所

源氏将軍三代が途絶えた後、鎌倉殿《かまくらどの》となったのは、摂関家《せっかんけ》の九条頼経《くじょうよりつね》である。摂家《せっけ》将軍とよばれるゆえんである。将軍＝源氏であるという認識が、当時の御家人《ごけにん》社会に存在していたにもかかわらず、摂家将軍が誕生するのである。この摂家将軍家の誕生の背景には、竹御所《たけのごしょ》という源氏将軍家の血を引く女性の存在がある。

建保《けんぽ(けんぽう)》七年（一二一九）正月二七日三代将軍　源《みなもとの》　実朝《さねとも》が源頼家《よりいえ》の遺子　公《こう(く)》　暁《ぎょう》に殺害される。北条《ほうじょう》政子《まさこ》と北条義時《よしとき》は、早速実朝の後継者を選定することになる。最初、朝廷に後鳥羽《ごとば》院の皇子《おうじ》をもとめたが受け入れられず、摂関家の九条道家《くじょうみちいえ》の子三寅《みとら》が下向《げこう》することになる。しかし、同年七月一九日に下った三寅はわずか二才で、代わって政子が政治をつかさどることになる。実朝死後、政子は源氏将軍家を継承し、幕府の全権を握っていたと思われる。野村育世氏も、実朝死後幕府が発給した文書の発給主体が政子であったことを明らかにし四代将軍としての地位にあったと指摘している〔野村育世・二〇〇〇〕。

九条頼経が将軍となるのは、政子の死後である。はたして政子が継承していた源氏将軍家を頼経が継ぐことができたのであろうか。そこで注目したいのが、竹御所の存在である。竹御所は、二代将軍頼家の娘でありながら頼経の最初の御台所《みだいどころ》となる。

史料から竹御所の存在がはじめて確認できるのは『吾妻鏡《あずまかがみ》』建保四年（一二一六）三月五日の記事

である。政子の計らいによって三代将軍実朝室の猶子《ゆうし》となっている。おそらく、竹御所は政子の保護をうけながら成長していたと考えられる。それからしばらく、竹御所に関する記事は見えなくなるが、嘉禄《かろく》元年（一二二五）七月一一日、政子の死により、竹御所は幕府において特別な存在として、再び『吾妻鏡』に登場する。同年八月二七日、竹御所は政子の葬儀と仏事を主宰している。すでに野口実氏は、竹御所が政子の死によって、祖母政子の「後家の力」の後継者として、鎌倉将軍家のイエの嫡女および主婦の立場に立ったのだと評価している〔野口実・一九九二〕。

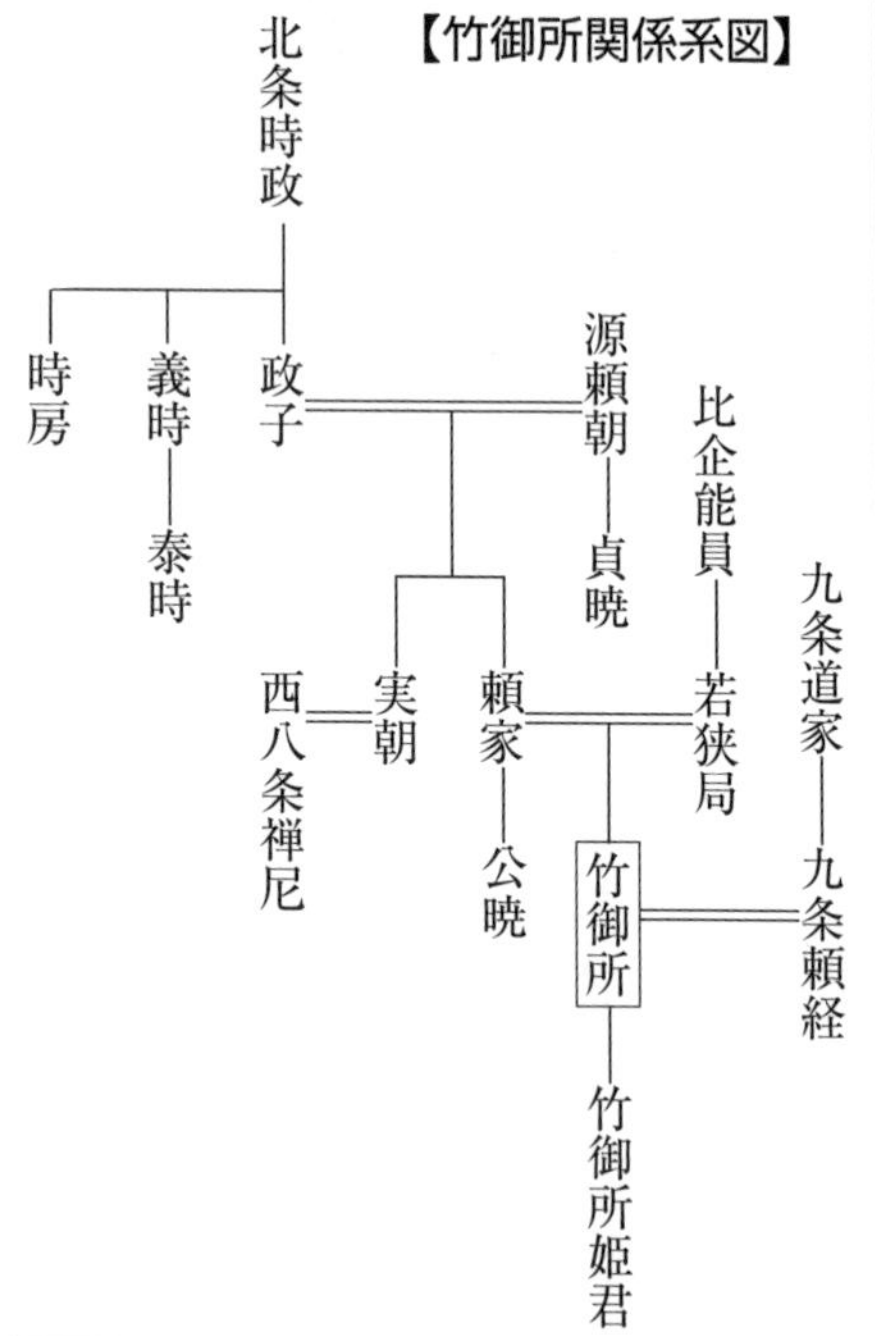

【竹御所関係系図】

竹御所は大慈寺《だいじじ》、勝長寿院《しょうちょうじゅいん》などで行われる政子の仏事に参加し続ける一方、幕府の祭祀および行事にかかわりをもっている。寛喜《かんぎ》元年（一二二九）八月一五日には、将軍と御家人との主従関係を確認する場である放生会《ほうじょうえ》に参加している。寛喜二年（一二三〇）閏《うるう》正月一七日には、将軍祭祀権に属する二所奉幣使を発遣している。同年閏正月二九日には頼経と竹御所が将軍家の方違《かたたがえ》を行っている。野口氏によると、方違は将軍の御台所でない女性として唯一であり、女性としては一三回で一番多い。また、正月の御行始は、頼経だけではなく、竹御所の御行始も行われている。竹御所は御台所となる以前から、幕府内で重要な位置にあり頼経とも密接な関係をたもっていたのである。

一方頼経は嘉禄元年（一二二五）一二月二九日、元服《げんぷく》の儀を行い、翌年の正月には朝廷から将軍宣下《せんげ》が下されている。政子の存在が「尼将軍《あましょうぐん》」として将軍権力を備えていたからこそ、政子の空白をうめる必要が生じ、頼経の将軍就任がいそがれていたのであろう。

結局、政子の立場は、それぞれ仏事と将軍職を媒介として、竹御所と頼経の二人によって継承されたことになる。つまり、源氏将軍家の私的な「家」と鎌倉殿の地位が分離され、竹御所こそ源氏将軍家の「家」の継承者となったのだと思われる。

寛喜二年（一二三〇）一二月九日、いよいよ竹御所と頼経の婚姻の儀がおこなわれる。竹御所二八才、頼経一三才の時である。御台所となった竹御所は、頼経に同行し御行始・方違など幕府の行事に参加している。勝長寿院・永福寺《ようふくじ》などの恒例の仏事にも頼経とともに出席している。

しかし、政子の仏事は依然として竹御所単独の主宰で行われている。寛喜三年（一二三一）七月一一日には、政子月忌のため勝長寿院に渡御している。天福《てんぷく》元年（一二三三）一二月一二日には、南御堂《みなみみどう》の政子月忌の聴聞のため入御している。源氏将軍一族の仏事も竹御所が主宰している。寛喜三年（一二三一）三月九日には、源頼朝《よりとも》の子で仁和寺《にんなじ》の僧となっていた伯父の貞暁《じょうぎょう》の喪に服している。さらに、貞永《じょうえい》元年（一二三二）七月二七日には、父頼家追善の伽藍造営のため方違をおこなっている。

政子と源氏将軍一族の仏事は源氏将軍家の「家」の仏事となっており、竹御所の主宰となっていたのである。

さて、『吾妻鏡』文暦《ぶんりゃく》元年（一二三四）七月二七日の記事では、竹御所が難産により死産し、自身も死亡している。竹御所三三才である。竹御所の喪に服しているのは、竹御所姫君《たけのごしょひめぎみ》という人物である。おそらく竹御所の猶子あるいは養子であろう。姫君は北条時房《ときふさ》亭で除服《じょふく》している。除服の二か月前文暦二年（一二三五）五月二七日には、泰時が竹御所一回忌追善の仏像を造立している。竹御所の幕府の行事参加に泰時室が同行することが多かったことからも、北条氏は政子に代わり竹御所の後見人の役割を担ってきたことが推察できる。

以上から政子の死後、源氏将軍家の私的な「家」と鎌倉殿の地位が分離されたことにより、竹御所こそ源氏将軍家の「家」の継承者となったのだと言える。そして、このような竹御所を介在させた摂家将軍誕生の構想は義時から始まった執権北条氏の政治的意図によるものであったと考えられる。

（金永）

## ⑦伊賀の方

貞応《じょうおう》三年（一二二四）、北条義時《ほうじょうよしとき》が死去した直後、彼の後妻・伊賀《いが》の方《かた》とその一族が、娘婿《むすめむこ》・一条実雅《いちじょうさねまさ》を将軍に、息子・政村《まさむら》を執権《しっけん》に擁立しようとする事件が起こる。しかし、北条政子《まさこ》や北条泰時《やすとき》たちの迅速な行動により計画は頓挫、伊賀の方と光宗《みつむね》兄妹は流罪《るざい》に、実雅は京都に送還されることになった。事件の理解については諸説あるが（第10章「義時の死と伊賀氏事件」参照）、当該事件の要因は何よりも、伊賀の方が義時の妻室であったことによる。ではどのような経緯で義時と婚姻関係を結ぶに至ったのであろうか。残念ながら具体的な事情は不明だが、彼女の出自から大まかな経緯を探ってみよう。

伊賀の方は、伊賀朝光《ともみつ》という御家人の娘として生まれた。朝光については、『吾妻鏡《あずまかがみ》』建保《けんぽ(けんぽう)》三年（一二一五）九月一九日条に、やや詳しい卒伝《そつでん》（死去した際に載るプロフィール記事）がある。それによると、朝光の官位は従五位上《じゅごいのじょう》、官職は伊賀守《いがのかみ》とある。実際にはすでに伊賀守を辞任していたようで、『吾妻鏡』の周辺の条文では「伊賀前司《ぜんじ》」とも記載されているが、子孫たちが「伊賀」と呼ばれる由来はこの官職名にあった。

朝光の父は「散位光郷《さんいみつさと》」とある。光郷

【伊賀の方関係系図】

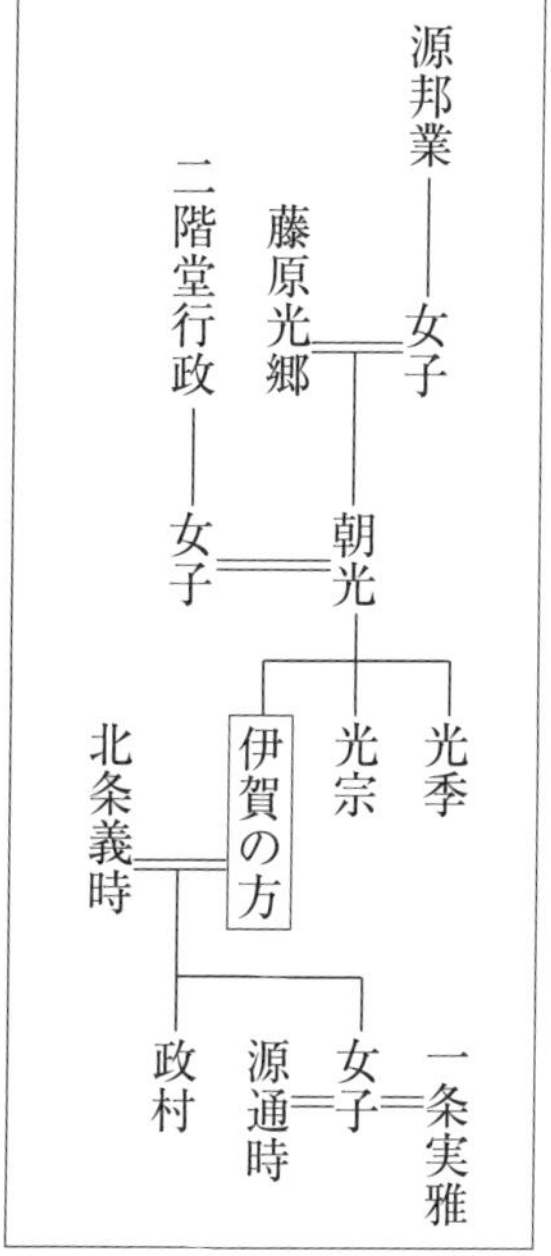

は、『尊卑分脈《そんぴぶんみゃく》』などの系図史料によると関東に多くの分流が存在する藤原秀郷《ふじわらのひでさと》の子孫の一人であり、秀郷から数えて一〇世代後の子孫が朝光であるらしい。ちなみに、卒伝を引用する『吾妻鏡』の地の文（本文）では、朝光のことを「佐藤伊賀前司」と記している。佐藤氏といえば、西行法師《さいぎょうほうし》を生み出した公清《きんきよ》系統の一族が有名であるが、野口実氏の説では、公清の祖父で佐渡守《さどのかみ》をつとめた公行《きんゆき》にこそ「佐藤」の由来が求められるという〔野口実・二〇〇一〕。朝光が佐藤氏と認識されているのも、彼が公行の子孫であることに由来する可能性が高い。

光郷については「散位」（官位はあるが官職を持たない人）とあるが、『尊卑分脈』を見ると、「所雑色《ところのぞうしき》」とある。これは、蔵人所《くろうどどころ》（天皇近辺の事務を担当する朝廷の機関）における比較的身分の低い者の職名のひとつである。実は光郷の子・朝光は、伊賀守任官以前、『吾妻鏡』に「所六郎」や「所右衛門尉《うえもんのじょう》」として登場する。まさに朝光が、蔵人所につとめた光郷の子どもとして認識され、呼称されていたことがわかる。朝光は、もともと京都にあって朝廷に仕える役人の家の出であったらしい。

伊賀氏のルーツが京都にあったであろうことは、その周辺の人的関係からもうかがわれる。朝光の卒伝記事によると、彼の母は源邦業《みなもとのくになり》の娘とある。邦業は、頼朝から「一族の功士」と称えられた京下りの官人であり、幕府の政所別当《まんどころべっとう》なども務めた人物である。また、『尊卑文脈』の朝光の項には、「あるいは二階堂行政《にかいどうゆきまさ》の子と云々」と記されているが、朝光は行政の娘婿であった。朝光死去翌日の『吾妻鏡』によると、行政が自邸の後ろにある山に朝光を葬《ほうむ》り、朝光の娘婿であった義時がこれを見守ったという。朝光の子どもたちが源頼朝《よりとも》挙兵以前の出生であることを考慮すると、両者の関係は京都において形成された可能性が高い。行政は、頼朝と親戚関係にあったことから早い段階で幕府の実務官人として活動を始めている。おそらく朝光は、幕府が多くの実務官僚を必要とする中で、行政の縁故をたどって鎌倉にやってきたのではないだろうか〔五味文彦・二〇〇〇〕。

他の実務官人たちとともに頼朝近辺で活動しはじめた朝光であったが、頼朝の死後は、梶原景時《かじわらかげとき》追討や比企《ひき》氏の乱など立て続けに起こる鎌倉の政変で時政・義時方として活動する。この間に朝光と北条氏はとくに関係を深めたのかもしれない。義時と朝光の娘・伊賀の方の具体的な婚姻時期は不明であるが、畠山重忠《はたけやましげただ》を追討した元久《げんきゅう》二年(一二〇五)六月二二日、二人の間に男子が誕生している。この子どもは建保《けんぽ(けんぽう)》元年(一二一三)にわずか九歳で元服。仮名《けみょう》は時政・義時と同じ「四郎」であり、三浦義村《みうらよしむら》を烏帽子親《えぼしおや》として実名を「政村」といった。『吾妻鏡』は「鍾愛《しょうあい》の若公《わかぎみ》」(義時がたいそう可愛がった若君)と記している。

義時と伊賀の方の結婚、そして政村の誕生によって、義時と伊賀氏一族の関係はより一層緊密なものになったようだ。「宿老」と呼ばれた朝光は、和田義盛《わだよしもり》とともに将軍御所北面《ほくめん》に祗候《しこう》して実朝に「古物語《ふるものがたり》」を語る役を仰せつかっているが、こういう事情もあってか義盛周辺の不穏な動向を機敏に察知して将軍御所での庚申会《こうしんえ》(庚申の日に行う祭事)中止を進言。直後に起きた和田合戦の勲功では多くの恩賞を獲得している。

伊賀の方の兄弟(朝光の子ども)たちの活動も、やはり義時に親近性の高いものであった。朝光の嫡男・光季《みつすえ》は、京都守護《きょうとしゅご》として上洛し京都警固の役割を担っていたが、義時追討の準備を進める後鳥《ごと》羽《ば》院の誘いを断り、上皇方武士に攻め滅ぼされている。同じく京都守護の任にあった大江親広《おおえのちかひろ》が後鳥羽院に従っている通り、当時の在京御家人たちにとっては後鳥羽院の命に従うのは自然なことであったようだが、京都の情勢に通じているはずの光季はあえて後鳥羽院に従わなかった。京都にあって義時方の立場をとるというのはかなり異質であり、義時や、彼が主導する幕府の存在を重視する光季の姿勢がうかがわれる。光季の弟・光宗《みつむね》は、鎌倉で侍所所司《さむらいどころしょし》や政所執事《まんどころしつじ》をつとめ、実務面で執権義時を支える立場にあった。光季や光宗の働きから見ても、義時没後に伊賀一族が幕政の中枢を掌握するという動きは、あながち非現実的なものではなかったのかもしれない。

伊賀の方所生の子どもでもう一人重要なのは、一条実雅に嫁いだ娘である。実雅との婚姻は承久《じょうきゅう》元年（一二一九）一〇月、鎌倉の大倉邸《おおくら》で行われた。実雅の父は、幕府草創期に親幕派の貴族として朝廷と幕府を結び付ける役割を担った一条能保《いちじょうよしやす》である。実雅は、建保六年（一二一八）の実朝右大将拝賀《うたいしょうはいが》以来鎌倉にとどまっているが、彼の兄弟には承久の乱で後鳥羽院方の中心にあった一条信能《いちじょうのぶよし》や尊長法印《そんちょうほういん》らがいる。承久元年といえば、年頭に実朝暗殺事件が起き、親王将軍《しんのうしょうぐん》東下などをめぐって後鳥羽院と幕府との交渉に齟齬《そご》が生じた時期である。実朝没後の朝廷・幕府関係を模索するにあたって、義時は一条家との関係を重要視した可能性も高い。しかし残念ながら朝幕関係は承久の乱という形で決裂、義時死後には実雅が伊賀氏一族とともに失脚するという運命をたどる。

伊賀氏一族は、義時死後の政変でたしかに失脚したのであったが、表舞台から消えていくわけではなかった。首謀者の一人であった光宗は、この後ゆるされ、評定衆《ひょうじょうしゅう》という重要ポストにつくことになる。また、北条政村も、泰時の子孫を支える幕府の有力者へと成長していった。実雅に嫁いだ娘のその後も興味深い。『明月記《めいげつき》』嘉禄《かろく》元年（一二二五）一一月一九日条によると、越前《えちぜん》に配流《はいる》された実雅と離縁した彼女は、上洛して源通時《みちとき》という貴族と再婚したというのである。どうやら三浦義村が仲介した婚姻らしい。義村は政村の烏帽子親にもなっており、一時は伊賀氏事件での関与を疑われたくらいであるから、義時と伊賀の方の子どもたちとも所縁《ゆかり》が深かったのだろう。通時は、高倉《たかくら》天皇の孫・交野宮《かたののみや》と親戚関係にあったが、後堀河《ごほりかわ》天皇の後継者が定まらない状況下で、義村が策謀をめぐらした公武婚であったとされる〔高橋秀樹・二〇一五〕。伊賀氏一族は、政変の後も鎌倉や京都で存在感を放ち続けていたのであった。

（田村亨）

### ⑧足利義氏

晩年に「関東宿老《しゅくろう》」（『吾妻鏡《あずまかがみ》』建長《けんちょう》三年一二月七日条）と称された足利義氏《あしかがよしうじ》は、鎌倉期足利氏の黄金時代を築いたとされる。建長六年（一二五四）六六歳で没したとされることから、文治《ぶんじ》五年（一一八九）の生まれと見られている。足利義兼《よしかね》の三男であったが（「足利三郎」「上総《かずさ》三郎」）、正嫡《せいちゃく》となって家をついだ。その理由は、母が北条時政《ほうじょうときまさ》の女であったからである。北条義時《よしとき》は母方の伯父に当たる。

父義兼は治承《じしょう》四年（一一八〇）源頼朝《みなもとのよりとも》の挙兵後まもなく帰属し、ついで平氏討伐・奥州《おうしゅう》合戦などに従軍し活躍した。文治元年（一一八五）頼朝の知行国《ちぎょうこく》である上総介《かずさのすけ》に任ぜられ、御家人の中では「家子《いえのこ》」・「侍《さむらい》」より上位の「門葉《もんよう》」（頼朝の一門）に位置づけられた。父義兼が建久《けんきゅう》六年（一一九五）に出家、建久一〇年（一一九九）三月八日に没したため、義氏が家督《かとく》を継いだ。『吾妻鏡』に初めて登場するのは元久《げんきゅう》二年（一二〇五）六月二二日で、畠山重忠《はたけやましげただ》の乱に際し討伐軍のなかに名前が見える。

足利義氏の豪勇ぶりが一躍世に知られることになったのが、建暦《けんりゃく》三年（一二一三）五月の和田合戦である。北条氏に対し武力蜂起した和田義盛《わだよしもり》一門は、将軍御所の四面を包囲し猛攻を加えた。なかでも義盛の三男朝比奈《あさひな》（朝夷奈《あさいな》）三郎義秀は、御所の惣門を破って南庭に乱入し御所に放火するなど、鬼神《きしん》の如き勇猛ぶりだった。立ち向かう多くの武士が討たれる中、足利義氏は政所《まんどころ》前橋付近で義秀と一騎討ちをし、死闘を演じている。追いすがる義秀に鎧の袖をつかまれた義氏は、駿馬を操り逃れんとし、鎧の袖が引きちぎれたものの、馬は倒れず、義氏も馬から落ちることはなかった。見る者は「両士の勇力論ずるに強弱なし」と驚嘆したという。その後義氏は何とか九死に一生を得て逃げ延びている。兵馬ともに疲れた和田軍は、翌朝には前浜付近に後退し、足利義氏・八田知尚《はったともひさ》らの軍勢が米町辻・大町大路で勝ちに乗り和田軍を攻め立てた。この後横山党などが加わり息を吹き返した和田軍は、再び御所攻撃を企てるが、若宮大路は北条義時・泰時《やすとき》父子が防戦し、町大路は足利義氏が防衛戦を張っていたため、再度の御所攻撃はならず、激戦の末和田義盛以下が討ち死にし、和田軍は敗れ去っている。

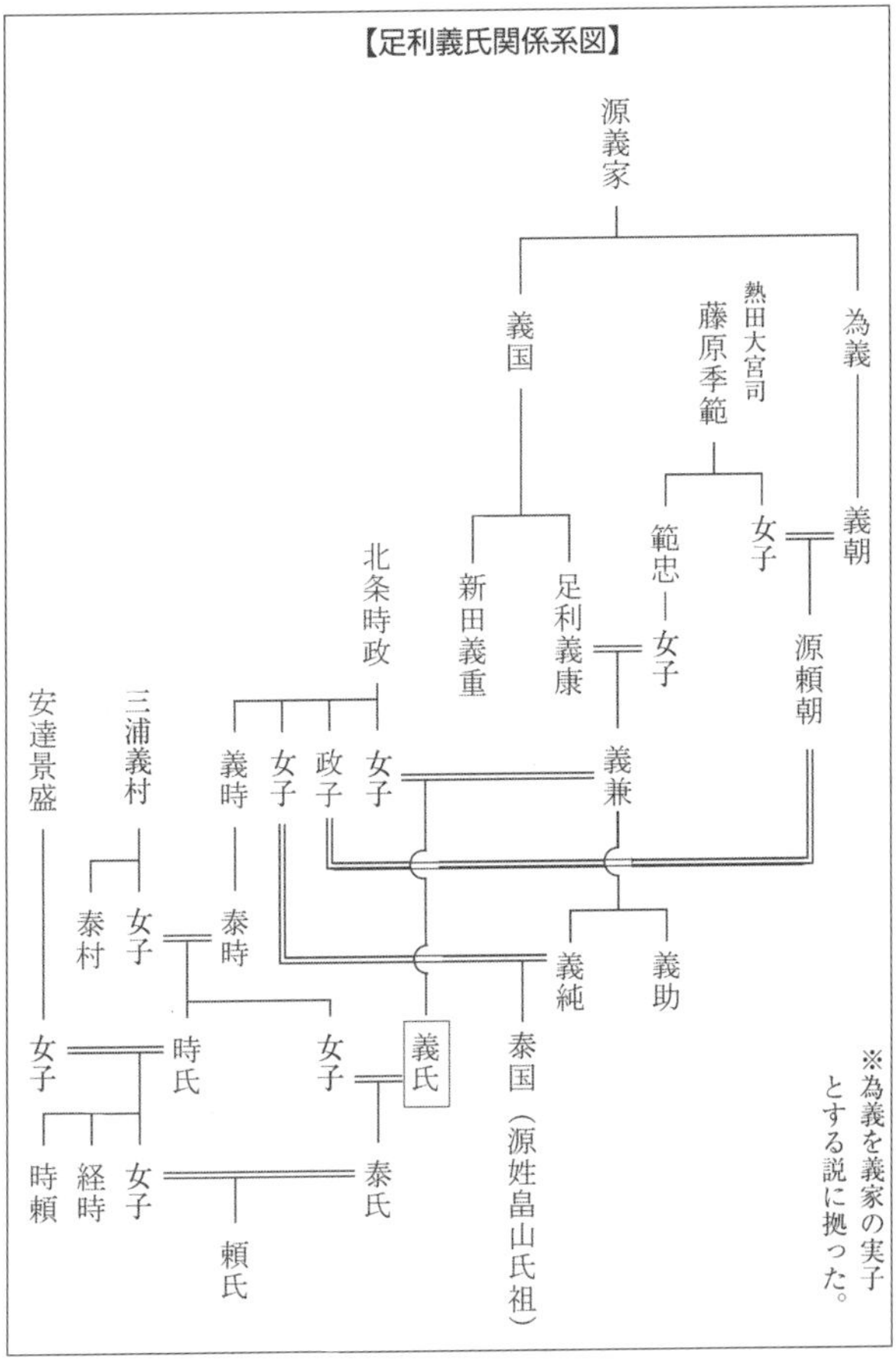

こうした活躍もあってか、建保三年（一二一五）頃に義氏は従兄弟《いとこ》北条泰時の娘を妻に迎え、同五年には北条時房《ときふさ》に代わって武蔵守《むさしのかみ》に就任している。北条氏以外で武蔵守に任じられるのは極めて稀なことであり、それだけ義氏が北条義時からの信頼が厚かったことを示している。さらに興味深いのは、武蔵武士を統率していた畠山重忠の滅亡後にその後家《ごけ》（北条時政娘）と義氏の異母兄太郎義純《よしずみ》が再婚したことである。義純は承元《じょうげん》四年（一二一〇）一〇月に死去するが、その子泰国《やすくに》が畠山氏の後継者となり（源姓畠山氏）、足利義氏がその後見役になったとされる。このことと、義氏の武蔵守就任によって、足利氏と北条氏が連携し、武蔵国支配の安定化を図ったという見方もある。

次に足利義氏が活躍するのが、承久《じょうきゅう》三年（一二二一）の承久の乱である。京での挙兵を聞き幕府に集まった御家人を「相州《そうしゅう》（北条時房）・武州《ぶしゅう》（北条泰時）・前大官令禅門《ぜんだいかんれいぜんもん》（大江広元《おおえのひろもと》）・前武州（足利義氏）以下群集」と称したように（『吾妻鏡』）、義氏は幕府の中心的なメンバーと見なされていた。さらに東海道・東山道・北陸道の三手に分かれた幕府軍のうち、主力の東海道軍大将軍の六名の一人として京に攻め上っている。六月一四日宇治合戦では、北条泰時とともに民屋《みんおく》を壊し造った筏に乗って宇治川を渡河、これによって奮い立った幕府軍が京方を圧倒し敗北に追い込んでいる（『吾妻鏡』）。なおこの時兄の義助《よしすけ》は討死《うちじに》している。こうした活躍の結果、義氏は乱後に三河国守護職《みかわのくにしゅごしき》・同国額田《ぬかた》郡地頭職《じとうしき》（愛知県）などに補任されている。承久四年（一二二二）正月に四代将軍九条頼経《よりつね》に垸飯《おうばん》を供しているとから一旦鎌倉に戻り、同年に陸奥守《むつのかみ》に任じられている。前任の陸奥守は北条義時であり、当時北条一門の有力者が任じられる官職であることからも、いかに義氏が執権北条義時に重用されていたかわかる。

元仁《げんにん》元年(一二二四)六月北条義時が急死する。足利義氏は北条泰時・時房らとほぼ同時に鎌倉に下向した。当時義氏は在京し、六波羅探題《ろくはらたんだい》で義父の泰時を支えていたと見られる。この後泰時は北条政子《まさこ》の支援を受け執権となり、伊賀氏の変をしずめるが、義氏も泰時の後ろ盾の一人として行動していたと見られている。その功績からか、同年九月に美作国《みまさかのくに》新野保(岡山県)以下数か所を「新恩」として与えられている。

この後も足利義氏は、執権北条氏を一貫して支え、幕府の首脳陣に加わっていた。寛喜《かんぎ》三年(一二三一)に左馬頭《さまのかみ》に、嘉禎《かてい》四年(一二三八)に従四位下《じゅしいのげ》になるなど、北条泰時に匹敵するような地位である。仁治《にんじ》二年(一二四一)には安達義景《あだちよしかげ》らとともに幕府の政所別当《べっとう》になり、執権泰時の補佐役に抜擢された。仁治四年に執権泰時が没し、孫の経時《つねとき》が若年で執権になっても義氏の忠誠は変わらなかった。寛元《かんげん》四年(一二四六)経時が病没《びょうぼつ》し弟時頼《ときより》が執権となる。翌年の宝治合戦《ほうじかっせん》で滅んだ上総権介《かずさごんのすけ》秀胤《ひでたね》の旧領を義氏は与えられており、変わらず時頼を支え続けた様子がうかがえる。

建長《けんちょう》三年(一二五一)、嫡子《ちゃくし》足利泰氏《やすうじ》が下総国《しもうさ》埴生荘《はにゅうのしょう》(千葉県)で突然出家し失脚するという最大の危機が訪れるが、「関東宿老」と称された義氏の幕府内での地位は変わることはなかった。建長六年(一二五四)に没するが、常に北条氏と協調し行動し、その権力確立に貢献した一生であった。

(須藤聡)

## ⑨宇都宮頼綱

宇都宮《うつのみや》氏は、とくに和歌に秀でて「宇都宮歌壇」を形成したことでも有名である。宇都宮頼綱《よりつな》はその礎を築いたと言われる人物で、『新古今和歌集《しんこきんわかしゅう》』を編纂したことで有名な藤原定家《ふじわらのさだいえ》とも和歌を通じて親交を結び、しばしば交流があったことは定家の日記『明月記《めいげつき》』にも記される。また頼綱の娘は定家の嫡男為家《ためいえ》の妻にもなっている。さらに頼綱は勅撰和歌集のうちの十三代集のほとんどに選ばれていて、このことからも彼が和歌に秀でていたことがわかるだろう。また同時に、頼綱は京などで、法然《ほうねん》やその高弟証空《しょうくう》に師事し、仏道に帰依したことでもよく知られている。このように頼綱はその後半生を、主に京を中心に活動していたと考えられる。それでは、その前半生はどのようなものだったのだろうか、北条義時とはどのように関わっていたのだろうか。これらの点を中心に宇都宮頼綱について追ってみよう。

まず、宇都宮氏と称するようになった、頼綱の祖父朝綱《ともつな》から述べていきたい。宇都宮氏は朝綱の頃にはすでに宇都宮への進出を果たしており、さらに治承《じしょう》・寿永《じゅえい》の内乱における功績により朝綱は頼朝から宇都宮社検校職《けんぎょうしき》に任じられ、「宇都宮一族」を神官身分として従える体制を確立したという。朝綱の姉妹寒河尼《さむかわに》は頼朝の乳母《めのと》であり、京育ちで貴族社会の教養を備えた女性であった。朝綱も鳥羽《とば》院の武者所や、後白河《ごしらかわ》院の北面に祗候するなど、一方では京に基盤を置いた活動も散見でき、いわゆる京武者《きょうむしゃ》であった。朝綱は当初平家に従っていたが、平家の都落ちには従わずに鎌倉の頼朝のもとに参向した。頼朝も乳母の家として、また院権力周辺のネットワークを有する朝綱を重視した。

その後、朝綱の嫡子業綱《なりつな》（成綱）が、建久《けんきゅう》三年（一一九二）に早世してしまう。この時朝綱は七一歳の老齢であったが、まだ頼綱は若かったので、朝綱が宇都宮一族を主導した。そのようななか、朝綱は下野守《しもつけのかみ》に国内の公田百余町を掠《かす》め取ったと訴えられた。朝綱は朝廷からの出頭要請に応じず有罪となり、朝綱は土佐《とさ》、孫の頼綱は豊後《ぶんご》に配流となった。いわゆる公田掠領《こうでんりゃくりょう》事件である。朝綱は実際に配所に下ったが、ごく短期間だったと考えられ、頼綱の配流《はいる》は実行されなかったとも考えられている。その後の建久一〇年（一一九九）に頼朝二女の葬儀に頼綱が参列していることから、この頃より頼綱は惣領としての活動を開始したのであろう。

【宇都宮頼綱関係系図】

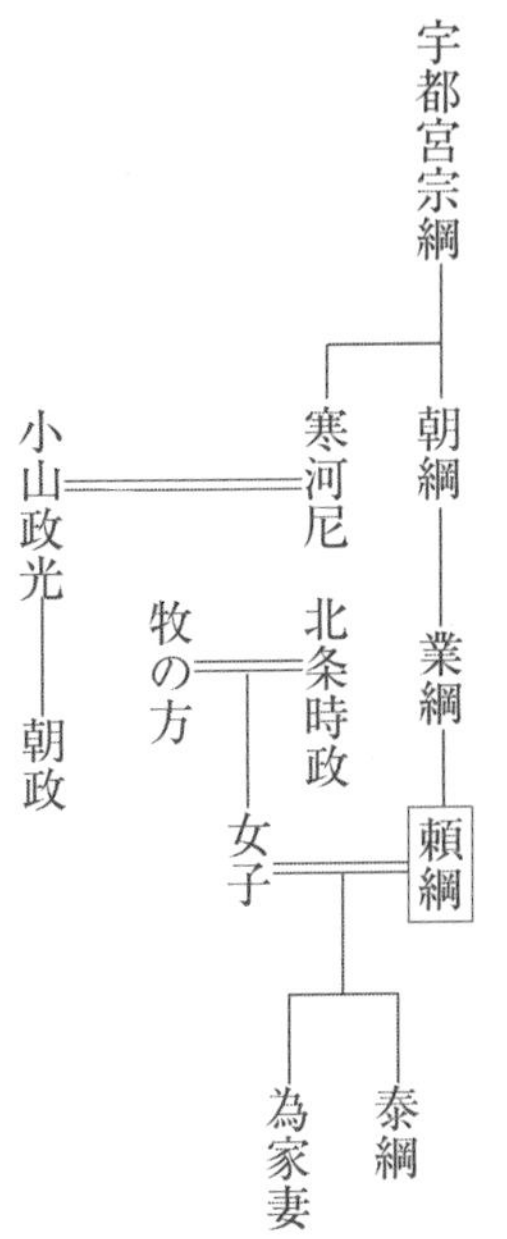


同年に源頼朝《みなもとのよりとも》が亡くなると、一三人合議制が成立し、若い将軍頼家《よりいえ》は執政を停められた。頼朝というカリスマを失った鎌倉幕府は、ここから約六年激しい内部抗争の時代にはいる。その終盤、元久《げんきゅう》二年（一二〇五）の牧《まき》の方《かた》事件で北条時政《ほうじょうときまさ》・牧の方夫妻の策謀が発覚し二人が失脚すると、その余波が夫妻の娘婿たちにも及ぶ。娘婿の中で武士であった平賀朝雅《ひらがともまさ》・稲毛重成《いなげしげなり》・宇都宮頼綱はみな、時政にかわって執権となった北条義時《よしとき》に嫌疑をかけられ、頼綱以外は誅殺されてしまう。この絶体絶命の

ピンチを、頼綱はどうやって生き延びたのだろうか。それは次の通りである。

宇都宮頼綱が幕府に謀反《むほん》を企てているという噂を聞いた義時は、下野《しもつけ》守護である小山朝政《おやまともまさ》に頼綱追討を命じた。しかし朝政は、「頼綱はよしみの深い親戚である」ということを理由にこれを拒否した。その一方で、朝政は頼綱にこの情報を知らせて義時への恭順をすすめたと考えられる。頼綱は義時に宛て、謀反の意思のないことを記した書状を書き、朝政もこれに副状を加えて大江広元《おおえのひろもと》に提出した。しかし広元はこれを義時に取り次ごうとしなかったので、頼綱は出家して逆心のないことを示した。出家には頼綱の郎従《ろうじゅう》六〇人余りも従った。さらに頼綱は鎌倉にも赴いて義時に弁明しようとした。しかし義時は頼綱に会おうとしなかったため、頼綱は自分の髻《もとどり》を切って提出した。これらの結果、ようやく義時の宇都宮頼綱追討命令は撤回されることになったのである。

義時のねらいは、小山朝政に頼綱追討を命じることによって、小山氏にも大きな犠牲を払わせ弱体化させることであったと推測されている。しかし、朝政は親戚関係を理由にそれを回避した。その親戚関係とは、小山朝政の継母寒河尼が、頼綱の祖父朝綱の妹であり、頼綱にとっては大叔母であったことである。宇都宮氏と小山氏の結節点となっていたのは、当時六八歳の寒河尼で、彼女は両家を束ねるゴッドマザーのような存在であったとも推定されている。ちなみに彼女は先述したように頼朝の乳母であった。このようなつなぎめの女性をもった宇都宮氏と小山氏は、武士団同士の結束により、義時の命令を反故にできた。一方で、時政にかわって幕政の指導者になったばかりの義時にとっては、手痛い撤回だったに違いない。

出家した頼綱は実信坊蓮生《じっしんぼうれんしょう》と称し、承元《じょうげん》三年（一二〇九）に摂津勝尾寺《せっつかつおじ》に法然を訪ね、京周辺で浄土系寺院の建立に関わるなど、基本的な拠点を京に移したと考えられている。ただし、建保《けんぽ（けんぽう）》四年（一二一六）には幕府から園城寺山王社《おんじょうじさんのうしゃ》と拝殿・山門の修造を命じられたり、また同じ頃、伊予守護としての活動が見られるので、頼綱は相変わらず宇都宮氏の惣領として活動している。それは嫡子となった泰綱《やすつな》が若すぎたこともあるが、幕府としても頼綱を完全に除外することができなかったのだろう。さらには、頼綱の京での活動を確認していくと、彼は京に邸宅や宿所をいくつかもっていたり、法然のための寺院・堂舎を建立するなど、非常に豊かな経済力をもっていたことがうかがえる。幕府としてもこのような財力に頼る部分があったのである。

そのうえ、承久《じょうきゅう》の乱後の嘉禄《かろく》二年（一二二六）には六波羅探題《ろくはらたんだい》北方として在京していた北条泰時《やすとき》が、その嫡男を宇都宮泰綱の女子と結婚させることを約束したという。この結婚の決定には頼綱も関わっていたと考えられ、京都を舞台にして北条氏と宇都宮氏との婚姻関係が結ばれた。北条氏の側でも京を中心に圧倒的な財力を持つ頼綱との関係を、むしろ深めようとしたのである。

一度は義時に殺されかけた頼綱ではあったが、出家後は主に活躍の場を京周辺に求めることにより、かえって幕府や北条氏に彼の存在感を認めさせることになった。義時が貞応《じょうおう》三年（一二二四）に没すると、京で泰時と頼綱は和歌のやりとりをしている。義時の死に対して、頼綱も追悼の歌を寄せたのであった。

（野口華世）

## ⑩牧の方

牧《まき》の方《かた》といえば、「悪女の典型」とも称され、芯が強く、政治に口を挟んでいく女性（これが中世の「悪女」の定義ともいえる）としての印象が強いかもしれない。では、実際の牧の方はどういう人なのだろうか。また、歴史のなかでどのような役割を担っていたのだろうか。牧の方については、近年の研究によって明らかになったことも多いので、それらをひもときながら、牧の方についての新たな一面も紹介していきたい。

牧の方は、北条時政の「後妻」で、先妻の子である北条義時《ほうじょうよしとき》・政子《まさこ》らにとっては「継母」である。生没年は不明だが、もっとも新しい研究によれば、政子より五歳ほど年下で、義時より一歳年上と想定されている。時政とは二〇歳以上離れており、まさに「ワカキ妻」（『愚管抄《ぐかんしょう》』）であった。

まずは牧の方が『吾妻鏡《あずまかがみ》』にどのように登場するのかを見てゆこう。牧の方の初出は、寿永《じゅえい》元年（一一八二）のいわゆる「亀《かめ》の前《まえ》事件」である。政子が夫 源 頼朝《みなもとのよりとも》の愛人亀の前のことを知り、その住まいを破却させたのだが、亀の前のことを政子にこっそりと告げたのが、牧の方だったのである。

また、建仁《けんにん》三年（一二〇三）、政子の二男千幡《せんまん》（実朝《さねとも》）が将軍になることが決まると、千幡は実母の政子邸から後見役となる時政邸へ移った。しかしもともと千幡の乳母《めのと》であった政子の同母妹阿波局《あわのつぼね》の進言により、政子は数日後に千幡を連れ戻してしまう。なぜなら阿波局が、父時政はともかく継母牧の方は信用できない旨を政子に伝え、政子もそれを了承したためであった。

さらに元久《げんきゅう》二（一二〇五）年に六月、北条氏によって畠山重忠《はたけやましげただ》・重保《しげやす》父子が討たれる。北条時政《ときまさ》は事前に畠山父子の討伐について義時・時房《ときふさ》にはかるが、二人は重忠の頼朝挙兵以来の勲功《くんこう》や、重忠が時政の婿（重忠妻は時政と先妻の娘）であることなどをあげて時政を思いとどまらせようとした。しかし、説得されそうだった時政にかわって畠山重忠を討つべきことを強行に主張したのは、牧の方であった。義時は牧の方に対してよく考えるよう伝えるが、結局時政は、義時・時房の反対を押し切って追討を強行したのであった。

その二か月後の閏《うるう》七月牧の方事件がおこる。牧の方が実朝を殺害して娘婿の平賀朝雅《ひらがともまさ》を将軍にすえかえようと策を巡らしているという噂が出た。政子はすぐに実朝を時政の手元から義時邸に引き取り、多くの御家人がこれに従った。これを見た時政は抵抗をあきらめて出家し、かわって義時が執権となる。牧の方は時政とともに伊豆に下向したという。

亀の前事件はともかくその後の事件は、義時・政子と時政・牧の方は対立関係で理解できる。しかし、これらはあくまで北条氏中心にまとめられた歴史書『吾妻鏡』における記述であることに注意すべきである。つまり、義時・政子と時政・牧の方との関係は、単純な対立構造とも捉えきれない側面があった。次にこのことについて考えてゆこう。

そもそも時政はなぜ牧の方と結婚したのであろうか。牧の方は牧宗親《むねちか》の娘であるが、宗親はこれまで駿河《するが》国の武士あるいは国人・住人・在地領主などと説明されていた。つまり牧の方は草深い田舎の武士の娘であるという解釈である。しかし現在では全く違うイメージで語られる。それは父は京の下級貴族で、牧の方は京育ちの娘だというものである。

牧宗親は白河院《しらかわ》の近臣藤原宗兼《ふじわらのむねかね》の子であった。また宗親の姉妹で、牧の方の伯母にあたる宗子《むねこ》は、鳥羽《とば》天皇の妻璋子《たまこ》（待賢門院《たいけんもんいん》）に仕えて崇徳《すとく》天皇の乳母となっていた。この宗子は平忠盛《たいらのただもり》の後妻池禅尼《いけのぜんに》のことで、平治《へいじ》の乱後に捕縛された頼朝の命乞いをした人物である。忠盛自身も鳥羽院近臣であり、池禅尼の子平頼盛《よりもり》も八条院院司《はちじょういんいんじ》である。ほかにも牧の方の伯父宗長《むねなが》は待賢門院判官代《ほうがんだい》を勤め、鳥羽《とば》院殿上《てんじょう》の侍臣《じしん》でもあった。つまり、牧の方は、院政の時代にあって政治や経済、そして文化においても大きな影響力をもった院近臣《いんのきんしん》の家の人物だったのである。

当時の院近臣は、各地の国司《こくし》も歴任し、京はもちろん地方も含めあらゆるところにネットワークを形成していた。この頃地方に次々と立てられた天皇家や摂関家《せっかんけ》の荘園《しょうえん》は、院近臣のネットワークのそのあらゆるコネクションを駆使することによって成立した。牧宗親はこのようなネットワークのなかで平頼盛の所領である駿河国大岡荘の預所《あずかりどころ》となっていた（のち時政が地頭となる）。宗親が立荘《りっしょう》に尽力したためであろう。牧の方はまさにこのような院近臣ネットワークの中にいたのである。

一方、頼朝の配流期（一一六〇～八〇）の時政は、実は伊豆《いず》においてもとくに目立った活躍がなかった。かつ彼の本拠地北条も交通の要衝とはいえ狭小で、当時の北条氏が伊豆国では突出した存在ではなかったことが指摘されている。

また近年、東国武士は草深い田舎から出てきたわけではなく、地方に拠点を持ちつつも、それを維持するために、一族内部で在京と在国を分担していたことが明らかになっている。たとえば兄が地方の本拠地を固めるなら、弟は京に基盤を置いて院近臣ネットワークに入り込んで中央政界とのコネクションを築く、というように、東国武士は分業体制をとっていたのである。

このように見てくると、時政が牧の方と結婚した理由はおのずとわかってくるだろう。おそらくそれまでの時政には、京に確かな基盤はなかったのだろう。だが、時政が伊豆の本拠地を拡充し、在地での存在感を増していくために、婚姻関係を通じて在京基盤を手に入れることは、必要不可欠だったのである。

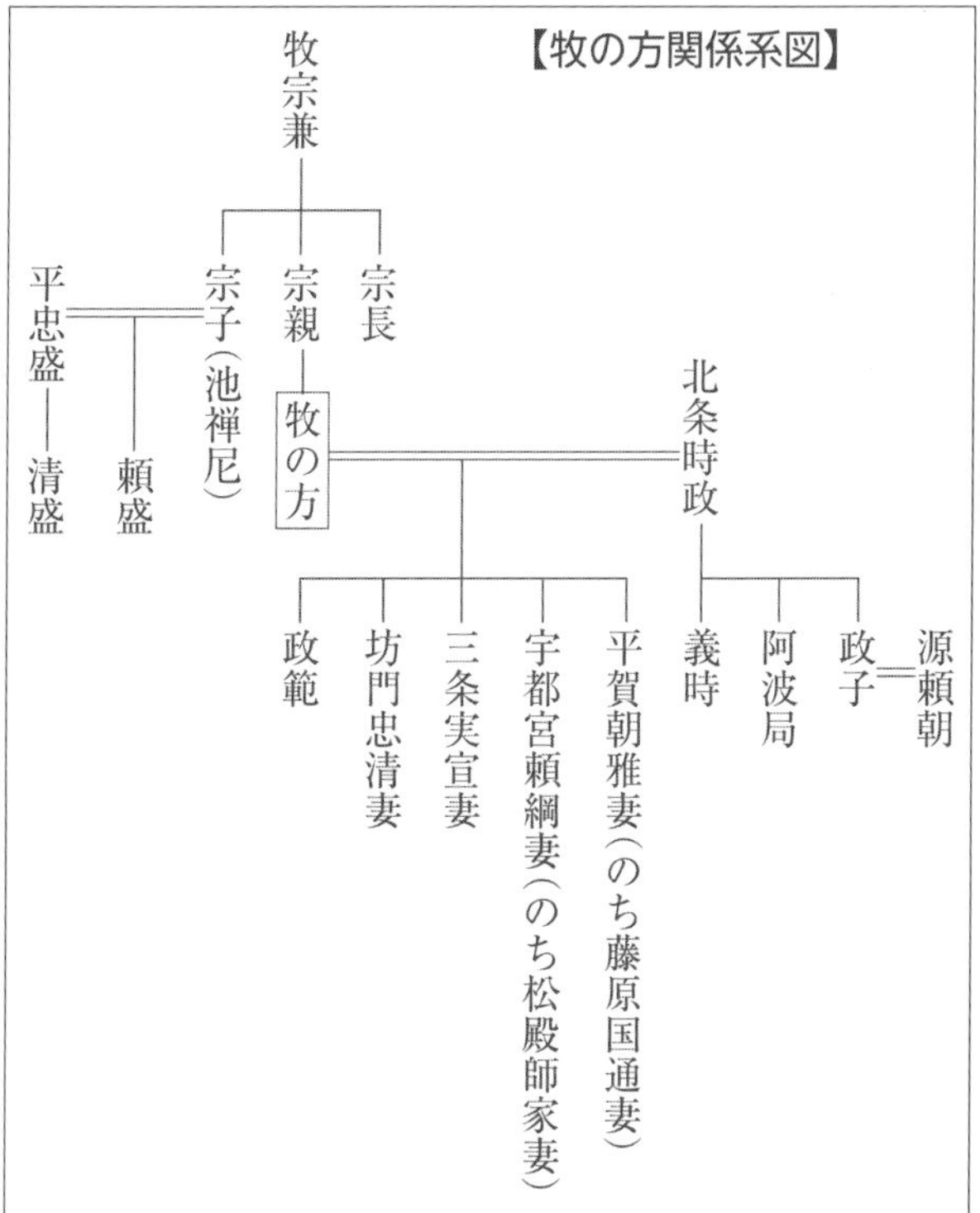


牧の方は『吾妻鏡』では実朝《さねとも》暗殺計画の首謀者とされているが、彼女が処罰されたという形跡は全くない。事件後、牧の方も時政とともに伊豆に戻ったが、承久の乱後には京で亡夫時政の十三年忌を

盛大に催している。その前後およそ半年にわたって在京し、摂津・大和などの寺詣に子孫の女房たちをともなって出かけたりもしている。牧の方の娘たちの多くは京の貴族たちと結婚（・再婚）していた（系図）。それによって牧の方は、牧の方事件後も、院近臣ネットワークを保持しつづけたと言えよう。さらにこの娘たちと異母姉兄の政子・義時らとの関係は、実は対立関係とは言えず、むしろ良好な関係が保たれていた。義時・政子の側でも牧の方のネットワークを利用することがあったのかもしれない。

最後に、牧の方の末子で長男の政範《まさのり》について述べておこう。政範は文治《ぶんじ》五年（一一八九）に生まれた二人の「愛子」で「英雄」とも称された人物であった。政範は元久《げんきゅう》元年（一二〇四）一一月、将軍実朝の御台所《みだいどころ》（坊門信清《のぶきよ》娘）関東下向のお迎えのために上洛したが、途中で病気になり、京に着いてすぐ一六歳という若さで亡くなる。時政と牧の方はこの知らせをうけ悲嘆に暮れたという。ところで、この若い愛息政範は、亡くなったときにはすでに従五位下《じゅごいのげ》で左馬権助《さまのごんのすけ》となっていた。一方、義時は、政範より二六歳年上でありながら、同年に従五位下でしかなかった。政範の破格の待遇は、やはり牧の方の院近臣ネットワークが功を奏した結果だと考えられる。もし政範がもう少し長く生きていたら、その後はどのように展開したであろうか。全く違う歴史になっていたかもしれない。（野口華世）

# 北条義時関連史跡〈鎌倉〉

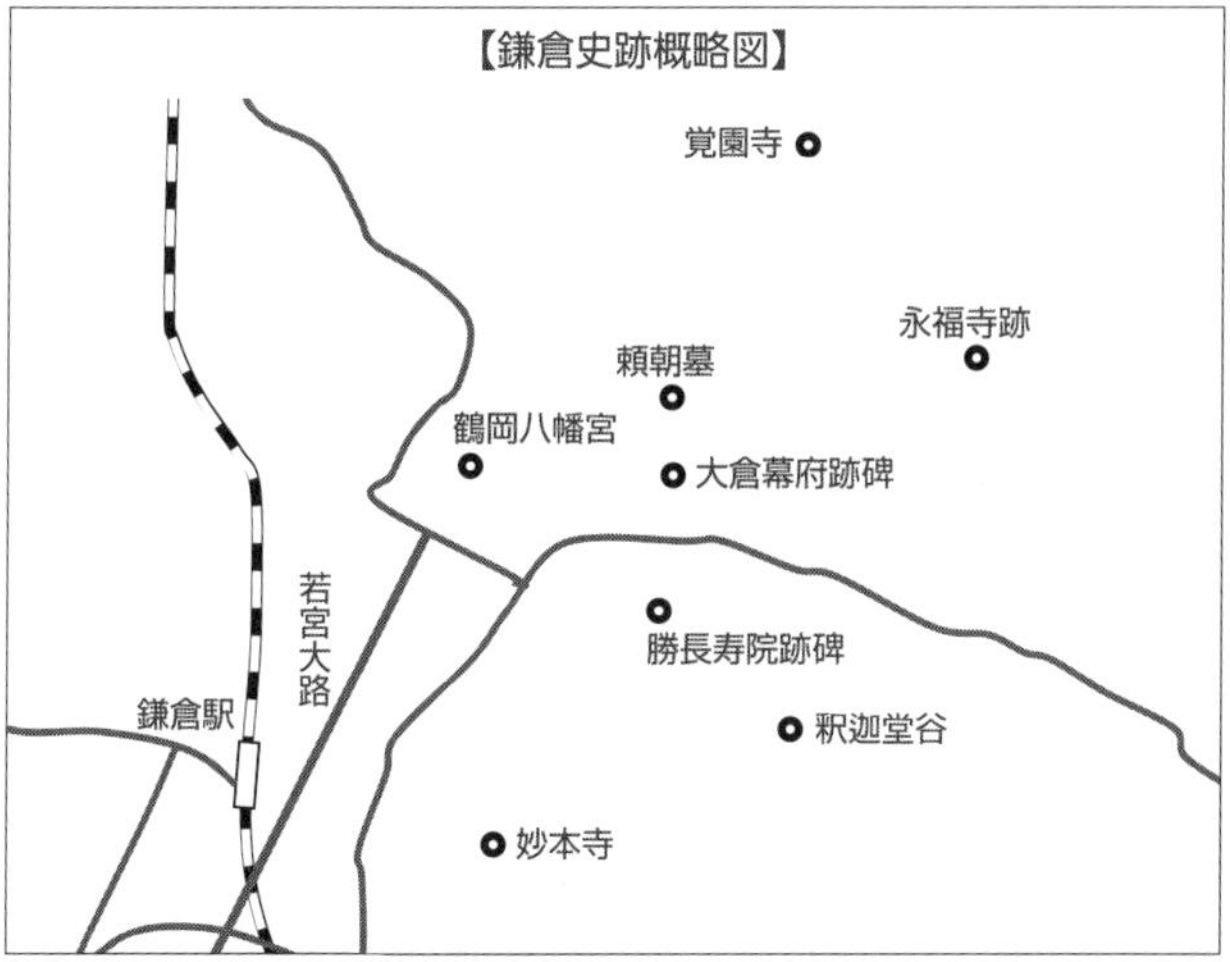


## ① 鶴岡八幡宮《つるがおかはちまんぐう》

鎌倉駅を降りて若宮大路《わかみやおおじ》に出ると、鳥居越しの山裾に朱の社が遠く見える。この二の鳥居から北に延びるのが段葛《だんかずら》で、その先に鎮座するのが鶴岡八幡宮である。鎌倉の町の中央に位置する鶴岡八幡宮は、源氏《げんじ》の氏神《うじがみ》として祀《まつ》られ、後には鎌倉幕府の精神的な支柱として、また武家の古都鎌倉の象徴として、長い歴史の中で多くの人々の信仰を集めてきた。鶴岡八幡宮の歴史は、都市鎌倉の歴史そのものである。

### ●鶴岡八幡宮の成立

源頼朝《みなもとのよりとも》は治承《じしょう》四年（一一八〇）一〇月六日に相模国《さがみ》に入ると、まず鶴岡八幡宮を遙拝《ようはい》し、自身の鎌倉の邸宅を整えた。その六日後、康平《こうへい》六年（一〇六三）に頼朝先祖の源頼義《よりよし》が密かに勧請《かんじょう》した鶴岡八幡宮を由比郷《ゆいのごう》より現在の地に遷したと『吾妻鏡《あずまかがみ》』は記している。この時の社は仮で、簡素なものであったが、翌養和《ようわ》元年（一一八一）に改めて本格的な造営が行われた。これが現在の若宮《わかみや》（下宮《しものみや》）である。養和二年（一一八二）の三月には、頼朝室・北条政子《ほうじょうまさこ》の安産《あんざん》を祈願《きがん》して社頭《しゃとう》から由比ヶ浜《ゆいがはま》までの道を整備し、四月には紘巻田《つるまきだ》を池とした。これが現在の段葛（若宮大路）及び源平池《げんぺいいけ》であるとされる。九月には三井寺《みいでら》の円暁《えんぎょう》を別当《べっとう》に任じ、鶴岡八幡宮の西に別当坊《べっとうぼう》を設けた。一連の本格的な造営を契機に、境内地は急速に整えられたが、この当時の鎌倉内にはまだ造営を実現するだけの人材がいなかったようである。実際に造営を担ったのは武蔵《むさし》国浅草《あさくさ》の大工や、御神体の渡御《とぎょ》に奉仕した大庭御厨《おおばのみくりや》の神館の巫女など、周辺地域や東国《とうごく》内から集められた人々であった。

ところで、現在の鶴岡八幡宮の境内には、舞殿《まいでん》の東にある若宮（下宮）と、石段をあがったところにある本宮（上宮《うえのみや》）がある。しかし造営当初、本宮（上宮）は存在しておらず、現在の鶴岡八幡宮の姿とは異なる景観《けいかん》が広がっていたと考えられる。では、どのような姿をしていたのだろうか。鶴岡八幡宮境内の研修道場用地、鎌倉国宝館《かまくらこくほうかん》の収蔵庫用地、舞殿東の休憩所用地などでは発掘調査が行われており、様々な知見が得られている。これらの発掘調査から、頼朝時代の地表は現在よりも約二メートル下にあることが確認された他、最初の若宮の参道と推測される跡も見つかった。この参道の延びる先が現在の若宮の正面と一致しているため、当初の若宮は、現在の場所とほぼ同じ位置にあったのではないかと考えられている。草創期の鶴岡八幡宮の境内を想像しながら歩くのも楽しいだろう。

徐々に整備が進んだ鶴岡八幡宮であったが、建久《けんきゅう》二年（一一九一）三月の火災で境内の建物は悉《ことごと》く焼失してしまう。小町大路《こまちおおじ》から出た火は瞬《また》く間に広がり、北条義時《よしとき》や比企能員《ひきよしかず》以下数十もの家屋や頼朝の御所を焼き、その火は鶴岡八幡宮にも迫った。この火災で、若宮の神殿や回廊、経所や塔婆など多くの建物が被害を受けた。源頼朝は、灰燼《かいじん》に帰し礎石だけが残る風景を目の当たりにして、涙を抑えられなかったという。この火災から二日後、頼朝は再建事業にとりかかる。四月二六日には若宮の上の地に八幡宮を勧請し、上棟が行われた。これが現在の本宮（上宮）である。

## ●鶴岡八幡宮の行事

鶴岡八幡宮では年間を通じて様々な行事が行われているが、なかでも九月一四日から一六日にかけて行われる例大祭《れいたいさい》の歴史は古く、源頼朝が石清水八幡宮《いわしみずはちまんぐう》にならって文治《ぶんじ》三年（一一八七）に始めた放生会《ほうじょうえ》に遡る。当初は放生会が行われる八月一五日が祭日であったが、建久《けんきゅう》元年（一一九〇）以降は一五日と一六日の二日間にわたって開催されるようになった。一日目には経《きょう》や舞楽《ぶがく》が行われ、二日目には流鏑馬《やぶさめ》や競馬《くらべうま》が行われた。石清水八幡宮の放生会に流鏑馬はなく、鶴岡八幡宮特有のものである。現在も九月一六日に流鏑馬神事が行われており、武家の守護神たる鶴岡八幡宮を象徴する行事といえるだろう。

## ●歴史の舞台、鶴岡八幡宮

鶴岡八幡宮は鎌倉の歴史そのものであるが故に、様々な歴史的事件の舞台ともなった。文治二年（一一八六）三月、一人の女性が鎌倉へ到着した。源義経《よしつね》の妾・静御前《しずかごぜん》である。源義経の居所につい て尋問されたが口を割らず、舞曲の催促にも応じなかったが、再三の命令により、静御前は鶴岡八幡

宮の回廊《かいろう》で舞うことになった。この時の歌が義経恋慕《れんぼ》で有名な

よし野山　みねのしら雪　ふみ分て　いりにし人の　あとぞこひしき

しづやしづ　しづのをだまき　くり返し　昔を今に　なすよしもがな

である。本来であれば八幡宮の神前であるから、関東の長久を言祝《ことほ》ぐ歌を披露すべきであったと頼朝は叱責したが、政子の取りなしで怒りを静めた。まさにこの舞台が、鶴岡八幡宮の「回廊」だったのである。現在の八幡宮若宮に回廊はないが、かつては回廊で囲まれていたようである。天正《てんしょう》一九年（一五九一）五月、豊臣秀吉《とよとみひでよし》が徳川家康《とくがわいえやす》に命じて作らせた指図《さしず》には、若宮を取り囲む回廊が記されている。指図は後世のものではあるが、静御前が舞った場所は、そのようなところであったのかもしれない。

また頼朝の死後から間もない正治《しょうじ》元年（一一九九）一〇月、千葉常胤《ちばつねたね》、三浦義澄《みうらよしずみ》、三浦義村《よしむら》、畠山《はたけやま》重忠《しげただ》以下六六人の御家人《ごけにん》が鶴岡八幡宮の回廊に集まった。彼らはそこで梶原景時《かじわらかげとき》を弾劾する連判状に署判を加え、八幡神の前で一味同心《いちみどうしん》を誓ったのである。これは頼朝という求心力を失った御家人にとって、鶴岡八幡宮の存在が精神的な紐帯《ちゅうたい》となっていたことを象徴する出来事といえよう。

さらに建保《けんぽ(けんぽう)》七年（一二一九）正月二七日、鶴岡八幡宮は歴史的事件の舞台となった。三代鎌倉殿・源実朝《さねとも》は右大臣《うだいじん》に任じられ、その拝賀《はいが》のため鶴岡八幡宮に参詣することとなった。夜になって雪が二尺（六〇センチ以上）ほど積ったこの日の出来事は、摂関家出身の天台僧、慈円《じえん》が記した『愚管抄《ぐかんしょう》』に詳しく書き残されている。それによれば、八幡宮への奉幣《ほうへい》が終わり、実朝が石段を下って整列する公卿《くぎょう》の前を通り過ぎようとしていたその時、山伏の頭巾《ずきん》を被った法師が、「親のかたきをこうして討つ

ぞ」と言って、首を切りつけたという。さらに北条義時と取り違えられた源仲章《なかあきら》も落命した。法師の名は公暁《こう(く)ぎょう》と言い、父頼家《よりいえ》が将軍職を追われると建暦《けんりゃく》元年（一二一一）に出家し、東大寺《とうだいじ》の戒壇で受戒、その後三井寺で修行を積み、定暁《じょうぎょう》の跡を継いで鶴岡八幡宮の別当となっていた。『吾妻鏡』によれば、公暁は実朝を殺害した後、北谷《きただに》にあった後見の備中阿闍梨《びっちゅうあじゃり》のもとで食事をとり、八幡宮裏の尾根を経由して、西御門《にしみかど》の三浦義村宅へと向かい、その途中で討たれたという。

●二十五坊《にじゅうごぼう》

さて、公暁の存在からもわかるように、中近世の鶴岡八幡宮は、寺と宮とが混在する「神仏習合《しんぶつしゅうごう》」の状態であった。鶴岡八幡宮は、後述する勝長寿院《しょうちょうじゅいん》・永福寺《ようふくじ》等とともに、鎌倉顕密仏教界の中心にあり、様々な仏教儀礼も行われていた。その最高責任者には「別当」と呼ばれる僧が置かれ、儀式や運営を担う二五人の供僧《ぐ(く)そう》も任じられていた。これらの二五人の初代供僧のうち、一五人が平家一門《へいけいちもん》の出身であることはあまり知られていないかもしれない。一一人には各々推挙者がいて、六人は北条《ほうじょう》時政《ときまさ》、二人が畠山重忠で、その他が梶原景時、佐々木高綱《ささきたかつな》と北条義時であった。八幡宮創建時、職人や僧侶などを各地から集めて事業が進められたように、僧侶の確保は急務であった。また平氏鎮魂《ちんこん》の意味もあったかもしれない。

さて、鶴岡八幡宮の西側、現在の巨福呂坂《こぶくろざか》に抜ける県道沿いには、かつて北谷《きただに》・南谷《みなみだに》・東谷《ひがしだに》・西谷《にしだに》と呼ばれた谷々があり、別当坊をはじめ鶴岡八幡宮に参仕する供僧の二十五坊や、諸堂《しょどう》の供僧等の坊舎が建ち並んでいた。現在の県道は明治一九年（一八八六）に開削された新道で、それ以前は鶴岡八幡宮の車祓所の前を入る道が旧道である。この辺りの景色は近世以前とは大きく異なるが、県道沿いに大正七年（一九一八）に造立された鎌倉町青年会の碑が立っており、その面影を伝えている。

### ②若宮大路《わかみやおおじ》と段葛《だんかずら》

町の中心を南北に通る若宮大路は、鎌倉最大のメインストリートである。さらに二の鳥居から八幡宮前の三の鳥居までの、道の中心が一段高くなっている部分は段葛と呼ばれ、若宮大路とともに国指定史跡となっている。春には桜、夏にはぼんぼり祭と、鎌倉の四季を感じられる場所である。

段葛はかつて、置石《おきいし》や置路《おきみち》、作路《つくりみち》や千度壇《せんどだん》などとも呼ばれていた。また「若宮大路」の呼称も『吾妻《あずま》鏡《かがみ》』に限ってみられるもので、他の史料には「若宮小路」と記されることが多い。実際には大路ではなく、若宮小路と呼ばれていたのだろう。室町時代以降の史料には「七度小路」や「千度小路」といった呼称もみられ、時代時代で様々な名前で呼ばれていたことがわかる。

養和《ようわ》二年（一一八二）の三月、源頼朝《みなもとのよりとも》は北条政子《ほうじょうまさこ》の安産祈願のため、鶴岡八幡宮から由比浦《ゆいのうら》に至る道を直し「詣往道」を造った。これが現在の若宮大路・段葛であるといわれている。造営の際には頼朝自らが監督し、北条時政《ときまさ》等の武士達も石を運んだというエピソードが残る。若宮大路の両脇には、北条氏をはじめ有力御家人等の屋敷が並ぶようになっていったが、御所が大倉《おおくら》にあった時代は、八幡宮前を通り大倉から六浦へ抜ける東西道が町の基軸であったといわれている。しかし嘉禄《かろく》元年（一二二五）、北条泰時《やすとき》の邸宅である若宮小町亭の隣接地（宇津宮辻子）に将軍御所が移転すると、都市の基軸は東西道から若宮大路へと移っていった。この前年の貞応《じょうおう》三年（一二二四）六月に北条義時《よしとき》が死去し、嘉禄元年（一二二五）六月には大江広元《おおえのひろもと》が、七月には北条政子が相次いで亡くなり、幕府草創期を支えた人々が相次いでこの世を去っている。大きな世代交替があった時期に、鎌倉の町もまた大きな変化を迎えていたのである。

若宮大路は鶴岡八幡宮の参道、儀礼の場として神聖視されていたため、将軍や北条氏など一部の屋敷をのぞいては、大路側に門を設けていなかったともいう説もある。このような公的かつ神聖な側面を持つ一方で、海に近い下の下馬橋付近は歓楽街となるなど、多面的な様相を見せるのも興味深いところである。また若宮大路沿いに並ぶ建物敷地の発掘調査では、若宮大路の側溝跡が各地で見つかっており、その位置から若宮大路の最大幅は三三メートルほどであったことがわかっている。東側の側溝からは、「一丈伊北太郎跡」「一丈〈南〉くにの井の四郎入道跡」などと書かれた木簡が出土している。いずれも木簡の先は尖らせるように削られており、地面にさして使われたとみられている。木簡に記されている伊北氏は千葉氏の一族、国井氏は上野の御家人であることがわかっており、路や側溝の修繕が御家人に割り当てられていたことを示す重要な資料である。

さて、鶴岡八幡宮の南東、若宮大路沿いの商業ビル一階には、発掘調査で見つかった若宮大路の木組みの側溝跡や、鎌倉時代の若宮大路の道路面が保存展示されている。現在では見られない鎌倉時代の若宮大路の様子を垣間見ることができるので、是非一度ご覧いただきたい。

### ③大倉幕府《おおくらばくふ》とその周辺

鶴岡八幡宮《つるがおかはちまんぐう》東の鳥居を出て、横浜国立大学附属小学校に沿って進み、桜並木のある道へ右折すると、清泉小学校敷地の南西角に「大倉幕府旧蹟」の碑がある。大倉とは、十二所《じゅうにそ》あたりまでを含む鶴岡八幡宮東一帯の広域な地名である。源　頼朝《みなもとのよりとも》は治承《じしょう》四年（一一八〇）に鎌倉に入ると、大倉を居所と定め、御所を造営した。後の嘉禄《かろく》元年（一二二五）に北条義時《ほうじょうよしとき》の息子である泰時《やすとき》が若宮大路の宇津宮《うつのみや》辻子《ずし》に将軍御所を移すまで、大倉が政治の中心であった。そして大倉に御所があった時期の幕府を、通称「大倉幕府」と呼んでいる。

頼朝は鎌倉に入ると、まず父義朝《よしとも》の旧跡である亀谷《かめがやつ》に足を運び、御所を置こうとした。しかし地形が狭かったこと、また岡崎義実《おかざきよしざね》がすでに義朝の菩提を弔うための堂を建てていたことから、大倉を居所としたという。この亀谷の旧跡は、現在寿福寺《じゅふくじ》があるあたりとされている。同年の一二月一二日に新亭が完成し、移徙《いし》が行われた。御所内には寝殿があり、一八間もある侍所にはこの時、三一一人もの人々が出仕したという。その他、御所内には大御所、小御所や対屋、釣殿や問注所、御厩や弓学問所など様々建物が建てられていたことが史料からうかがえる。また御所の周囲には有力御家人達の屋敷がならんでいた。御所の四方には、東西南北に四つの門があり、西御門《にしみかど》には三浦義村《みうらよしむら》、東御門《ひがしみかど》には比企能員《ひきよしかず》、南御門《みなみみかど》には八田知家《はったともいえ》や畠山重忠《はたけやましげただ》が居館を構えていたことが『吾妻鏡《あずまかがみ》』にみえる。現在も西御門・南御門・東御門の字が残っており、西御門川（現在は暗渠）・東御門川が流れている。

ではこの大倉御所はどこにあったのか。遺跡大倉幕府跡として想定されているのは、頼朝墓の下の東西の道を北限とし、南を六浦へと至る県道金沢鎌倉線、東を荏柄天神社《えがらてんじんしゃ》の西の東御門川、西を西御門へと入る道に限る範囲で、大倉幕府旧跡の碑はその中央に位置している。しかしこれはあくまでも推定地であって、未だにその位置は確定していない。推定大倉幕府跡内の発掘調査は数多く行われているものの、いずれも小規模な調査で、現時点で直接大倉幕府の存在を示す決定的な遺構は確認されていない。しかしながら、県道に面した発掘調査では、最大幅六メートル、深さ一・三メートルに及ぶ市内最大級のV字型の手掘りの溝が検出されている。さらに東御門川に面する地点（雪ノ下三丁目六三七番四地点）でも、幅約五・一メートル、深さ二・七メートルの大規模なV字型の溝が見つかっている。また清泉小学校の西の地点（雪ノ下三丁目七〇一番三地点）では、最下層から非常に大きな柱穴が三基見つかり、大倉幕府最初期の時期にあたる建物ではないかと考えられている。同じく清泉小学校の西隣の調査地では、市内の武家屋敷でみられるような地面に敷かれた貝砂が検出され、大小の礎石と雨落ち溝も見つかった。建物の周囲に雨落ち溝が廻る大規模な建物とみられている。このように事例は少ないながらも、調査の成果が積み重ねられており、今後の研究の進展が期待される。

また推定地内は、鎌倉時代初期の面まで三メートル以上の深さがあり、東側の荏柄天神社参道前と比べて低い土地であったことが指摘されている。一方で東側の微高地からは、鎌倉時代初期から有力者が住んでいたことを示す成果が多く報告されている。清泉小学校の南東の発掘調査では（二階堂字荏柄三八の一）大型の掘立柱建物群とともに、側溝や塀の跡が見つかった。ここを大倉御所の東方にあった政子《まさこ》の御所、「東御所《ひがしのごしょ》」に比定する見解もあるが、有力者の屋敷であることは間違いないだろう。さらに現在の鎌倉青少年会館の地点では、幅二・三メートル、深さ〇・九メートルの堀と、八軒の掘立柱建物が見つかった。複数ある建物の中には大規模なものも含まれ、有力武家の屋敷とみられている。この地域には、幕府有力者の拠点が多く、青少年会館のある地域は、鎌倉幕府以前より和田・三浦一族の拠点であった可能性が指摘されている。また荏柄天神社前には和田胤長《わだたねなが》の屋地があったが、和田合戦で没収され、北条義時が拝領している。

以上のように、大倉の地は頼朝が鎌倉に入ってから急速に整備が進められた地域であるが、それ以前には何もなかったというわけではない。東の微高地からは、古墳時代から平安時代の住居跡が複数見つかっているほか、東御所と推定される建物が見つかった地点に隣接した所の調査では、中世の下の層から一〇世紀後半以降に造られたとみられる大型の堀が発見されている。さらに時代を遡ると、県道の南側を中心に、弥生時代中期後葉以降の住居跡や、古墳時代前期初頭の方形周溝墓《ほうけいしゅうこうぼ》も確認されている。古代、この地は鎌倉郡荏草郷《えがやごう》があった場所と推定され、頼朝以前からまとまった集落が存在した地域であったと考えられる。

### ④大御堂谷《おおみどうがやつ》と勝長寿院《しょうちょうじゅいん》

元暦《げんりゃく》二年（一一八五）四月、「南御堂《みなみみどう》」の立柱の儀式に臨んでいた源頼朝《みなもとのよりとも》のもとに、平家滅亡の知らせが届いた。頼朝は感無量のあまり、言葉を発することができなかったという。その場で鶴岡八幡宮《つるがおかはちまんぐう》に遙拝し、大願を謝した。この南御堂こそが、頼朝が父義朝《よしとも》の菩提を弔うために建立した勝長寿院である。勝長寿院を建立するにあたり、頼朝自ら材木を探しに伊豆まで赴く程の力の入れ様で、仏具や導師の布施は京都で整えられ、南都から仏師成朝《せいちょう》を招き、丈六総金色の本尊・阿弥陀仏を造らせて安置した。また京都から詫間《たくま》派《は》の絵師・詫間為久《たくまためひさ》を招き、仏像の後壁に浄土の瑞相と廿五菩薩の像を描かせたという。『吾妻鏡《あずまかがみ》』の記述だけでも、その荘厳な様子が想像されよう。そしてこの堂に安置されたのは、父義朝の遺骨であった。後白河院は頼朝の願いを聞き届け、義朝の首を探させて鎌倉に送ったのであった。平家の滅亡をうけ、まさに頼朝がその勢力を極めんとしている最中に造営されていたのが、勝長寿院であった。

残念ながら勝長寿院は廃寺となっており、現代の我々がその伽藍を目にすることはできない。源氏の菩提寺として鎌倉幕府や鎌倉公方のもと隆盛した寺院であったが、足利成氏《あしかがしげうじ》が鎌倉を去り古河《こが》へ移ると、次第に衰退していった。しかし鎌倉時代においては、鶴岡八幡宮と後述する永福寺《ようふくじ》にならぶ、鎌倉の顕密寺院の中心的な存在であった。三代鎌倉殿・源実朝《さねとも》が鶴岡八幡宮で甥の公暁《こう(く)ぎょう》に暗殺されると、その遺体は火葬され、勝長寿院の傍らに葬られた。さらに北条政子《ほうじょうまさこ》は実朝を供養するため、五仏堂を建てて運慶作の五代尊像を安置したという。それだけでなく、貞応《じょうおう》二年（一二二三）、政子は谷の奥に新御堂と自らの御所を建て、晩年の居所としたのである。

勝長寿院は別名南御堂・大御堂と呼ばれ、現在の大御堂谷にあったと考えられている。谷の入口には昭和五九年（一九八四）に建てられた勝長寿院跡を示す石碑があり、その旧跡であることを示しているものの、具体的な寺院の景観は明らかになっていない。谷の中腹から礎石とみられる石が見つかったという記録もあり、現在石碑の足元に置かれている四つの石がそれであるという。また近年、大御堂谷奥の支谷から、一三世紀代とみられる四面廂付きの礎石建物跡が見つかった。柱穴の規模や礎石が大きく、規格が一定であることや、仏堂の内陣・外陣のような構造を持つ建物であることから、格式の高い寺院などの建物であった可能性が指摘されている。今後この建物と勝長寿院との関係が明らかとなれば、大御堂谷内の景観を紐解く手掛かりとなるかもしれない。

## ⑤史跡永福寺跡《しせきようふくじあと》

鎌倉時代、鎌倉を訪れた人々が立ち寄る定番スポットがある。鶴岡八幡宮、将軍御所《ごしょ》、勝長寿院《しょうちょうじゅいん》等とともに挙げられるのが永福寺である。中世の人々は、永福寺の壮大な姿に感嘆し、紀行文に書き記している。貞応《じょうおう》二年（一二二三）ごろに成立したとされる紀行文『海道記《かいどうき》』によれば、鎌倉に下った作者は由比の湊、勝長寿院、大慈寺《だいじじ》を遊覧したのち、二階堂《にかいどう》、すなわち永福寺にたどりついた。まず目に飛び込んだのは第一、第二と重なる軒に誂えられた、玉で造ったような瓦の姿であった。また庭の珍しい石や、永福寺周辺の自然地形の趣にも目を留めている。さらに仁治《にんじ》三年（一二四二）ごろに書かれた『東関紀行《とうかんきこう》』の作者も永福寺を訪れ、鳳凰の翼のような瓦屋根が日に輝き、建物が美しく飾られている様を書き留めている。永福寺は中世の鎌倉を訪れた旅人が必ず立ち寄る、一大モニュメントであったのである。

奥州《おうしゅう》藤原氏を平定した源《みなもとのよりとも》頼朝は、源義経《よしつね》や藤原泰衡《ふじわらのやすひら》等、内乱の犠牲となった人々の冥福を祈るため、建久《けんきゅう》三年（一一九二）に永福寺を建立した。永福寺は鶴岡八幡宮《つるがおかはちまんぐう》、勝長寿院とともに、鎌倉三大寺院のひとつに数えられる大伽藍である。顕密寺院として仏事が行われる一方、歴代将軍が花見や和歌会を行う離宮的な一面もあり、源氏の氏寺的存在として鎌倉仏教界に重きをなした。平泉《ひらいずみ》で毛越寺《もうつうじ》や中尊寺《ちゅうそんじ》などの壮大な伽藍《がらん》を目にした源頼朝は、平泉の諸堂を模し、御所近辺の大倉の地に永福寺を建立しようと決意する。建久三年（一一九二）に二階堂が完成すると、三井寺《みいでら》から高僧を招き盛大な供養が行われた。永福寺の創建は、内乱の平定と本格的な武家政権樹立を象徴するデモンストレーションのひとつであったのではないだろうか。

永福寺の特徴は、三堂の前面に池泉《ちせん》を配した浄土式の寺院景観である。昭和五六年（一九八一）から平成八年（一九九六）に行われた発掘調査によって、二階堂・薬師堂・阿弥陀堂の三堂やそれをつなぐ複廊《ふくろう》、両翼に釣殿を配する伽藍跡をはじめ、苑池《えんち》や橋、中島や遣水などの遺構が確認された。東を向いた二階堂が中央にあり、その両脇に二階堂と向きを同じくする阿弥陀堂と薬師堂が並んでいた。また正面の池に臨んで釣殿が造られ、これらの建物は複廊・翼廊《よくろう》でつながれ、美しい姿を見せていた。

永福寺池中からは堂内を飾っていた金属製の荘厳具《しょうごんぐ》、燭台《しょくだい》や仏具、仏像などの漆《うるし》製品が見つかっている。中には平泉との共通性が伺える螺鈿細工《らでんざいく》や、当時の装飾技術の高さを思わせる華麗な透かし彫りの装飾などがあり、往事の堂内の華麗さを偲《しの》ばせる貴重な品々が出土している。これらの多くは池中から見つかり、罹災《りさい》の痕跡が見られたため、火災の後に廃棄されたものであると推測されている。

永福寺は寛元《かんげん》・宝治《ほうじ》年間（一二四三～一二四九）の修理、弘安《こうあん》三年（一二八〇）の火災と再建、延慶《えんぎょう》三年（一三一〇）の火災と修理を経て、応永一二年（一四〇五）の火災に至るまで、度々の伽藍や庭園の改変が行われている。その度に不要となったものは廃棄されたのであろう。

室町時代に入っても、永福寺は室町幕府の庇護のもと存続していたが、応永の火災の後は再建されず、一五世紀の中頃で堂舎は廃絶したとみられている。現在は史跡として整備され、基壇や池などが復原されている。ただし史跡整備の対象となったのは寺院全域の一部で、中心伽藍の周辺には別当坊のほか、萩谷、西谷（一九六五年に発掘調査）等にも僧坊をはじめとする関連施設が配されていたと推測されている。幻の寺院を思い浮かべながら、緑に囲まれた史跡で一休みするのもまた一興である。

## ⑥名越《なごえ》と北条氏

鎌倉の有力御家人は一族で複数の屋敷を持っていたと考えられており、北条《ほうじょう》氏も例外ではない。北条時政《ときまさ》・義時《よしとき》の時代だけでも、名越亭、大倉亭、小町亭など複数の拠点を持っていた。このうち時政の名越亭は「名越御館〈浜御所〉」とも呼ばれており、建久《けんきゅう》三年（一一九二）七月、北条政子《まさこ》はこの名越御館に入り源実朝《さねとも》を産んでいる。時政の後は義時、さらにその子の朝時《ともとき》へと相伝されたと考えられ、建永《けんえい》元年（一二〇六）二月には、義時の名越の山荘で実朝の和歌会が催されている。

さてこの名越亭については、長らく釈迦堂口切通の南東に位置する、名越谷支谷《なごえがやつ》の平場がその跡ではないかと伝承されてきた。しかし平成二〇年（二〇〇八）に行われた当地の発掘調査では、一三世紀前半に遡るような遺構が見つからず、一三世紀後半から一五世紀にかけての土地利用の様子が確認されるのみであった。検出された建物跡は宗教施設の可能性が指摘されている。

では名越亭はどこにあったのか。高橋慎一朗氏は材木座《ざいもくざ》の谷戸、弁谷《べんがやつ》の可能性を指摘している。江戸時代に編纂された地誌『新編鎌倉志《しんぺんかまくらし》』によれば、名越の範囲は現在より広く、大町の四つ角から材木座に至るまでの東側の全てが名越であったという。鎌倉時代の海岸線は、現在のそれよりも高かったと考えられており、現在の材木座地区の低地には潟湖もしくは湿地帯が広がっていたといわれている。つまり弁谷の開口部に位置する補陀洛寺《ふだらくじ》あたりまで海岸線が迫っていたことになるが、弁谷に名越亭があったとすれば、浜御所の異名も納得できるものである。

弁谷は北条氏ゆかりの伝承が数多く残る谷戸である。名越亭は義時の子・朝時に相伝された後、名越氏が相伝したものと思われるが、朝時の子の時章《ときあき》の名越山荘が新善光寺《しんぜんこうじ》の辺りにあったことが『吾妻鏡《あずまかがみ》』に記されている。この新善光寺は現在は廃寺となっているが、もとは浄土宗西山派の寺院で、名越氏が建立したとされている。弁谷には北側に三つの支谷があり、その中央の谷が新善光寺の跡とされている。また少し時代は下るが、弁谷内には北条高時《たかとき》が創建した崇寿寺《すうじゅじ》という寺院もあった。さらに弁谷の谷戸入口には「高御倉《たかみくら》」という地名が残っていたが、ここが『吾妻鏡』に登場する幕府直轄領の倉庫群「浜御倉」を示す地名ではないかと考えられている。弁谷は人工の港・和賀江島《わかえのしま》にも近く、流通の要地でもあったであろう。

弁谷の発掘調査では、一二世紀から一三世紀中頃の面から、庭園の池の遺構が見つかっている。後の時代には、池を埋め立てて大規模な掘立柱建物を建てたり、礎石建物を建てたりしていたようである。庭園の池や礎石建物など、継続した土地利用が続いていることから、寺院や武家屋敷であった可能性が指摘されており、今後谷戸の景観がさらに明らかになることで、新たな見解が出てくるかもしれない。

## ⑦比企谷《ひきがやつ》と妙本寺《みょうほんじ》

鎌倉駅の東方、滑川《なめりがわ》を越えた静かな谷戸に妙本寺《みょうほんじ》がある。鎌倉時代初期の有力御家人・比企能員《ひきよしかず》息の能本《よしもと》が日蓮《にちれん》の弟子となり、屋敷を日蓮に喜捨し堂を建てたのが妙本寺の始まりと伝承されている。また能員の屋敷があったことから、妙本寺の建つ谷が比企谷《ひきがやつ》と呼ばれるようになったと『新編鎌倉志《しんぺんかまくらし》』は記している。

『吾妻鏡』に記される比企能員の屋敷は東御門《ひがしみかど》にあり、能員の屋敷が比企谷にあったことを直接裏付ける記述はない。しかし寿永《じゅえい》元年（一一八二）七月、北条政子《ほうじょうまさこ》が二代鎌倉殿・源頼家《みなもとのよりいえ》出産のために移った御産所「比企谷殿」の存在が注目されよう。政子はこの比企谷殿で無事に頼家を産んだが、この場所が産所に選ばれたのは、比企谷殿が比企氏ゆかりの邸宅であったからであろう。産後すぐに頼家の乳付に比企尼《ひきのあま》の娘の河越重頼《かわごえしげより》の妻が選ばれ、比企尼の推薦によって尼の猶子である比企能員が頼家の乳母夫に選ばれている。いずれも流人時代の頼朝を助けた比企尼ゆかりの人々である。さらに想像をたくましくすれば、この比企谷殿は比企尼の居所だったのではないだろうか。そして比企尼が無くなった後、比企能員に譲られたと考えることもできよう。

この比企谷には比企一族の悲劇を伝える伝承が残っている。比企能員の娘若狭局《わかさのつぼね》は、頼家との間に息子一幡を生んだ。しかし頼家が危篤となると、実朝を推す北条氏と比企氏は対立することになる。北条時政は能員を巧みに名越亭に誘い出し、殺害してしまう。これを聞いた比企一族は一幡の館（小御所）に引き籠ったものの、政子の命により派遣された追討軍に攻められ、館に火をかけ一幡とともに比企一族は滅亡したのである。妙本寺には比企一族のものとされる墓と、一幡の着ていた袖を埋めたという塚がある。

悲劇の地となった比企谷であるが、現在は緑の多い鎌倉らしい静かな谷戸である。『吾妻鏡』には、比企尼が暮らした家の記述が残されている。文治《ぶんじ》二年（一一八六）六月一六日、頼朝と政子は比企尼の家を訪れた。ここは木陰があって納涼の地であり、趣向を凝らした菜園がある、比企尼自慢の家であったという。この比企尼の家が先の「比企谷殿」であったとするならば、比企谷の木陰の中で、老齢の尼が穏やかに過ごす景色が想像されよう。

### ⑧大倉薬師堂《おおくらやくしどう》と覚園寺《かくおんじ》

鎌倉宮の駐車場沿いの道を北に行くと、そこは薬師堂谷《やくしどうがやつ》と呼ばれる南北に長く延びる谷戸の入口である。薬師堂谷の名は、北条義時《ほうじょうよしとき》が建保《けんぽ》（けんぽう）六年（一二一八）七月に建立した大倉薬師堂《おおくらやくしどう》に由来する。現在薬師堂谷の奥には、この大倉薬師堂を前身とする覚園寺《かくおんじ》があり、深い緑に囲まれた鎌倉らしい谷戸の堂内に、北条義時ゆかりの十二神将像が安置されている。

大倉薬師堂建立の経緯ついては『吾妻鏡《あずまかがみ》』に詳しい。建保六年八月、義時は鶴岡八幡宮《つるがおかはちまんぐう》を訪れ、源実朝《みなもとのさねとも》に会う。その晩、義時の夢に薬師十二神将の戌神が現れ、戌神は来年の拝賀の際は供奉しないよう、義時に告げたのである。そこで義時は夢告に習い大倉薬師堂を建立したという。この時の夢は現実のものとなる。翌年正月の実朝右大臣拝賀の日、義時は戌の刻に、夢に現れたような白い犬を見て心を乱し、御剱役を源仲章《なかあきら》に譲り退出した。まさにその後、実朝の暗殺事件が起こり、義時の替わりとなった仲章は義時と間違われ殺されたのであった。この時、薬師堂からは戌神将像が消えていたという。この出来事を受けて、義時は大倉薬師堂への信仰を一層厚くした。この霊験譚は鎌倉を中心に広がり、大倉薬師堂の十二神将を模刻した像が複数造られたと考えられている。その後、大倉薬師堂は寛元《かんげん》四年（一二四六）の火災と再建、さらに建長《けんちょう》三年（一二五一）の焼亡を経て改めて再建事業が行われるなど、紆余曲折を辿ったようである。

この大倉薬師堂を前身として、永仁《えいにん》四年（一二九六）に建立されたのが覚園寺である。開山は智海《ちかい》心慧《しんえ》、開基は北条貞時《さだとき》で、後の至徳《しとく》三年（一三八六）の官宣旨によれば、貞時が異国降伏のため、財をなげうって造営したという。覚園寺を保護した北条氏が滅亡すると、後醍醐《ごだいご》天皇から綸旨を得て勅願寺となり寺領を安堵されたが、建武《けんむ》四年（一三三七）二月に火災に見舞われてしまう。この復興を支援したのが足利尊氏《あしかがたかうじ》で、それ以後も歴代の鎌倉公方によって外護された。応永《おうえい》年間（一三九四〜一四二八）には修造事業が行われたが、この時に一〇年をかけて仏師朝祐《ちょうゆう》によって造立されたのが、覚園寺薬師堂に安置されている十二神将像である。大倉薬師堂の由緒を受け継ぐ義時ゆかりの像として、現在も人々の祈りを集めている。

## ⑨宝戒寺《ほうかいじ》小町亭と政所跡

北条義時《ほうじょうよしとき》が複数の屋敷を所有していたことは先述した通りであるが、そのうちのひとつ、小町亭は、現在の宝戒寺の敷地にあったと考えられている。宝戒寺は、元弘《げんこう》三年（一三三三）の鎌倉攻めで滅んだ北条氏の菩提を弔うため、後醍醐《ごだいご》天皇が足利尊氏《あしかがたかうじ》に命じて北条高時《たかとき》の屋敷跡に建立した寺院である。この屋敷は代々北条得宗家に受け継がれたとみられ、その屋敷を最初に所有したのが北条義時であった。この小町亭については、『吾妻鏡《あずまかがみ》』の和田合戦の記述に詳しく書かれている。

五月二日の朝、和田義盛《わだよしもり》の近くに住んでいた八田朝重《はったともしげ》は、義盛の館に軍兵が集まるのを目撃し、急ぎ大江広元《おおえのひろもと》へと使者を送った。義盛は軍勢を三つにわけ、幕府の南門と義時の小町亭の西と北の門を囲み、激しい戦闘となった。続いて広元の邸宅を囲んで攻め、御所南西の横小路《よここうじ》に至ると、政所の前で御家人等が防戦。夕方には幕府の四面を包囲するに至った。義盛軍が幕府の総門を破り庭に乱入し、御所に火を放ったため、御所の建物はすべて焼け落ちてしまった。実朝は頼朝の法華堂《ほっけどう》に入り、広元と義時がその供をした。その後横山党《よこやまとう》が義盛軍へ、義時方にも千葉氏や相模国の御家人が加わり、戦闘は米町辻《こめまちつじ》や大町大路《おおまちおおじ》などへと広がり市街戦の様相を呈したが、翌三日に義盛方が劣勢となり討ち取られたという。和田合戦は、御所周辺や若宮大路など、当時の鎌倉の中心部を主戦場とした前代未聞の合戦であった。一方で市街戦であったが故に、当時の大倉幕府周辺がどのような場所であったのかを知ることができる貴重な記述となっている。とくに、義時の小町亭は主戦場のひとつとなったことから詳しく描写されており、小町上にあったこと、西と北に門のあったことが確認できる。つまり義時の小町亭は西と北の門が路に面していた可能性があり、その立地に該当するのが現在の宝戒寺であると考えられているのである。

さてこの合戦でもうひとつの主戦場となったのが、横小路と政所である。鎌倉幕府の主要な政務機関である政所は、和田合戦の記述などから、大倉御所の南西、現在の鶴岡八幡宮《つるがおかはちまんぐう》の東側にあったと推定されている。政所は源頼朝《みなもとのよりとも》の家政機関として設置され、幕府の財政や訴訟を管轄した。構成員は長官の別当・令・案主・知家事等で、初代別当が大江広元、令が二階堂行政《にかいどうゆきまさ》である。またこの近辺には大江広元の屋敷もあったらしい。文治《ぶんじ》三年（一一八七）四月、政所に雷が轟き、広元の厩の上に落ちたという記述がある。

明確な政所の所在地はいまだ不明であるが、政所跡と推定されている遺跡内では、これまでに数か所の地点で発掘調査が行われている。政所跡東の地点からは道の一部と側溝が見つかり、今の県道の道筋よりも西寄りの位置に道があり、南から直角に曲がっていたことが明らかとなった。南の調査地点からは、敷地の南と横大路を区切る側溝や土塁の跡が検出されている。この土塁の幅は五メートルを越えるものであった。さらに土塁の北側には掘立柱建物や池とみられる遺構も検出され、武家屋敷や公的機関があった可能性が指摘されている。また他の調査地からは、数千枚にのぼる大量の未使用かわらけが見つかっている。かわらけは素焼きの土器で、宴会などで用いられる使い捨ての食器であった。鎌倉市内の調査では「かわらけ溜り」と呼ばれる、かわらけの一括廃棄跡が数多く見つかっている。酒宴は鎌倉の武士にとって、主従関係や横の連携を確認する重要なコミュニケーションツールであり、酒宴そのものが政治的な場であったと考えられる。この未使用のかわらけが政所で使われるものであったとするならば、政所においても、日々の政務とともに宴会が行われていた様子が想像できるだろう。

## ⑩山内荘《やまのうちのしょう》

北鎌倉駅のある山ノ内《やまのうち》は、建長寺《けんちょうじ》や円覚寺《えんがくじ》、東慶寺《とうけいじ》や浄智寺《じょうちじ》など、多くの古刹が集中している地域である。中世、この辺りは山内荘《やまのうちのしょう》と呼ばれており、和田合戦の勝利で北条義時《ほうじょうよしとき》がこの地を得て以降、鎌倉時代を通じて北条得宗家《とくそうけ》領として伝領されていた。そのため、山ノ内には北条氏ゆかりの寺院が数多く建立されたのである。北条泰時《やすとき》の常楽寺《じょうらくじ》に始まり、北条時頼《ときより》の建長寺と最明寺《さいみょうじ》、北条時宗《ときむね》の円覚寺など、枚挙にいとまが無い。

山内荘は源氏代々の従者であった山内首藤《やまのうちすどう》氏の所領であったが、経俊が頼朝に反したため山内荘も没収され、経俊自身の身柄とともに土肥実平《どひさねひら》に預けられたようである。土肥実平の孫・惟平《これひら》が和田合戦の折に和田義盛《わだよしもり》方について敗れたことで、山内荘は再度没収され、北条義時の所領となったのである。秋山哲雄氏は、『吾妻鏡《あずまかがみ》』承久《じょうきゅう》三年（一二二一）一一月三日条などに記される北条義時の「当時館」の場所を、建長寺のあたりに比定している。それが後に息子泰時の「巨福礼別居」として継承され、その場所に北条時頼が建長寺を建立したという指摘である。山内荘は鎌倉の膝下荘園として、北条氏の拠点となっていた。また建長寺や円覚寺が創建されたことによって、鎌倉で花開いた宋文化の中心地にもなっていくのである。

### ⑪ 源《みなもとの》頼朝《よりとも》法華堂《ほっけどう》

大倉幕府跡を眼下に臨む小高い山の上に、源頼朝墓とされる層塔がある。この平場には、かつて頼朝の墳墓堂である法華堂があったという。

法華堂の前身は、頼朝の持仏堂である。頼朝の持仏堂が初めて『吾妻鏡《あずまかがみ》』に見えるのは、文治《ぶんじ》四年（一一八八）四月で、北条政子《ほうじょうまさこ》の祖母の命日に法華経講讃を行ったという記述である。さらに翌年八月、頼朝が奥州合戦に出陣した折、伊豆山の僧である専光房《せんこうぼう》が御所の後ろの山に柱を立て観音堂とし、頼朝の守り本尊である聖観音像を納めた。この聖観音像はわずか二寸ほどの銀製の観音像で、頼朝が幼い頃に乳母が清水寺に参籠して授かったものだという。石橋山《いしばしやま》の合戦でも、頼朝は髻《もとどり》の中にこの観音像を入れていたが、討たれたときに観音像を見られないよう、逃げ込んだ岩窟に残し敗走した。しかし後に、鎌倉に入った頼朝のもとに届けられ、頼朝はさらに信仰を厚くしたという。

また頼朝の法華堂は、合戦の場面でも度々登場する。建暦《けんりゃく》三年（一二一三）に起こった最大の市街戦・和田合戦では、源実朝《さねとも》が法華堂へと避難した。また三浦《みうら》一族が執権北条時頼《ときより》とその外戚安達《あだち》氏により滅ぼされた宝治合戦《ほうじがっせん》では、安達氏の急襲により火をかけられた三浦一族が頼朝の法華堂へ逃れ、一族等五百余人と共に自害している。この時、三浦泰村《やすむら》の弟光村《みつむら》は、城郭として優れている永福寺《ようふくじ》に来るよう兄泰村に促したが、泰村は頼朝の御影の前で最期を迎えることを選んだという。法華堂が鎌倉の武士にとって精神的な支柱であったことをうかがわせるエピソードである。また法華堂を攻める北条時頼の軍勢が、寺の門に攻め入って、競って石段を登ったとある。ここからも、法華堂が高い位置にあったことがうかがえるだろう。

頼朝墓の山裾には、明治時代に建立された白旗神社《しらはたじんじゃ》があるが、江戸時代の法華堂はこの場所にあった。そのため中世の法華堂もこの場所にあったと考えられていたが、発掘調査の結果、中世に遡る遺構は確認されなかった。よって現在の源頼朝墓の平地が中世の法華堂跡であると想定されているのである。

現在の頼朝墓は島津氏によって整備されたものである。『新編鎌倉志』など近世の絵図には五輪塔が描かれているが、安永《あんえい》年間（一七七二～一七八一）に島津氏が五輪塔から塔に置き換えたという。またこの石塔は勝長寿院跡から移したものとも言われている。江戸時代、島津氏は鎌倉の整備を積極的に行っている。政治的な求心力は失っても、鎌倉は武家の古都として、その価値を失わなかったのである。

## ⑫北条義時法華堂跡

源《みなもとの》頼朝《よりとも》墓へ登る階段手前の道を右に曲がり、山裾に沿って東へ進むと、山を登る階段が見えてくる。ここは北条義時《ほうじょうよしとき》の法華堂があったとされる平場で、頼朝墓と同じ山の中腹に位置する。このあたりを「法華堂《ほっけどう》まわり」「法華堂下」と呼んでいたことや、『吾妻鏡《あずまかがみ》』に「以故右大将家法華堂東山上、為墳墓」と書かれていることなどから、北条義時の墳墓堂跡ではないかと考えられていた。さらに平成一七年（二〇〇五）の発掘調査によって北条義時の法華堂跡と推測される堂の遺構が見つかり、その存在が裏付けられた。

元仁《げんにん》元年（一二二四）六月一三日に北条義時が死去すると、同月一八日には頼朝法華堂の東の山上を義時の墳墓とすることが決められ、後に法華堂と呼ばれるようになった。鎌倉時代後期の火災以降、その名がみられなくなることから、その頃に廃絶したと考えられている。

堂跡が見つかった場所は、頼朝の法華堂があったと推測される平場より少し低いところにあり、平場も堂を建立する際に造成されたと考えられている。発掘調査では、亀腹の基壇の上に立つ礎石建物跡や、堂のまわりを廻る雨落ち溝が検出され、礎石の位置などから、一辺が八・四メートルで、周囲に縁を廻らせた瓦葺きの三間堂であったことが確認された。一方、『吾妻鏡』には「墳墓」とあるため、なんらかの墳墓に関わる遺構の検出が期待されたが、調査範囲からその痕跡は見つかっていない。また、一三世紀から一四世紀初頭頃には雨落ち溝が埋まっていたと推定されており、おおよそ史料上に見られなくなる時期と一致することから、この時期に衰退もしくは廃絶したと考えられる。ただし、遺物には一五世紀頃のものも含まれているため、その後も何らかの利用が行われていた可能性も否定できない。

『吾妻鏡』などの史料をみると、歳末の一二月に源頼朝や北条政子、義時の法華堂に参詣するのが恒例化していたらしい。暦仁《りゃくにん》元年（一二三八）には北条時房《ときふさ》・泰時《やすとき》・朝時《ともとき》・政村《まさむら》・重時《しげとき》・足利泰氏《あしかがやすうじ》等がこれらの法華堂に参詣していたが、その際に現地で三浦義村《みうらよしむら》や毛利季光《もうりすえみつ》に出会ったという。

また北条義時の法華堂を頼朝と並べて建立したことについては、義時を幕府創始者である頼朝に並ぶ人物として権威化を図ったとみる見解がある。さらに史料には「義時時房法華堂」と記される例もあり、義時の弟・時房も近隣もしくは共に祀られていた可能性も否定できない。いずれにしても大倉幕府の背後にある山稜は、幕府草創期の人々の冥福を祈る場となっていたのであろう。

北条義時法華堂跡の平場から、さらに階段を上ると、島津忠久《しまづただひさ》・大江広元《おおえのひろもと》・毛利季光《もうりすえみつ》の墓所がある。これらの墓は頼朝墓と同様、後世に整備されたもので、島津忠久の墓は鹿児島藩主島津重豪《しげひで》、大江広元は萩藩主毛利斉熙《なりひろ》が江戸時代末期に整備した。また毛利季光墓は大正一〇年（一九二一）に当地へ移ってきたものである。いずれも古代の横穴墓を転用したものであるが、近世の武家が自らのルーツを鎌倉に求め、顕彰していた様子が思い浮かばれる。

## ⑬釈迦堂と大慈寺跡

北条義時《ほうじょうよしとき》の死後、その追善のために建立された堂舎は法華堂のみではなかった。嘉禄《かろく》元年（一二二五）の義時一周忌にあわせて、北条泰時《やすとき》は「釈迦堂」を建立した。さらに嘉禄二年（一二二六）六月には、「大慈寺釈迦堂《だいじじしゃかどう》」で三年忌が行われている。

義時の三年忌が行われた大慈寺《だいじじ》は、源実朝《みなもとのさねとも》が後鳥羽《ごとば》天皇と源頼朝《よりとも》の恩に報いるために創建した寺院で、明王院《みょうおういん》の東側が旧跡とされているが、正確な位置は確定していない。先の鶴岡八幡宮《つるがおかはちまんぐう》・勝長寿院《しょうちょうじゅいん》・永福寺《ようふくじ》に次ぐ扱いをうけた寺院であったが、北条政子《まさこ》の死後、性格に変化がみられるようになる。嘉禄二年（一二二六）には北条時房《ときふさ》が政子追善のために三重塔を建立し、義時の三年忌も大慈寺の釈迦堂で行われた。さらに安貞《あんてい》元年（一二二七）には政子の三年忌のため、北条泰時《やすとき》が丈六阿弥陀堂を建立している。また寛喜《かんぎ》二年（一二三〇）には、泰時の息・時氏《ときうじ》の墳墓堂が大慈寺の側に造られている。このように、大慈寺は北条氏の影響を強く受けるようになっていくのである。

また大慈寺釈迦堂の他に鎌倉市内にはもうひとつ、釈迦堂ゆかりの地がある。大御堂谷《おおみどうがやつ》の東に位置する谷は釈迦堂谷《しゃかどうがやつ》と呼ばれ、義時一周忌が行われた釈迦堂の旧跡との伝承を持つ場所である。東京目黒区の大円寺に伝わる清凉寺式釈迦如来像は、胎内の木札から杉本寺にあったことが判明している。さらに『新編相模《さがみ》国風土記稿』に、釈迦堂の本尊が杉本寺に安置されていたと記されていることをあわせて考えると、この釈迦如来像が義時を供養する釈迦堂に安置されていた可能性が考えられる。

釈迦堂谷の奥、現在住宅地となっているところには、かつて釈迦堂谷奥やぐら群が存在していた。昭和四〇年（一九六五）の宅地造成の際、ここから「元弘三年五月廿八日」の銘を持つ五輪塔地輪が発見された（元弘三年は一三三三年）。この日付が鎌倉幕府滅亡の日から数えて初七日にあたることから、幕府滅亡の際になくなった人を供養する五輪塔であると考えられている。またここには北条高時以下を供養するやぐらとの伝承があるほか、宝戒寺二世住持の普川国師の入定窟と伝わるやぐらもあった。釈迦堂谷は北条氏の記憶が色濃く残る谷戸のひとつであるといえよう。

（大澤泉）

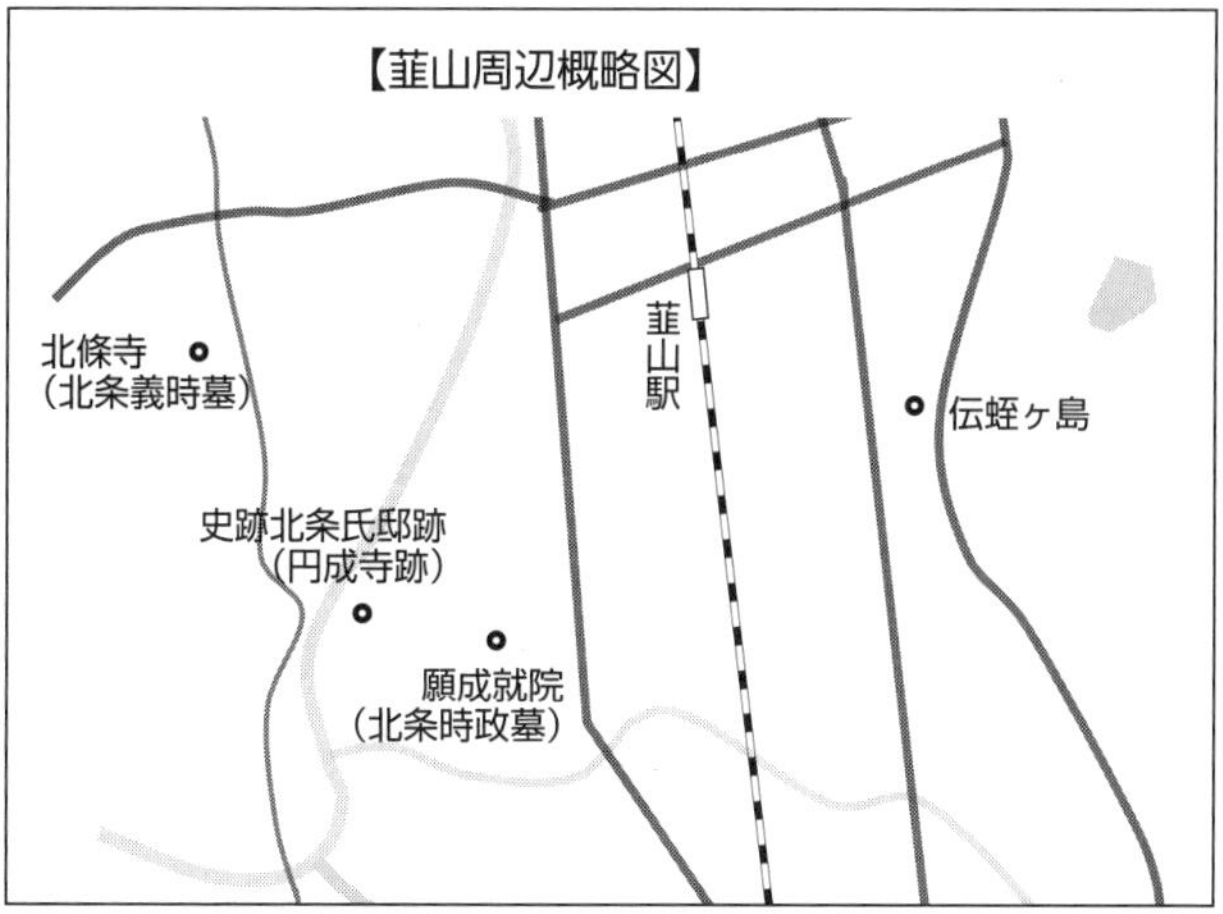


# 北条義時関連史跡〈伊豆〉

## ① 北条氏邸跡《ほうじょうしていあと》

北条義時の生地は、伊豆《いず》国田方《たがた》郡北条（静岡県伊豆の国市）である。伊豆箱根鉄道駿豆《すんず》線の韮山《にらやま》駅が最寄りであり、三島駅からの所要時間は約二〇分である。韮山駅の南西には守山がある。北条氏の邸宅は狩野《かの》川沿いにある守山の麓に位置していた。発掘調査がおこなわれており、館の遺構が発見されている。一二世紀半ばの遺構も見つかっているため、鎌倉幕府成立以前から北条氏の邸宅として使用されていたと考えられている。邸宅跡には「政子産湯《うぶゆ》の井戸」が伝わる。平成八年（一九九六）には「史跡北条氏邸跡」として国史跡に指定された。

邸宅跡からは中国大陸から輸入された青磁《せいじ》や白磁《はくじ》などの陶磁器《とうじき》が出土している。また、「かわらけ」も大量に出土している。「かわらけ」は素焼きの土器であり儀式や宴会で使用された。京都で使用されたタイプの「かわらけ」（ろくろを使用しないで成形したもの）も見つかっており、北条氏と京都の交流を示すものとして注目されている〔池谷初恵・二〇一〇〕。

元弘《げんこう》三年（一三三三）に鎌倉幕府とともに北条氏が滅亡すると、最後の得宗《とくそう》である北条高時《たかとき》の生母・覚海《かっかい》（安達泰宗《あだちやすむね》の娘で北条貞時《さだとき》の妻）は一族の女性を引き連れて北条に隠棲した。覚海は北条の邸宅に円成寺《えんじょうじ》を建立して一族の菩提《ぼだい》を弔った。一五世紀後半以降には円成寺は衰退していったが、発掘調査では円成寺の遺構とみられる建物跡が発見された。

現在の北条

### ②願成就院《がんじょうじゅいん》

北条時政《ほうじょうときまさ》が氏寺《うじでら》として創建した寺院であり北条氏の邸宅に隣接していた。現在の願成就院は真言《しんごん》宗《しゅう》の寺院である。阿弥陀如来像《あみだにょらいぞう》、不動明王像《ふどうみょうおうぞう》および二童子像、毘沙門天像《びしゃもんてんぞう》は運慶《うんけい》作であり、国宝に指定されている。不動明王像と毘沙門天像の胎内《たいない》から発見された銘札《めいふだ》には「巧師勾当《こうしこうとう》運慶」、「檀越《だんおつ》平《たいら》朝臣《のあそん》時政」とあり、文治《ぶんじ》二年（一一八六）に造像を始めたことが記されている。銘札から時政の依頼を受けて仏師《ぶっし》運慶によって造像されたことは確かである。運慶が東国に下向して制作したのか、奈良で制作して運搬したのかについては明らかでない〔水野敬三郎・山本勉・二〇一四〕。

『吾妻鏡《あずまかがみ》』では、文治五年（一一八九）六月六日に時政が奥州合戦《おうしゅうかっせん》の戦勝祈願のために伽藍《がらん》を建立したとしており、事始《ことはじめ》をおこなって立柱・上棟、供養《くよう》もおこなったとされている。文治二年には仏像の制作が始められていることから、創建理由を奥州合戦の戦勝祈願とするのは『吾妻鏡』編纂時の作為とする見解もある〔秋山哲雄・一九九七〕。

国立歴史民俗博物館所蔵『転法輪鈔《てんぽうりんしょう》』所収の「伊豆堂供養表白《いずどうくようひょうびゃく》」は、願成就院の落慶《らっけい》供養の際の表白文《ひょうびゃくもん》（法会《ほうえ》で導師《どうし》が趣旨を読み上げた文）である。「伊豆堂供養表白」では時政による寺院建立が称賛されており、源頼朝《みなもとのよりとも》の長命と安穏《あんのん》および「子孫繁昌《はんじょう》、家門《かもん》安穏」が祈願されている。「伊豆堂供養表白」によって、文治五年六月に願成就院の落慶供養がおこなわれたことが明らかになった。

『吾妻鏡』には、北条時政・義時《よしとき》父子が願成就院の伽藍整備のために鎌倉から伊豆に下向したとする記事がみられる。また、願成就院の北隣には源頼朝の邸宅があり、正治《しょうじ》二年（一二〇〇）正月、時政は頼朝一周忌に際して邸宅を仏閣にしている。元久《げんきゅう》二年（一二〇五）閏《うるう》七月、時政は牧の方《まきのかた》事件により失脚して出家したのちに鎌倉を追われて北条に隠退した。承元《じょうげん》元年（一二〇七）二月には、時政御願により願成就院の南に建立された塔の供養がおこなわれている。隠退後も時政による伽藍整備がおこなわれたのである。建保《けんぽ（けんぽう）》三年（一二一五）正月に時政は北条で死去したが、現在も願成就院境内には時政の墓が伝わる。

北条義時は、建久《けんきゅう》五年（一一九四）七月に願成就院の修理のために鎌倉から伊豆に下向している。また、嘉禎《かてい》二年（一二三六）六月には、泰時《やすとき》が願成就院で義時の一三回忌供養をおこなった。泰時は仏事のために鎌倉から伊豆に下向しており、駿河《するが》国と伊豆《いず》国の御家人《ごけにん》が群参したという。導師は退耕《たいこう》行勇《ぎょうゆう》がつとめた。願成就院は北条氏の氏寺であり、義時との関係も深かったのである。

願成就院は室町《むろまち》期以降には衰退していったが、宝暦《ほうれき》二年（一七五二）から河内《かわち》狭山《さやま》藩主の北条氏貞《うじさだ》（小田原北条氏の末裔《まつえい》）によって復興が進められた。現在の本堂は寛政《かんせい》元年（一七八九）に建立されたものである。発掘調査によって鎌倉期の堂や塔の遺構が見つかっており、一九七三年に「史跡願成就院跡」として国史跡に指定された。

### ③蛭《ひる》ヶ島《しま》

韮山駅の東方に位置している。源頼朝《みなもとのよりとも》が配流《はいる》された地と伝わる。『吾妻鏡《あずまかがみ》』には、治承《じしょう》四年（一一八〇）に源頼朝が挙兵して山木兼隆《やまきかねたか》を討った際の記事に「蛭嶋《ひるがしま》」という地名がみられる。北条から山木に出撃するにあたって、「牛鍬大路《うしくわおおじ》」と「蛭嶋通」のどちらを用いるかが議論されており、北条と山木の間に「蛭嶋」と呼ばれる地名があったことがうかがえるが、『吾妻鏡』には頼朝が「蛭島」に配流されたとする記事はない。一方で、真名本《まなぼん》『曾我《そが》物語』には「伊豆国北条郡蛭小嶋に移され給ひしより」とあり、頼朝の配流地を北条の「蛭小嶋」としている。

現在の蛭ヶ島は、秋山富南《あきやまふなん》（地誌『豆州志稿《ずしゅうしこう》』の編者）によって頼朝配流の地として推定された場所である。寛政《かんせい》二年（一七九〇）に富南の撰文《せんぶん》による「蛭島碑記」が建てられており、伊豆の国市の指定文化財になっている。

## ④北條寺《ほうじょうじ》

韮山《にらやま》駅の北西にある松原橋で狩野川《かのがわ》を渡ると江間《えま》に到る。江間は北条から狩野川を越えた対岸に位置している。北条義時《ほうじょうよしとき》は「江間小四郎《えま》」と称しており、江間を所領としていた。江間公園には義時邸跡の石碑が建っている。

江間に所在する北條寺は、義時が建立した寺院と伝わる。阿弥陀如来像は鎌倉期に制作されたものであり、静岡県の指定文化財になっている。境内には北条義時夫妻の墓がある。

## ⑤三嶋大社《みしまたいしゃ》

三嶋大社は伊豆国の一宮《いちのみや》として知られている。治承《じしょう》四年（一一八〇）に源頼朝が挙兵した八月一七日は、三島社の神事の日であった。『吾妻鏡』によれば、挙兵前に頼朝は安達盛長《あだちもりなが》を奉幣使《ほうべいし》として遣わしている。文治《ぶんじ》四年（一一八八）正月、頼朝は走湯山《そうとうさん》（伊豆山《いずさん》神社、静岡県熱海市）・箱根山《はこねさん》（箱根神社、神奈川県箱根町）・三島社の三社に参詣する二所詣《にしょもうで》をおこなった。三社はいずれも頼朝挙兵に関わった寺社であり、二所詣は頼朝挙兵＝鎌倉幕府開創にまつわる地をめぐる旅でもあった。二所詣は鎌倉時代を通して歴代の鎌倉殿と北条氏によって行われた。建仁《けんにん》四年（一二〇四）正月には、源実朝自身の参詣はなかったために北条義時が奉幣使をつとめている。

鎌倉幕府成立後の北条氏は三島社の祭礼に関与した。建久《けんきゅう》五年（一一九四）一一月には時政が三島

鎌倉古道

社の神事のために伊豆に下向している。また、建暦《けんりゃく》元年（一二一一）四月にも義時が神事のために下向している。

現在の本殿は慶応《けいおう》二年（一八六六）に完成したものであり国の重要文化財に指定されている。北条政子《まさこ》奉納とされる梅蒔絵手箱《うめまきえてばこ》（国宝）も伝わっている。

なお、三島市内には「平安・鎌倉古道」と呼ばれる道が伝わっている。三島から箱根へと下る道であり、近世東海道の北に並行している。小田原北条氏によって近世東海道のルートが整備される以前の中世の東海道であったと考えられている〔齋藤慎一・二〇一〇〕。二所詣は、文治六年（一一九〇）の経路変更以降は箱根山・三島社・走湯山の順に参詣しており、この道を利用したと考えられる。

（田辺旬）

# 解説　北条義時の大倉亭

## ●北条義時の邸宅

『吾妻鏡《あずまかがみ》』には、北条義時《ほうじょうよしとき》の邸宅が複数みえる。重複を恐れずに挙げるならば、①小町上の邸宅（宝戒寺小町亭《ほうかいじこまちてい》）、②小町西北の邸宅（若宮大路小町亭《わかみやおおじこまちてい》）、③大倉亭、④当時館、⑤名越山荘、⑥旧和田胤長亭《わだたねながてい》（荏柄前《えがら》）、⑦旧安田義定亭《やすだよしさだ》などが義時の邸宅として確認できる。これらの邸宅の所在地については、先行研究で詳細な検討が行われている。その結果、①と②についてはおおよそ見解が一致している。

①の宝戒寺小町亭は、建保《けんぽ(けんぽう)》元年（一二一三）五月二日の和田合戦の記述に、「相州《そうしゅう》（北条義時）御第〈小町上、〉西北両門」、とあるところから、現在の宝戒寺の場所に比定されている。この邸宅は後に北条得宗家《ほうじょうとくそうけ》に伝領され、鎌倉幕府滅亡の際は北条高時《ほうじょうたかとき》の邸宅となっていた。その菩提《ぼだい》を弔《とむら》うために建立《こんりゅう》されたのが宝戒寺である。

また②若宮大路小町亭は、厳密には息子の北条泰時《やすとき》に伝領された邸宅で、『吾妻鏡』宝治《ほうじ》元年（一二四七）七月一七日条から、小町上に位置し、若宮大路に面した邸宅であったことがわかる。つまり現在の宝戒寺の向い、横大路《よこおおじ》と若宮大路の交点の南東に位置したと考えられている。

その他、北条時政《ときまさ》の名越の邸宅を継承した⑤名越山荘や、和田合戦に先立って没収されて義時に与えられた和田義胤の⑥荏柄天神社前の邸宅、建久《けんきゅう》五年（一一九四）に得た⑦安田義定の邸宅がある。

## ●大倉亭の史料

一方で、諸説わかれているのが③の大倉亭《おおくらてい》である。大倉亭の場所を特定する手掛かりとなる史料は『吾妻鏡』のみで、数もそれほど多くない。

一つ目は（A）承久《じょうきゅう》三年（一二二一）一一月三日条で、義時室に産気があり、憚《はばか》りがあるので「日来居所」を改めるのがよいという陰陽道《おんみょうどう》の意見を記した箇所である。その移り先は「三条局宅」が好ましく、この宅は「当時住所」の東で、大倉亭からは乾《いぬい》（西北）の方角にあったという。

二つ目は（B）貞応《じょうおう》二年（一二二三）正月二〇日条で、三寅《みとら》（後の四代将軍頼経《よりつね》）御所の西方が狭いため、その解決策として「西大路」を庭に入れて築地《ついじ》を構えるのが良いという意見が出たが、結局意見が一致せず実現しなかったという記述である。

三つ目は（C）嘉禄《かろく》元年（一二二五）一〇月一九日条で、大倉亭の南にあった三寅御所の移転が問題になった際の記述である。宇津宮辻子《うつのみやずし》への移転が候補となったが、地相人《ちそうにん》の金浄法師は、「頼朝法華堂下の御所の地は、四神相応《しじんそうおう》の最上の地であるから、どうして他に移すことがあるか。御所の西側を広げて造作をするのが良い」と進言している。

四つ目は（D）嘉禄元年一〇月二〇日条で、（B）の件について、第一候補を「法華堂下地」、第二候補を「若宮大路」として勘申（日時、吉凶などについて上申すること）させた。それに対し陰陽師の安倍国道《あべのくにみち》は、すでに御所の移転を進言しているため、もし第一案の法華堂下地という結果が出た場合は（移転ではなくなってしまうので）、矛盾してしまうということを申した。また珍誉法眼は、法華堂前御地であると、西方に岳があり、その上に源《みなもとの》頼朝《よりとも》の御廟《ごびょう》がある。親の墓の下に子孫が居るのは良くないということを進言したという。

最後の五つ目は義時死後の記述で、(E)寛喜《かんぎ》三年(一二三一)正月一四日条である。この日、大倉《おおくら》観音堂《かんのんどう》(現在の杉本寺)西の下山入道《しもやまにゅうどう》の家から火が出て、「唐橋中将亭《からはしちゅうじょうてい》」と「故左京兆旧宅《こさけいちょうきゅうたく》」に延焼し、また二階堂大路両方の人屋等を焼いたと記されている。

以上の(A)から(E)の史料をいかに解釈するかによって、①から③説にわかれている。

## ●大倉亭所在地の諸説

先行研究では三つの説が有力である。

①二階堂大路《にかいどうおおじ》の南説

②小町宝戒寺亭と同一説

③頼朝法華堂《よりともほっけどう》の東(大倉御所の北)説

①は貫達人氏以来、松尾剛次氏・秋山哲雄氏等によって支持され、長らく定説化していた説である。しかし藤田盟児氏・岩田尚一氏によって②説が出され、再検討が進められた。そして近年、西田友広氏によって新たな説③が提唱され、注目が集まっている。

①二階堂大路《にかいどうおおじ》の南説

貫氏は(B)の「故左京兆」(左京職の唐名《とうみょう》)旧宅を「右」の写しの誤記とし、右京権大夫《うきょうごんのだいぶ》であった義時の邸宅とした上で、この旧宅の位置を御所の東、二階堂大路近辺に想定した。さらに(A)の三条局宅を関取橋《せきとりばし》付近とし、その南東にあった大倉亭を二階堂大路と六浦道《むつらみち》の合流する辺りに比定したのである。さらに貫氏は（B）（C）（D）の御所を大倉亭南の三寅御所とは別のものと考え、その幻の御所造営計画の場所を大倉御所に比定し、「西大路」を大倉御所の西御門《にしみかど》の大路と考えた。①説を継承した松尾剛次氏・秋山哲雄氏はこれに検討を加え、御所拡張の対象となっている（B）の西大路を二階堂大路のことであると解釈する。また高橋慎一朗氏は貫氏の説よりも東の二階堂大路沿いの地点を、その比定地としている。

②小町宝戒寺亭と同一説

　続いて②説では、（A）の「日来居所」「当時住所」を泰時の若宮大路小町亭に比定した上で、寛元《かんげん》四年（一二四六）正月に毛利季光《もうりすえみつ》亭が若宮大路御所の東にあったと書かれていること、それより遡る嘉禄元年（一二二五）四月三〇日条に毛利季光の宿所が当時の三寅御所の向かいにあったと書かれていることから、三寅御所を若宮大路小町亭の東とし、三寅御所の北にあった大倉亭を宝戒寺一帯に比定する。さらに大倉亭は義時の死後、政子の居

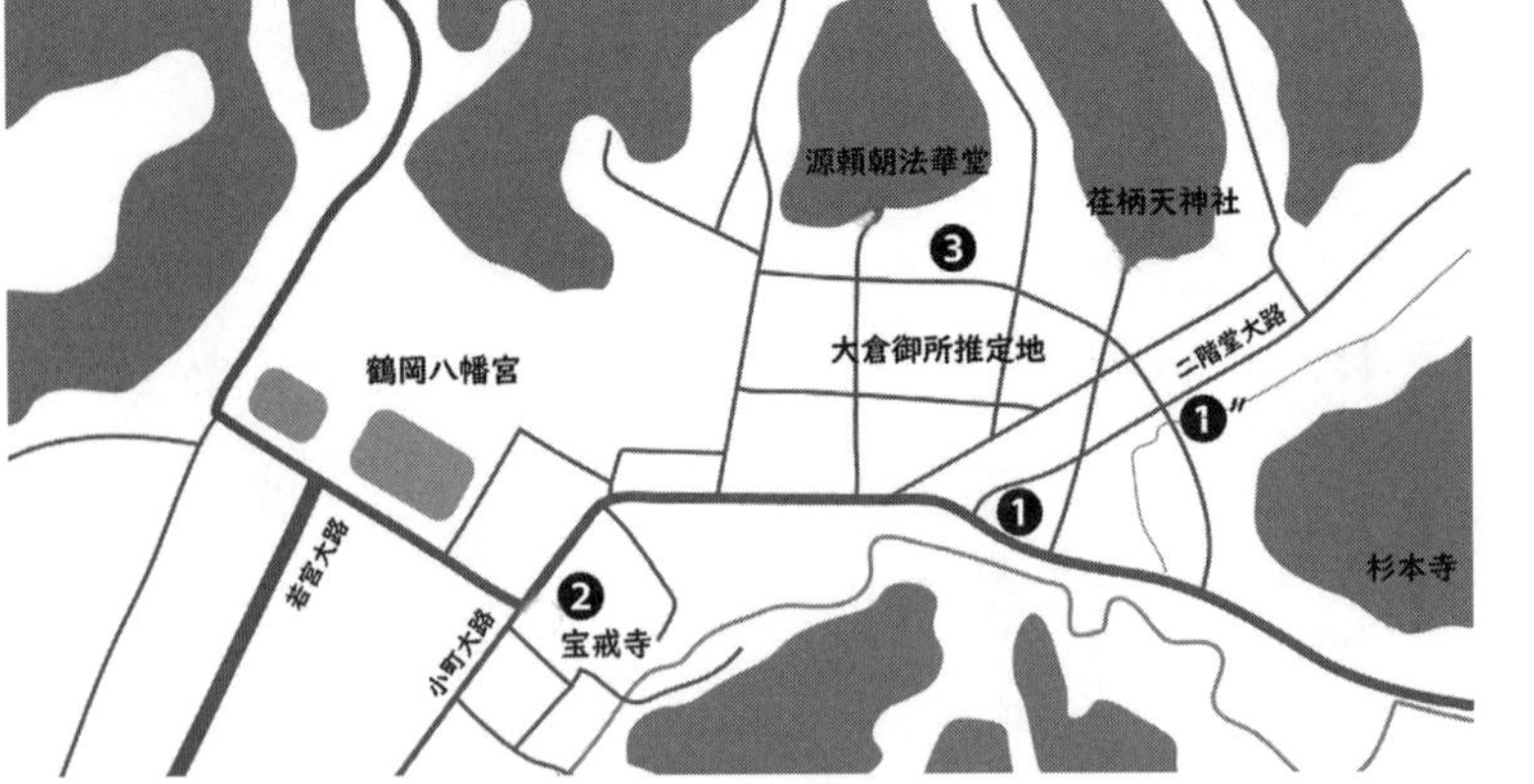

所となっていたが、政子の死後の嘉禄元年に北条時房《ほうじょうときふさ》がその邸宅に入っていること、後の延応《えんおう》元年（一二三九）の記述に時房亭が泰時亭の向かいにあったと書かれていることから、大倉亭が宝戒寺の場所にあったことを裏付けた。また（E）については、「故左京兆旧宅」が義時亭であるかは不明であり、火事の範囲も明確でないことから、大倉亭の位置を示すものではないとしている。

③頼朝法華堂《よりともほっけどう》の東（大倉御所の北）説

一方西田友広氏は、②説の根拠となった毛利季光亭や北条時房亭の各記述について、年代に隔たりがあることから、位置を特定する根拠としては不十分であるとし、（B）の記述から、三寅の御所は法華堂の「下」「前」と呼ばれる場所にあり、義時の大倉亭もそこにあったことを導き出した。また（C）には三寅御所のあった「法華堂前御地」の西側に岳があり、その上に頼朝の法華堂があったと書かれていることから、大倉亭が法華堂の東側で「下」や「前」と表現され、かつ西側を大路で限る場所、つまり御所と頼朝法華堂を結ぶ道の東側で、大倉御所の北側にあたる場所がその所在地であるとした。

## ●諸説の課題

以上①から③の説を確認した上で、いくつかの課題を考えてみたい。まず大倉亭の位置を検討する上でもっとも重要なのが（E）の解釈である。①説は「故左京兆」を「故右京兆」の書き誤りとし、②説は義時とは別の人物としている。さらに③説では誤記の可能性を残しながらも、この邸宅が「大倉亭」とは異なる邸宅であった可能性を指摘している。よって（E）の内容を改めて検討してみたい。

この日、大倉観音堂（杉本寺）西の辺り、下山入道の家から火が出た。火災は広がり、唐橋中将や「故左京兆旧宅」が焼け、二階堂大路沿いの家々も焼けたという。ここで問題となるのは「故左京兆旧宅」に並んで記される「唐橋中将亭」である。唐橋中将は唐橋通時《からはしみちとき》と考えられ、この年の七月、関東にいたことが『明月記《めいげつき》』に書かれている。また同記の天福《てんぷく》元年（一二三三）には「左中将源通時」が関東で亡くなったと記されていることから、唐橋通時が一定期間鎌倉に滞在していたことが確認できる。さらに注目されるのは、通時が北条義時の娘を妻に迎えていたという事実である。この義時の娘は、『明月記』嘉禄元年（一二二五）一一月一九日条に「実雅卿旧妻近日入洛、可嫁通時朝臣云々、」とあり、もともと一条実雅《いちじょうさねまさ》に嫁していた女性であった。また『吾妻鏡』の承久《じょうきゅう》元年（一二一九）一〇月二〇日条には一条実雅を婿とし、義時居所の傍にあった「大倉家」に迎えたことが記されている。この時の「大倉家」が、伊賀《いが》氏の変に伴う実雅の配流《はいる》後、そのまま義時娘の居所となり、その後に娘が唐橋通時に嫁したことによって、「唐橋中将亭」となったとは考えられないだろうか。義時の娘大倉亭の傍にあった邸宅を、義時の娘を介して通時が継承したものと考えれば、（E）で「唐橋中将亭」と「故左京兆旧宅」（この場合は誤記と考える）が並んで記されている意味も容易に理解できるのである。ただしこの「故左京兆旧宅」が義時の大倉亭であったとしても、藤田氏や岩田氏が指摘するように、その火災の範囲がどれほどであったのかについては明確ではないが、火災は大倉観音堂の西から発して、二階堂大路の周辺を焼いていることから、それほど広範囲に及ぶ火災ではないかもしれない。

続いての問題点は「西大路」や「法華堂前」「法華堂下」といった場所の比定である。「西大路」は『吾妻鏡』に一度しか登場しない上、地名や伝承としても残っていない。大倉幕府の西御門の大路を指す固有名詞とも考えられる一方で、西方の大路という解釈の余地も残されている。後者であれば、①や②説のように二階堂大路とも、小町大路《こまちおおじ》ともとることができるため、決定的な確証にはならず、検討の余地があると考えられる。また③説で示されたように、大倉亭が法華堂を西に臨む場所にあったとすると、「法華堂前」や「法華堂下」として表現される範囲がどの辺りまでをさすかが問題となろう。これらの場所を絞ることができれば、各説の裏付けとなるかもしれない。

最後に「大倉亭」という呼称の問題について触れたい。大倉亭の「大倉」は所在地の地名に由来するもので、「大倉地域にある邸宅」という意味である。よって宝戒寺を大倉亭に比定するためには、宝戒寺の場所が「大倉」の範囲内であったことを確認する必要がある。大倉の範囲は広く、東は十二所、西は鶴岡八幡宮、南は滑川を含めた十二所・雪ノ下・二階堂に及ぶ広い地域とされている。また南に接するのは小町であるが、『新編鎌倉志《しんぺんかまくらし》』では宝戒寺は小町として認識されており、現在の字界と一致する。よって宝戒寺小町亭を「大倉亭」と呼称したとするならば、中世における大倉と小町の範囲を明らかにする必要があるだろう。

## ●発掘調査の成果から

大倉亭の可能性がある地域、とくに二階堂・雪ノ下地域の発掘調査では、特筆すべき調査成果が散見される。杉本寺の北西、市立第二小学校の体育館新設・校舎増改築に伴う発掘調査（向荏柄遺跡《むかいえがらいせき》）

では、一九棟を数える掘立柱建物《ほったてばしらたてもの》や溝、舶載磁器《はくさいじき》などが見つかり、御家人級の武家屋敷の可能性が指摘された。また大倉幕府推定地の東側にあたり、二階堂大路に面した調査地からは、大型の掘立柱建物群とともに、二階堂大路北側の側溝や、それに並行した塀もしくは柵と推測される鎌倉時代初期の柱穴列が見つかっている。また荏柄天神社参道の西側のからは、一二世紀末から一三世紀の掘立柱建物と礎石建物群が見つかっており、この大倉御所周辺の一帯は、比較的早い時期から邸宅が建ち並ぶ一等地であったと考えられている。

（大澤泉）

〈北条義時参考資料〉

## 【北条義時略系図】

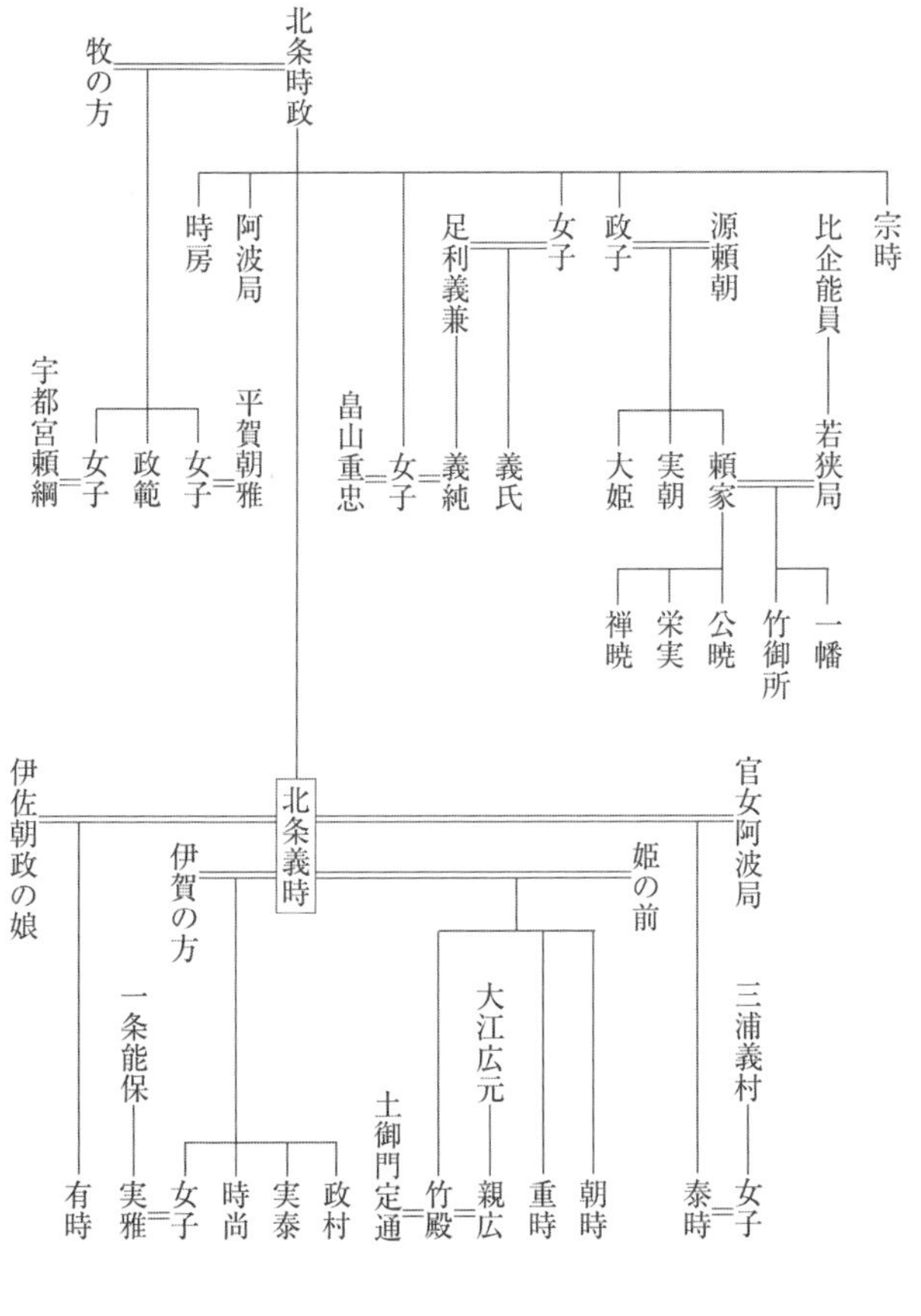

## 【北条義時略年譜】（ゴシック体が義時の行動）

| 和暦 | 西暦 | 年齢 | 関連事項 |
|---|---|---|---|
| 長寛　元 | 一一六三 | 1 | **この年、北条時政の二男として誕生。** |
| 治承　四 | 一一八〇 | 18 | 8・17 頼朝、山木兼隆を襲撃。<br>8・20 **頼朝に従って相模国土肥郷におもむく。**<br>8・23 頼朝、相模国石橋山で大庭景親に敗れる。<br>10・6 頼朝、相模国鎌倉に入る。 |
| 養和　元（7・14改元） | 一一八一 | 19 | 閏2・4 平清盛死去。<br>4・7 **頼朝の「寝所祗候衆」に選ばれる。** |
| 寿永　元（5・27改元） | 一一八二 | 20 | 8・12 頼朝と北条政子の長男・頼家が誕生。<br>11・14 **時政、頼朝への不満から伊豆国に下向。義時は従わず。** |
| 二 | 一一八三 | 21 | この年、義時の嫡子・泰時が誕生。 |
| 元暦　元（4・16改元） | 一一八四 | 22 | 2・7 一ノ谷の戦い。<br>8・8 **源範頼に従って平家追討のため西進。** |
| 文治　元（8・14改元） | 一一八五 | 23 | 2・19 屋島の戦い。<br>3・11 **平家追討での働きを頼朝から讃えられる。**<br>3・24 壇ノ浦の戦い。 |

| | | | |
|---|---|---|---|
| 五 | 一一八九 | 27 | 7・19 頼朝、藤原泰衡追討のため鎌倉を出発。<br>8・22 頼朝、陸奥国平泉に入る。 |
| 建久 元<br>（4・11改元） | 一一九〇 | 28 | 11・7 **頼朝上洛に際して先陣の随兵を勤める。**<br>12・1 **頼朝の右大将拝賀の随兵を勤める。** |
| 三 | 一一九二 | 30 | 3・13 後白河法皇崩御。<br>7・12 頼朝、征夷大将軍に任官する。<br>8・9 頼朝と政子の二男・実朝が誕生。<br>9・25 **比企朝宗の娘（姫の前）を妻に迎える。** |
| 四 | 一一九三 | 31 | 5・28 富士の巻狩で曾我兄弟が敵討ちを果たす。 |
| 五 | 一一九四 | 32 | 2・2 義時の嫡子・泰時が元服。 |
| 六 | 一一九五 | 33 | 3・10 **東大寺再建供養会に参列する頼朝に供奉する。** |
| 正治 元<br>（4・27改元） | 一一九九 | 37 | 1・13 頼朝死去、頼家が鎌倉殿の地位を継承。<br>4・12 **頼家を補佐する有力御家人による「一三人の合議制」に加わる。**<br>12・18 梶原景時、御家人らの弾劾によって鎌倉から追放される。 |
| 建仁 二 | 一二〇二 | 40 | 7・22 頼家、征夷大将軍に任官。<br>8・23 泰時、三浦義村の娘を妻に迎える。 |
| 三 | 一二〇三 | 41 | 9・2 **頼家の嫡子・一幡の館を襲撃し、外戚の比企氏を滅ぼす。**<br>9・7 実朝、征夷大将軍に任官。<br>9・29 頼家、伊豆国修禅寺に下向し幽閉される。 |

| | | | |
|---|---|---|---|
| | | | 10・8 実朝、時政亭で元服する。 |
| 元久 元<br>（2・20改元） | 一二〇四 | 42 | 3・6 **従五位下、相模守に叙任。**<br>7・18 頼家、伊豆国修禅寺で死去。 |
| 二 | 一二〇五 | 43 | 6・22 **畠山重忠を討伐する。**<br>閏7・20 時政、伊豆国北条に下向する。 |
| 建永 元<br>（4・27改元） | 一二〇六 | 44 | 10・24 義時の子息・朝時が元服。 |
| 承元 元<br>（10・25改元） | 一二〇七 | 45 | 1・5 **従五位上に昇叙。** |
| 三 | 一二〇九 | 47 | 11・14 **有功の郎従を侍に準じた扱いとするよう、実朝に願い出る。** |
| 建保 元<br>（12・6改元） | 一二一三 | 51 | 2・27 **正五位下に昇叙。**<br>5・3 **和田義盛らの謀反を大江広元らとともに鎮める。**<br>5・5 **和田義盛に代わって侍所別当に任じられる。**<br>12・28 義時の子息・政村が元服。 |
| 二 | 一二一四 | 52 | 10・3 義時の子息・実義（のちの実泰）が元服。 |
| 三 | 一二一五 | 53 | 1・6 時政、伊豆国北条で死去。 |
| 四 | 一二一六 | 54 | 1・13 **従四位下に昇叙。**<br>9・18 **実朝の大将任官について大江広元に懸念を伝える。** |

| | | | |
|---|---|---|---|
| 五 | 一二一七 | 55 | 1・28 右京権大夫に任官。<br>12・12 陸奥守を兼任。 |
| 承久 元（4・12改元） | 一二一九 | 57 | 1・27 実朝、暗殺される。 |
| 三 | 一二二一 | 59 | 《承久の乱》<br>5・15 朝廷から義時追討の宣旨が下る。<br>5・22 泰時らの軍勢が鎌倉を発する。<br>6・16 泰時らが京都・六波羅に入る。<br>7・9 仲恭天皇が退位し、御堀河天皇践祚。 |
| 貞応 元（4・13改元） | 一二二二 | 60 | 8・16 陸奥守を辞任。<br>10・16 右京権大夫を辞任。 |
| 元仁 元（11・20改元） | 一二二四 | 62 | 6・13 死去。享年六二。 |

【参考文献】

＊
新訂増補国史大系『吾妻鏡』普及版・全四冊（吉川弘文館、一九三二～一九三三年）
高橋秀樹編『新訂吾妻鏡』（和泉書院、二〇一五年～）
五味文彦他編『現代語訳 吾妻鏡』全一六巻・別巻一（吉川弘文館、二〇〇七～二〇一六年）
龍粛訳注『吾妻鏡』全五冊・未完（岩波文庫、初出一九三九～一九四四年）
永原慶二監修・貴志正造訳注『全譯吾妻鏡』・全五巻・別巻一（新人物往来社、一九七六～一九七九年、新版二〇一一年）
＊
秋山敬『甲斐源氏の勃興と展開』（岩田書院、二〇一三年）
秋山哲雄「都市鎌倉における北条氏の邸宅と寺院」（『北条氏権力と都市鎌倉』吉川弘文館、二〇〇六年、初出一九九七年）
秋山哲雄『都市鎌倉の中世史―吾妻鏡の舞台と主役たち―』（吉川弘文館、二〇一〇年）
秋山哲雄「都市鎌倉における永福寺の歴史的性格」（阿部猛編『中世政治史の研究』日本史史料研究会、二〇一〇年）
河野真知郎『中世都市鎌倉―遺跡が語る武士の都』（講談社、一九九五年）
池谷初恵『鎌倉幕府草創の地』（新泉社、二〇一〇年）
石井進『鎌倉武士の実像』（平凡社、一九八七年、平凡社ライブラリー、二〇〇二年）
石井進『鎌倉幕府』（中央公論社、一九六五年）
石井進・網野善彦編『よみがえる中世　三　武士の都鎌倉』（平凡社、一九八九年）
石田祐一「諸大夫と摂関家」（『日本歴史』三九二号、一九八一年）

伊藤一美「御家人梶原景時の実像」（『寒川町史研究』一三号、二〇〇〇年）
入間田宣夫『中世武士団の自己認識』（三弥井書店、一九九八年）
入間田宣夫・豊見山和行『日本の中世5　北の平泉、南の琉球』（中央公論新社、二〇〇二年）
岩田尚一「北条義時の大倉亭と『吾妻鏡』戌神霊験譚の原史料」（『鎌倉遺文研究』四三号、二〇一九年）
岩田慎平「頼家・実朝期における京下の鎌倉幕府吏僚―源仲章・源光行を中心に―」（『紫苑』一二号、二〇一四年）
上杉和彦『大江広元』（吉川弘文館、二〇〇五年）
大隅和雄『中世・歴史と文学のあいだ』（吉川弘文館、一九九三年）
岡田清一『北条義時―これ運命の縮まるべき端か―』（ミネルヴァ書房、二〇一九年）
奥富敬之『吾妻鏡の謎』（吉川弘文館、二〇〇九年）
落合義明「北条時政と牧の方」（野口実編『中世の人物　京・鎌倉の時代編　第二巻　治承～文治の内乱と鎌倉幕府の成立』清文堂出版、二〇一四年）
柏美恵子「頼家政権の一考察―「十三人合議制」を通して―」（『史路』三号、一九七九年）
金子幸子・黒田弘子・菅野則子・義江明子編『日本女性史大辞典』（吉川弘文館、二〇〇八年）
上横手雅敬・元木泰雄・勝山清次『日本の中世8　院政と平氏、鎌倉政権』（中央公論新社、二〇〇二年）
川合康『院政期武士社会と鎌倉幕府』（吉川弘文館、二〇一九年）
川合康『源平の内乱と公武政権』（吉川弘文館、二〇〇九年）
川合康『源頼朝』（ミネルヴァ書房、二〇二一年）
菊池紳一監修、北条氏研究会編『鎌倉北条氏人名辞典』（勉誠出版、二〇一九年）
金永「摂家将軍期における源氏将軍観と北条氏」（『ヒストリア』一七四号、二〇〇〇年）
木村英一『鎌倉時代公武関係と六波羅探題』（清文堂、二〇一六年）

久保田和彦「源実朝の発給文書に関する一考察」（『史叢』一〇三号、二〇二〇年）
小西正泰『虫の博物誌』（朝日新聞社、一九九三年）
小西正泰『虫の文化誌』（朝日新聞社、一九九二年）
五味文彦「縁に見る朝幕関係」（『明月記研究』五号、二〇〇〇年）
五味文彦「聖・媒・縁」（『日本女性生活史2　中世』東京大学出版会、一九九〇年）
五味文彦『増補　吾妻鏡の方法―事実と神話にみる中世（新装版）』（吉川弘文館、二〇一八年）
近藤成一『鎌倉幕府と朝廷』（岩波書店、二〇一六年）
齋藤慎一『中世を道から読む』（講談社、二〇一〇年）
佐伯真一・高木浩明編著『校本・保暦間記』（和泉書院、一九九九年）
佐伯智広「中世貴族社会における家格の成立」（上横手雅敬編『鎌倉時代の権力と制度』思文閣出版、二〇〇八年）
坂井孝一『鎌倉殿と執権北条氏』（NHK出版、二〇二一年）
坂井孝一『源氏将軍断絶―なぜ頼朝の血は三代で途絶えたか―』（PHP新書、二〇二一年）
坂井孝一『源実朝―「東国の王権」を夢見た将軍―』（講談社選書メチエ、二〇一四年）
坂井孝一『承久の乱』（中央公論新社、二〇一八年）
坂井孝一『曽我物語の史実と虚構』（吉川弘文館、二〇〇〇年）
坂井孝一『曽我物語の史的研究』（吉川弘文館、二〇一四年）
佐々木紀一「北条時家略伝」（『米沢史学』一五号、一九九九年）
笹本正治『中世の災害予兆―あの世からのメッセージ』（吉川弘文館、一九九六年）
佐藤恒雄『藤原為家研究』（笠間書院、二〇〇八年）
佐藤進一『日本の中世国家』（岩波書店、二〇二〇年、原版一九八三年）

佐藤進一・網野善彦・笠松宏至『日本中世史を見直す』（悠思社、一九九四年）
佐藤和彦・谷口榮編『吾妻鏡事典』（東京堂出版、二〇〇七年）
清水亮『中世武士畠山重忠』（吉川弘文館、二〇一八年）
清水亮編『畠山重忠』（戎光祥出版、二〇一二年）
杉橋隆夫「鎌倉執権政治の成立過程―十三人合議制と北条時政の「執権」職就任―」（御家人制研究会編『御家人制の研究』吉川弘文館、一九八一年）
杉橋隆夫「牧の方の出身と政治的位置―池禅尼と頼朝と―」（『古代・中世の政治と文化』思文閣出版、一九九四年）
鈴木芳道「鎌倉時代における村上源氏の公武婚」（『鷹陵史学』三一号、二〇〇五年）
関幸彦『北条政子―母が嘆きは浅からぬことに候―』（ミネルヴァ書房、二〇〇四年）
関幸彦『北条時政と北条政子』（山川出版社、二〇〇九年）
関幸彦・野口実編『吾妻鏡必携』（吉川弘文館、二〇〇八年）
高橋秀樹『三浦一族の中世』（吉川弘文館、二〇一五年）
高橋慎一朗『武家の古都、鎌倉』（山川出版社、二〇〇五年）
高橋慎一朗『中世鎌倉のまちづくり―災害・交通・境界』（吉川弘文館、二〇一九年）
高橋慎一朗編『鎌倉の歴史―谷戸めぐりのススメ』（高志書院、二〇一七年）
高橋慎一朗編『史跡で読む日本の歴史6　鎌倉の世界』（吉川弘文館、二〇〇九年）
高橋一樹『東国武士団と鎌倉幕府』（吉川弘文館、二〇一三年）
高橋修「中世東国の在地領主と首都・京都―宇都宮氏を事例として」（大阪市立大学都市文化研究センター編『都市の歴史的形成と文化創造』清文堂、二〇一一年）
竹越与三郎『二千五百年史』（講談社学術文庫、一九九〇年）

田中大喜編『シリーズ中世関東武士の研究　第九巻　下野足利氏』（戎光祥出版、二〇一三年）
田辺旬「北条義時─義時朝臣天下を併呑す」（平雅行編『中世の人物　京・鎌倉の時代編　第三巻　公武権力の変容と仏教界』清文堂出版、二〇一四年）
谷口榮「Ⅲ社会史　鎌倉を取り巻く生き物たち」『吾妻鏡事典』（東京堂出版、二〇〇七年）
田端泰子『日本中世の社会と女性』（吉川弘文館、一九九八年）
田端泰子『乳母の力　歴史を支えた女たち』（吉川弘文館、二〇〇五年、歴史文化ライブラリー一九五）
永井晋『鎌倉源氏三代記』（吉川弘文館、二〇一〇年）
永井晋『鎌倉幕府の転換点─『吾妻鏡』を読み直す─』（ＮＨＫブックス、二〇〇〇年）
永井路子『つわものの賦』（文芸春秋社、一九七八年）
長村祥知『中世公武関係と承久の乱』（吉川弘文館、二〇一五年）
納冨常夫『『金沢文庫蔵国宝称名寺聖教湛睿説草』─研究と翻刻』（勉誠出版、二〇一八年）
貫達人「北条氏亭址考」（『金沢文庫研究紀要』八号、一九七一年）
貫達人『鶴岡八幡宮寺─鎌倉の廃寺』（有隣堂、一九九七年）
貫達人『畠山重忠』（吉川弘文館、一九六二年）
貫達人・川副武胤『鎌倉廃寺事典』（有隣堂、一九八〇年）
野口実「宇都宮頼綱─京都で活動した東国武士─」（平雅行編『中世の人物・京・鎌倉の時代編　第三巻　公武権力の変容と仏教界』清文堂、二〇一四年）
野口実「竹御所小論─鎌倉幕府政治史上における再評価─」（『青山史学』一三号、一九九二年）
野口実『伝説の将軍　藤原秀郷』（吉川弘文館、二〇〇一年）
野口実『列島を翔ける平安武士』（吉川弘文館、二〇一七年）

野村育世『北条政子　尼将軍の時代』（吉川弘文館、二〇〇〇年）
彦由三枝子「北条時政十三年忌小考（Ⅰ）」（『政治経済史学』五〇〇号、二〇〇八年）
菱沼一憲『源義経の合戦と戦略―その伝説と実像』（角川書店、二〇〇五年）
藤田盟児「鎌倉の執権及び連署の本邸の沿革」（『日本建築学会計画系論文集』五三三号、二〇〇〇年）
藤本頼人「源頼家像の再検討―文書史料を手がかりに―」（『鎌倉遺文研究』三三号、二〇一四年）
細川重男『鎌倉北条氏の神話と歴史―権威と権力―』（日本史史料研究会企画部、二〇〇七年）
細川重男『執権　北条氏と鎌倉幕府』（講談社選書メチエ、二〇一一年、講談社学術文庫、二〇一九年）
松尾剛次『中世都市鎌倉の風景』（吉川弘文館、一九九三年）
松尾剛次『中世都市鎌倉を歩く―源頼朝から上杉謙信まで―』（中央公論社、一九九七年）
松島周一『鎌倉時代の足利氏と三河』（同成社、二〇一六年）
三浦周行『新編・歴史と人物』（岩波文庫、一九九〇年、初出は一九一六年）
水野敬三郎・山本勉『願成就院』（願成就院、二〇一四年）
源健一郎「中世伝承世界の〈実朝〉―『吾妻鏡』唐船出帆記事試論」（渡部泰明編『源実朝―虚実を越えて―』勉誠出版、二〇一九年）
宮田敬三「源義経と源範頼」（野口実編『中世の人物　京・鎌倉の時代編　第二巻　治承～文治の内乱と鎌倉幕府の成立』清文堂出版、二〇一四年）
目崎徳衛「鎌倉幕府草創期の吏僚について」（『貴族社会と古典文化』吉川弘文館、一九九五年、初出は一九七四年）
元木泰雄『源頼朝―武家政治の創始者―』（中公新書、二〇一九年）
元木泰雄『平清盛と後白河院』（角川選書、二〇一二年）
森幸夫「歌人源具親とその周辺」（『鎌倉遺文研究』四〇号、二〇一七年）

森幸夫『北条重時』（吉川弘文館、二〇〇九年）
安田元久『北条義時』（吉川弘文館、一九六一年）
藪本勝治「『吾妻鏡』の文脈と和田合戦記事」（『軍記と語り物』五六号、二〇二〇年）
山本みなみ「北条義時の死と前後の政情」（『鎌倉市教育委員会文化財部調査研究紀要』二号、二〇二〇年）
山本みなみ「北条時政とその娘たち―牧の方の再評価―」（『鎌倉』一一五号、二〇一三年）
山本隆志「関東武士の在京活動―宇都宮頼綱を中心に―」（『史潮』新六〇号、二〇〇六年）
湯田環「鎌倉幕府草創期の政務と政所」（『お茶の水史学』二九号、一九八六年）
横井清訳『新井白石「読史余論」現代語訳』（講談社学術文庫、二〇一二年）
『真名本　曾我物語』（平凡社、一九八七年）
鎌倉国宝館特別展図録『薬師如来と十二神将―いやしのみほとけたち―』（鎌倉国宝館、二〇一〇年）
鎌倉市教育委員会編『としよりのはなし』（一九七一年）
鎌倉市編『鎌倉市史　総説編』（吉川弘文館、一九五九年）
鎌倉歴史文化交流館企画展図録『甦る永福寺』（鎌倉歴史文化交流館、二〇一七年）
韮山町史編纂委員会編『韮山町史』（一九九五年）
『鎌倉市教育委員会文化財部調査研究紀要二』
「鎌倉の廃寺〈勝長寿院・永福寺・法華堂・大慈寺〉」（『鎌倉国宝館論集』五号、一九六一年）

【編著者略歴】

〈代表〉

**樋口州男**（ひぐち　くにお）
一九四五年生まれ。早稲田大学大学院文学研究科博士課程単位取得（満期退学）。博士（文学）。中世史研究家。
▼『中世の史実と伝承』（東京堂出版）、『日本中世の伝承世界』（校倉書房）、『将門伝説の歴史』（吉川弘文館）ほか。

**田辺旬**（たなべ　じゅん）
一九八一年生まれ。大阪大学大学院文学研究科博士課程修了。博士（文学）。現在、東京都立浅草高等学校教諭。
▼『中世史講義【戦乱篇】』（共著、筑摩書房）、『図説鎌倉北条氏』（共著、戎光祥出版）、『史料が語るエピソード　日本史100話』（共著、小径社）ほか。

**錦昭江**（にしき　あきえ）
一九五五年生まれ。東京学芸大学大学院教育研究科修士課程修了。博士（文学）。現在、鎌倉女学院中学校高等学校校長。
▼『刀禰と中世村落』（校倉書房）、『図説　平清盛』（共編、河出書房新社）、『史料が語る新事実　書き換えられる日本史』（共著、小径社）ほか。

**野口華世**（のぐち　はなよ）
一九七二生まれ。東京都立大学大学院人文科学研究科博士課程単位取得。博士（史学）。現在、共愛学園前橋国際大学教授。
▼『増補改訂新版　日本中世史入門―論文を書こう―』（共編著、勉誠出版）、『恋する日本史』（共著、吉川弘文館）、『歴史の中の人物像―二人の日本史―』（共編著、小径社）ほか。

【執筆者略歴】

**青木祐子**（あおき　ゆうこ）
一九七六年生まれ。学習院大学大学院人文科学研究科日本語日本文学専攻博士後期課程単位取得満期退学。修士（日本語日本文学）。現在、学習院大学・立正大学・文教大学・共愛学園前橋国際大学非常勤講師。
▼「上野府中の千葉氏伝承―移住および寺社建立・再造営について―」（『群馬歴史民俗』四一号）、「榛名山東南麓の千葉氏伝承―寺社縁起を中心に―」（『学習院大学大学院日本語日本文学』一一号）ほか。

**岩田慎平**（いわた　しんぺい）
一九七八年生まれ。関西学院大学大学院文学研究科日本史学専攻（博士後期課程）修了。博士（歴史学）。現在、愛川町郷土資料館主任学芸員
▼『平清盛』（新人物往来社）、『歴史の中の人物像―二人の日本史―』（共著、小径社）ほか。

**大澤泉**（おおさわ　いずみ）
一九八〇年生まれ。早稲田大学大学院博士後期課程満期退学。現在、鎌倉歴史文化交流館学芸員。
▼「相模国の知行体制と地域秩序の形成」（『三浦一族研究』一九号）、『よみがえる荘園』（共著、勉誠出版）、「元暦年間の公武関係と大江広元　―九条家本『日王苑寺十二箇条起請』紙背文書等を中心に―」（『鎌倉市教育委員会文化財部調査研究紀要』三号）ほか。

**長田郁子**（おさだ　いくこ）
一九六九年生まれ。明治大学大学院文学研究科博士後期課程満期退学。現在、東京大学史料編纂所学術専門職員。
▼『新訂中世史料採訪記』（共著、ぺりかん社）、「鎌倉期の八条院領と天皇家」（『古文書研究』五一号）ほか。

**金永**（キム　ヨン）
一九六六年生まれ。東京都立大学人文科学研究科博士課程単位取得（満期退学）。博士（史学）。
▼『日本の社会と文化』（共著、J&C）、「摂家将軍期における源氏将軍観と北条氏」（『ヒストリア』一七四号）、「日本の「家」と女性―中世将軍の御台所の検討を通して―」（『日本研究論叢』一二九号）ほか。

**久保田和彦**（くぼた　かずひこ）
一九五五年生まれ。学習院大学大学院人文科学研究科史学専攻博士課程単位取得（満期退学）。現在、鶴見大学文学部文化財学科・栄光学園中学高等学校・鎌倉女学院中学高等学校非常勤講師。
▼『六波羅探題 研究の軌跡』（文学通信）、『北条氏発給文書の研究』（共著、勉誠出版）、「鎌倉幕府「連署」制の成立に関する一考察」（『鎌倉遺文研究』四一号）ほか。

**櫻井彦**（さくらい　よしお）
一九六四年生まれ。早稲田大学大学院文学研究科修士課程修了。博士（文学）。現在、宮内庁書陵部図書課主任研究官。
▼『悪党と地域社会の研究』（校倉書房）、『動乱の東国史　4　南北朝内乱と東国』（吉川弘文館）、『信濃国の南北朝内乱』（吉川弘文館）ほか。

**須藤聡**（すとう　さとし）
一九六五年生まれ。群馬大学教育学部卒業。現在、群馬県立文書館指導主事。
▼『上野新田氏』（共著、戎光祥出版）、『中世の人物　京・鎌倉の時代編1』（共著、清文堂）、『戦国人―上州の１５０傑―』（共著、上毛新聞社）ほか。

**谷口榮**（たにぐち　さかえ）
一九六一年生まれ。国士舘大学文学部卒業。博士（歴史学）。現在、葛飾区産業観光部観光課兼務郷土と天文の博物館学芸員。
▼『吾妻鏡事典』（共編、東京堂出版）、『増補改訂版　江戸東京の下町と考古学』（雄山閣）、『都市設計家（アーバンプランナー）徳川家康』（ＭｄＮコーポレーション）ほか。

**田村亨**（たむら　とおる）
一九九三年生まれ。大阪大学大学院文学研究科博士前期課程修了。修士（文学）。現在、島根県古代文化センター研究員。
▼「中世的世界への視座―平報告に対するコメントとして―」（『歴史科学』二三六号）ほか。

**長谷川明則**（はせがわ　あきのり）
一九九二年生まれ。東北大学文学部人文社会学科卒業。現在、群馬県教育委員会事務局総務課主事。
▼『戦国人―上州の１５０傑―』（共著、上毛新聞社）、「長楽寺再建事業にみる鎌倉時代末期の在地領主と「有徳人」」（『国史談話会雑誌』五七号）、「鎌倉御家人漆原氏の西遷―『阿波国徴古雑抄』所収史料の再検討―」（『群馬文化』三三八号）ほか。

**【編集協力】**

**中村俊之**（なかむら　としゆき）
一九五九年生まれ。東京都出身。明治大学文学部卒業。現在、駒込学園講師。
▼『史料が語るエピソード　日本史１００話』（共著、小径社）、『新説日本史』（共著、日本文芸社）、『東京都謎解き散歩』（共著、新人物往来社）ほか。

小径選書 ❻

『吾妻鏡』でたどる 北条義時の生涯

2021年12月13日　第1刷発行

編著者　樋口州男（代表）・田辺旬・錦昭江・野口華世
発行者　稲葉義之
印刷所　株式会社シナノパブリッシングプレス

発行所　株式会社 **小径社** Shokeisha Inc.
〒350-1103　埼玉県川越市霞ケ関東5-27-17　℡ 049-237-2788

ISBN　978-4-905350-15-6
◎定価はカバーに表示してあります。
◎落丁・乱丁はお取り替えいたします。

小径選書①

再検証 史料が語る新事実

# 書き換えられる日本史

村岡　薫　戸川　点
樋口州男　野口華世
武井弘一　藤木正史
／編著

ISBN978-4-905350-00-2　四六判／二五六頁／定価　一、六〇〇円（税別）

歴史が変わる?!　歴史研究の最前線は今……

『歴史』の裏付けとなっている様々な史料も、視点を変えて読み解くと新たな側面がみえてくる。近年の研究により従来の『歴史』の記述が塗り換えられた、あるいは塗り換えられつつある事例をやさしく解説することにより、史料を研究することのおもしろさと歴史研究のダイナミズムを提示する」

本書はこの趣旨のもと、近年の新たな史料研究によってみえてきた、従来の常識をくつがえす日本史の真相に迫る。

小径選書②

# 「平家物語」の時代を生きた女性たち

服藤早苗／編著

ISBN978-4-905350-02-6　四六判／二四八頁／定価　一、六〇〇円（税別）

『平家物語』に登場する女性たちの実像とは!!

建礼門院は、『平家物語』像をもとに、頭の悪い、思考力のない女性とされることが多かった。『平家物語』のみならず、実際の歴史研究でも、いまだに女性の出てくる史料や生活に関する史料をあまり重視しない傾向が強い。

平家政権をとりまく政治勢力構造や推移を考察するとき、姻戚関係はきわめて重要な要素だが、婚姻儀礼や居住形態研究も、女性たちの朝廷内での女房役割や人間関係の研究も、まだまだ始まったばかりである。（はしがきより）

本書は最新の研究成果から女性たちの実像を描き出す。

小径選書③

# 歴史と文学

## ―文学作品はどこまで史料たりうるか―

樋口州男　村岡　薫
戸川　点　野口華世
田中暁龍　／編著

ISBN978-4-905350-04-0　四六判／二五六頁／定価　一、六〇〇円（税別）

文学作品を歴史研究に利用することは可能なのか?!

文学作品を歴史研究の史料として利用するさいのアプローチの方法は、たとえば「文学作品と歴史史料を対比させて展開する」「文学作品そのものの歴史史料性を追求する」「文学作品に描かれた内容から時代性を浮かび上がらせる」などさまざまである。そこから創作と史実の境界線を探ることもできるのではないかと考えたのが本書である。

文学作品を読む楽しさと歴史を考える面白さを同時に味わっていただけると誠に幸いである。（はしがきより）

小径選書④

# 歴史の中の人物像

## ―二人の日本史―

樋口州男　小林　風
戸川　点　中村俊之
野口華世　／編著

ISBN978-4-905350-10-1　四六判／二九六頁／定価　二、〇〇〇円（税別）

二人の人生が歴史の中で交差する!!

「古代から近代にいたる歴史上の人物を二人ずつ取り上げ、その関係を解説することで日本史をたどる」（「あとがき」より）。

過去、二人の関係性で読ませる本はいくつも存在するが、本書では今までにない意外な組み合わせや、組み合わせ自体はオーソドックスでもその関係性があまり知られていない、などの点において新鮮な話題を集めた。それらの人物の対比や関係性から、新たな歴史の視点と歴史を学ぶことの楽しさが見えてくるに違いない。

小径選書

小径選書⑤

# 武士道と男色物語

## ―『賤のおだまき』のすべて―

伊牟田經久／著

ISBN978-4-905350-12-5　四六判／二八〇頁／定価二、〇〇〇円（税別）

『賤（しず）のおだまき』のすべてを解明!!

江戸時代の末期に鹿児島で作られた美少年をめぐる物語『賤《しず》のおだまき』が、明治初期の東京で若者たちにもてはやされた。戦国時代、島津義久・義弘治世のころを舞台とする男色の物語である。

新旧の思想や文化の相克する明治初期の世相の中で、この物語は、西欧化の新しい風潮を軟弱として反発し、戦国武士の義と愛に生きる男どうしの関係を純で美しいものとして憧れる若者たちに受け入れられていった。それはなぜか。その物語の全容をここに解き明かす。

**わが国最大かつ最高水準を誇る僧侶の伝記大成を完訳!!**

『本朝高僧伝』は、臨済宗の僧卍元師蠻《まんげんしばん》が、元禄15(1702)年に完成させたわが国最大の僧侶の伝記集で、仏教を初めてわが国に伝えた朝鮮僧曇慧《どんえ》・道深《どうじん》伝から、江戸寛文年間の禅僧隆琦《りゅうき》伝まで1130余年間にわたる、1660名あまりを収録した大僧伝です。現代の歴史事典・百科事典・人名辞典の僧侶の略歴の多くは、本僧伝に基づいています。日本仏教史のみならず、様々な歴史分野における貴重な一級資料です。

本シリーズは、漢文で記された原文に訓読・語注を施し、完全現代語訳化を果たした、史上初の完訳本です。(第四巻以降、順次刊行予定)

濃州盛德沙門 卍元師蠻/撰述 斯于明/訳註

## 完訳 本朝高僧傳(一)

巻之一〜巻之四。曇慧に始まり仁秀までを収録。最澄・空海を含む古代の高僧を網羅。

ISBN978-4-905350-07-1/A5判/三六八頁
定価 八、五〇〇円(税別)

## 完訳 本朝高僧傳(二)

巻之五〜巻之八。善議から義昭まで(9世紀〜10世紀)を収録。

ISBN978-4-905350-11-8/A5判/三六八頁
定価 八、五〇〇円(税別)

## 完訳 本朝高僧傳(三)

巻之九〜巻之十二。法蔵から辨暁まで(10世紀〜12世紀)を収録。

ISBN978-4-905350-13-2/A5判/三八四頁
定価 八、五〇〇円(税別)

## 史料が語るエピソード　日本史100話

樋口州男／編著

ISBN978-4-905350-01-9　四六判／二九六頁／定価 一、七〇〇円（税別）

そんなこと知らなかった――

古代から近代まで、日本史の100の「？」を考察する!!

教科書の日本史はつまらないけれど、先生が語る歴史の裏話はとても面白い。誰もがそんな経験あるのではないでしょうか。本書はそんな日本史の一〇〇のエピソードを選び出し、解説しています。すべて史料の裏付けのあるものばかりです。最新の研究成果に基づき、根拠をしっかり示した、少々「骨太」のエピソード集です。

日本史の研究は日進月歩。目からウロコの日本史を楽しむことができる、日本史ファン待望の書です。

## 解説と鑑賞　書で味わう万葉百歌

針原孝之／福島一浩

ISBN978-4-905350-08-8　A5判／二一六頁／定価 二、三〇〇円（税別）

万葉集愛好家と書道を学ぶすべての人々に送る、新しい万葉秀歌誕生!!

万葉集研究第一人者の針原孝之（二松学舎大学名誉教授）が万葉集から秀歌百首を選定して各首に丁寧な解説を施し、それらの百首を気鋭の仮名書家福島一浩（二松學舍大学教授）が、書下ろしで作品化しました。作品ごとに創作の意図と鑑賞法の解説を付し、書道の初心者でも楽しめる構成としました。

書を味わいながら万葉の世界を徘徊することのできる画期的な万葉秀歌集です。